Women Poets of Costa Rica
Mujeres poetas de Costa Rica
1980-2020

Bilingual Anthology / Antología bilingüe

Arabella Salaverry
Editor / Editora

Women Poets of Costa Rica / Mujeres poetas de Costa Rica, 1980-2020.
Bilingual Anthology / Antología bilingüe

Arabella Salaverry, editor / editora
María Roof, translation coordinator / coordinadora de traducción
Óscar Estrada, editorial design / diseño editorial
Poems and translations, © poets / Poesía y traducciones, © las poetas
Cover Art / Imagen de portada: Fernando Carballo (Costa Rica, 1941),
Woman Poet, mixed media on wood, 122 x 122 cm, private collection.
Mujer poeta, técnica mixta sobre madera, 122 x 122 cm, colección particular.

Cover design / Diseño de portada, Knny Reyes.

458 pages / páginas, 6 x 9 inches / pulgadas.

ISBN-13: 978-1-942369-42-4
ISBN-10: 1-942369-42-5

Series: "Women Poets of Central America, 1980-2020.
Bilingual Anthologies," 1. General editor, María Roof.

San José, Costa Rica: El Atabal Editores, 2021
Brimfield, Massachusetts.
Casasola Editores, 2021

All rights reserved. No part of this publication may be stored in a retrieval system, transmitted or reproduced in any way, including but not limited to photocopy, photograph, magnetic, laser or other type of record, without prior agreement and written permission of the publisher.

Todos los derechos reservados. Ninguna parte de esta publicación puede almacenarse en un sistema de recuperación, transmitirse o reproducirse de ninguna manera, incluidos, entre otros, fotocopia, fotografía, registro magnético, láser u otro tipo, sin el consentimiento previo y el permiso por escrito del editor.

This project was supported in part through the Grants Program to Fund Literary Arts of the Colegio de Costa Rica.

Este proyecto fue apoyado en parte a través del Programa de Becas para el Financiamiento de las Artes Literarias del Colegio de Costa Rica.

CONTENIDO

Women Poets of Costa Rica / Mujeres poetas de Costa Rica
Agradecimientos — 20
Acknowledgements — 21
Prólogo: "De poemas y cipreses" — 22
Prologue: "Of Poems and Cypresses" — 23
Introducción: "Antología: un ramillete de voces" — 26
Introduction: "Anthology: A Bouquet of Voices" — 27
Notas sobre la traducción — 36
Notes on the Translation — 37
Las poetas y su poesía / The Poets and Their Poetry — 41

Joaquina VELAS — 42
- *Puquí óra taíni*
- *A la orilla de la Quebradita Pejibaye*
- *To the Banks of Peach Palm Creek*
- *Chuchu óra miquíoquío*
- *Guatusita, tu quío quío*
- *Little Agouti, Squeaking Squeaking*

Addy SALAS — 48
- *Y amanecer un día*
- *And to Wake Up One Day*
- *No importa nada ya*
- *Nothing Matters Now*
- *No se sabe por qué ni cómo*
- *No One Knows Why or How*
- *Y quería volver donde se nace*
- *And I Wanted to Return to the Birthplace*
- *Esa muchacha descalza corriendo...*
- *That Barefoot Girl Running...*

Virginia GRÜTTER — 56
- *Mujer sola*
- *Woman Alone*
- *Lógica*
- *Logic*
- *La ventana*
- *The Window*
- *La confesión*
- *The Confession*
- *Poesía de este mundo*
- *Poetry of This World*

Teresita AGUILAR MIRAMBELL   64
   Siluetas de una infancia
   Silhouettes from a Childhood

Marta ROYO   72
   Los meses de la lluvia
   The Rainy Months
   Cerca del agua
   Near the Water
   Estoy quieta
   I Am Calm
   Ocaso
   Twilight
   Extraño las colinas
   I Miss the Hills
   Abandono
   Abandon
   Había
   There Was
   En qué lugar
   In What Place
   Cerraron
   They Closed
   Otro es el verano
   Other Is the Summer
   Se vale
   It's Good

Olga GOLDENBERG GUEVARA   80
   Lilith
   Lilith
   A tiempo
   In Time
   Fallida
   Failed Woman

Julieta DOBLES YZAGUIRRE   88
   Ráfaga
   Gust of Wind
   Himno terrestre
   Earth Song
   Fábula del cortés amarillo
   Fable of the Yellow Ironwood Tree

Marjorie ROSS 96
    Raspo mi desnudez
    I Scrape My Nakedness
    Salamandras doradas
    Golden Salamanders
    Soy poeta
    I Am a Poet
    Profeta de la vida
    Prophet of Life

Mariamalia SOTELA BORRASÉ 104
    Acuarela I
    Watercolor I
    Silencio III
    Silence III
    Me corono de palabras
    I Crown Myself with Words
    Encajes y alfileres
    Laces and Pins
    Vuelo inusual
    Unusual Flight
    A bordo de mí misma
    Aboard Myself
    Proeza
    Feat

Anabelle AGUILAR BREALEY 112
    Barriendo mi casa con palabras escritas
    Sweeping My House With Written Words
    Disfruto de esos momentos de ausencia
    I Enjoy Those Moments of Absence
    La mujer virtuosa
    The Virtuous Woman
    Yo pecadora
    I, Sinner
    Primero
    First
    Con lápiz rojo
    With Red Pen
    Indulgente
    Indulgent
    Idus de marzo
    The Ides of March

Arabella SALAVERRY   120
    New York
    New York
    Solo en la palabra
    Only in the Word
    Llueven pájaros
    Birds Raining
    Canción de niña africana
    Song of an African Girl
    En la ciudad del desierto
    In the City in the Desert

Floria JIMÉNEZ DÍAZ   128
    Te regalo mis palabras
    I Give You My Words
    Sorpresa
    Surprise
    En el antiguo Egipto, un oasis
    In Ancient Egypt, An Oasis
    Mi duende travieso
    My Mischievous Elf
    Vuelan, vuelan
    Flying, Flying

Rosibel MORERA   136
    Cada vez que Te nombro
    Each Time I Say Your Name
    Fiesta a oscuras
    Celebration in the Dark
    Mañana el atardecer
    Tomorrow Nightfall
    Terroncito (Costa Rica)
    Clump of Dirt (Costa Rica)
    Que estas sean nuestras mejores palabras
    May These Be Our Best Words
    Estatuaria. Invocación del ángel de la poesía
    Statuary. Invocation of the Angel of Poetry

María PÉREZ YGLESIAS   144
    Hojas blancas
    Blank Pages
    Dos promesas (cuenta-poema)
    Two Promises (story-poem)

Leda GARCÍA PÉREZ   152
    Que me obligue a morir

  Forcing Me to Die
  Tener amante sin tenerlo
  Having A Lover without Having One
  Crucigrama inconcluso
  Unfinished Crossword
  La vida tiene que seguir
  Life Has to Go On
  Es un abrazo largo
  It Is a Long Embrace
  Padre nuestro que estás en el pan
  Our Father Who Art in Bread
  Eternos
  Eternal
  Me lanza a los inicios
  It Tosses Me to the Beginnings
  Llenos de vericuetos ilegibles
  Filled with Illegible Twists
  Pájaro en vuelo suspendido
  Bird in Suspended Flight
  Se burla de mi afán por verme flaca
  It Mocks My Eagerness to Look Skinny

Lil PICADO   160

  Trópico en mi nombre
  The Tropics in My Name
  Trópico de corazón
  Tropics of the Heart
  Trópico disonante
  Dissonant Tropic

Valeria VARAS   168

  II. A veces olvido
  II. Sometimes I Forget
  XVI. Hoy vida
  XVI. Today, Life
  Viaje
  Voyage
  Exijo
  I Demand
  Destierro
  Exile
  XIII. Abriré mi pecho
  XIII. I Will Open My Chest

Magda ZAVALA — 176
    La primera
    The First
    Mis hermanas
    My Sisters
    Viaje al cementerio
    Visit to the Cemetery

Diana ÁVILA SOLERA — 184
    no tengo nada
    I have nothing
    Centraalstation
    Centraalstation
    Pacífico
    Pacific
    Aire
    Air
    demasiado pan
    too much bread
    Diluvios
    Floods

Ani BRENES — 192
    De arenas, aguas y cielos
    Of Sands, Waters and Skies
    Intrusa
    Intruder
    Silencio
    Silence
    Visitas
    Guests
    Mudanza
    The Move
    Abuela
    Grandma
    La casa de la abuela
    Grandma's House

Mía GALLEGOS DOMÍNGUEZ — 200
    Majestuosa
    Majestic
    El tirano
    The Tyrant
    No calles

    Don't Be Still
    Psique
    Psyche
    En la piel de Ícaro
    In Icarus's Skin
    Sueño en vigilia
    Insomnia Dream

Cristy VAN DER LAAT — 208
    "Desde el tren" y "Crepusculario"
    "From the Train" and "Twilight Time"
    "Divagaciones" y "El mar conmigo"
    "Digressions" and "The Sea with Me"
    "Denunciata"
    "Denunciata"

María BONILLA — 216
    I. *Obsesiones femeninas*
    I. *Feminine Obsessions*
    Una vez, jugando a reinventarme
    One Time, Pretending to Reinvent Myself
    Y con mis pies de espejo cóncavo que me dio mi padre
    And with the Concave Mirror Feet My Father Gave Me
    VI. *Y hay otros días*
    VI. *And There Are Other Days*
    Luz
    Light

Marlene RETANA GUIDO — 224
    La iglesia
    The Church
    Cuando los peces mueren
    When Fish Die
    La sonrisa del niño
    The Child's Smile
    Tránsito de amor
    Love's Transit

Macarena BARAHONA RIERA — 232
    Morir de amor
    To Die of Love
    Patria
    Country
    Río Sixaola
    Sixaola River

Lucía ALFARO 240
- *Blues*
- *Blues*
- *Miserere*
- *Miserere*
- *Melancolía*
- *Melancholy*
- *A contrapelo*
- *Against the Grain*

Silvia CASTRO MÉNDEZ 248
- *Nadie nos dice*
- *No One Tells Us*
- *12:14 (Fotografía)*
- *12:14 (Photograph)*
- *Orillas*
- *Riverbanks*
- *Pasar*
- *Passing*
- *Fuegos fatuos*
- *Ignis Fatuus*

Guadalupe URBINA 256
- *Llanto de Nezahualcóyotl*
- *Nezahualcóyotl's Lament*
- *¡Buenos días!*
- *Good Morning!*
- *Duelo*
- *Mourning*
- *Jaguar*
- *Jaguar*
- *Resignación*
- *Resignation*

Ana ISTARÚ 264
- *Al dolor de parto*
- *To the Pain of Childbirth*
- *Vida:*
- *Life:*
- *una hija conduce a su madre hasta el sueño*
- *a daughter leads her mother to sleep*
- *Estoy de pie en un sueño*
- *I Am Standing in a Dream*

Vilma VARGAS ROBLES 272
- *La poesía*

 Poetry
 Jornada
 Workday
 Alquiler
 Rent
 El ojo de la cerradura
 The Keyhole
 Inscripción
 Inscription
 Figuras
 Figures
 A un poeta oficial
 To an Official Poet
 Los tratantes
 The Traders
 Sortilegio
 Spell
 Esta peste
 This Plague

Nidia Marina GONZÁLEZ VÁSQUEZ   280
 Autorretrato con la mano en el pecho
 Self-Portrait with Hand to Chest
 Anatomía empírica del beso
 Empirical Anatomy of a Kiss
 Ejercicio teatral
 Theater Exercise
 Poema de amor
 Love Poem
 Retrato tardío (de mis padres)
 Late Portrait (Of My Parents)
 Elecciones naturales
 Natural Choices

Shirley CAMPBELL BARR   288
 Regresar
 Return
 Soñé
 I Dreamt
 Un mundo sin miedo
 A World without Fear
 Mi abuela a mí no me habló
 My Grandmother Didn't Talk to Me

Dlia Adassa MCDONALD WOOLERY — 296
   La madre de la niña
   The Mother of the Child
   Nací de agua negra
   I Was Born of Black Water
   …El mar
   …The Sea
   Iniciaba el camino
   I Began the Walk
   La azucarera era mágica en casa
   The Sugar Bowl was Magic at Home
   Línea de tiempo...
   Time Line...
   Me iré en abril…
   I Will Leave in April…
   Canto 15, Corifeo de Laquesis
   Canticle 15, Lachesis, Director
   Canto 16, Corifeo de Átropos
   Canticle 16, Atropos, Director
   Canto 17, Corifeo de Cloto
   Canticle 17, Clotho, Director
   Canto 30, Corifeo de Circe
   Canticle 30, Circe, Director

Luissiana NARANJO — 304
   Almohada de Budapest
   Pillow from Budapest
   ¿Cuál es mi oficio?
   What is My Job?
   Humanúmero
   Humanumber
   Anarquismo poético
   Poetic Anarchism
   Mi hija ante la pantalla del computador
   My Daughter in front of the Computer Screen
   Bipolar
   Bipolar

Marianella SÁENZ MORA — 312
   Aceptarme poeta
   Accept Myself As A Poet
   Alegoría del pleamar
   High-Tide Allegory

    Desaciertos
    Untruths
    Invernaria
    Wintering
    Confieso
    I Confess
    Danza en el desvelo
    Dance in Restlessness
    Reconocer
    Recognize

Monthia SANCHO   320
    Fragancias del pasto
    Fragrances of Grass
    Ofrendas
    Offerings
    Sin puerto
    Without a Port
    Hojas paralelas
    Parallel Leaves
    Frente a la locura
    Facing Madness
    Contra el tiempo
    Against Time

María MONTERO   328
    Canto a mí misma
    Song to Myself
    Aceleración de los cuerpos
    Hastening of Bodies
    Soy
    I Am
    Itinerario
    Itinerary
    Autorretrato cubista
    Cubist Self-Portrait
    Leyendo a Ferlinghetti gracias a E. Moore
    Reading Ferlinghetti Thanks to E. Moore
    Luz roja
    Red Light
    El Gran Hotel de Medellín y otras leyes físicas
    The Grand Hotel Medellín and Other Laws of Physics

Queen Nzinga MAXWELL   336
    Declaro esta tierra mía
    I Declare This Land to Be Mine

Jeanette AMIT   344
    Santiago
    Santiago
    Penélope no espera más
    Penelope Is No Longer Waiting
    Canción para una ronda
    Song for A Round
    Desátame
    Untie Me

Seidy SALAS VÍQUEZ   352
    Bromelia
    Bromeliad
    Canción de cuna para Natalia
    Lullaby for Natalia
    Malos tiempos
    Bad Times
    La ley de lo inamovible
    The Law of the Unmovable
    De day
    De Day
    Simples
    Simpletons

Karla STERLOFF   360
    Tijeras
    Scissors
    Desinfecciones
    Disinfections
    Querer, quedar
    To Want, to Remain
    Cangrejos
    Crabs
    Futuro
    Future
    Kilómetros más
    Kilometers More

Laura CASASA NÚÑEZ   368
    Heidi 1
    Heidi 1
    Heidi 2
    Heidi 2
    La reina de la fiesta
    Queen of the Party

  Reaction Zone
  Reaction Zone
Carla PRAVISANI   376
  La ventana del cafetal
  Coffee Field Window
  Stoner
  Stoner
  Destino
  Destiny
  Sobre el bien morir
  On Dying Well
  Ranas
  Frogs
  Tierrero
  Dust Bowl
  Familia de cereal
  Cereal Family
Laura FUENTES BELGRAVE   384
  Soy esa otra
  I Am that Other One
  El último iluminado
  The Last Enlightened One
  A pesar de Vallejo
  Despite Vallejo
Mariana BEJARANO PÉREZ   392
  Quitirrisí
  Quitirrisí
  El maíz
  Corn
  La luna
  Moon
  La cosecha de café
  Coffee Harvest
  El río
  River
  La lluvia
  Rain
  La noche
  Night
  Las nubes
  Clouds

 Esfuerzo y lucha
 Effort and Struggle
 El colibrí
 Hummingbird
 Amor Eterno
 Eternal Love
Narcisa CASTRO   **400**
 Alturas de la lumbre
 Heights of the Fire
 Las ciudades del insomnio
 The Cities of Insomnia
 Nada es cierto
 Nothing is Certain
 Oda a Prometeo
 Ode to Prometheus
Alejandra SOLÓRZANO   **408**
 Una semilla con alas
 A Seed with Wings
 Las aves no se suicidan
 Birds Do Not Commit Suicide
 El silencio
 Silence
 Euclides
 Euclid
 Reconstrucciones
 Reconstructions
Paola VALVERDE ALIER   **416**
 El amor es de bambú
 Love is Made of Bamboo
 La vida antes de la vida
 Life before Life
 Primeras ciencias
 First Sciences
 Palomas mensajeras
 Carrier Pigeons
Milena CHAVES MATAMOROS   **424**
 Yo árbol
 I Tree
 Casa
 Home
 1995
 1995

Goldy LEVY   432
>   *Ciudadana del mundo*
>   *Citizen of the World*
>   *Somos de ella y toda su furia*
>   *We Are Hers and All Her Fury's*
>   *Gaia*
>   *Gaia*
>   *Consciencia*
>   *Awareness*
>   *Despedida*
>   *Farewell*
>   *Preguntas a Frida*
>   *Questions for Frida*

Traductores	440
Translators	441
El artista: Fernando Carballo Jiménez	454
The Artist: Fernando Carballo Jiménez	455
Índice de poetas / Index to Poets	456
Índice de traductores / Index to Translators	458

Women Poets of Costa Rica
Mujeres poetas de Costa Rica

1980-2020

Bilingual Anthology
Antología bilingüe

Agradecimientos

Una obra como esta es impensable sin el apoyo de las voces que la conforman. Manifestamos nuestro profundo agradecimiento a cada una de las poetas participantes.

Al maestro Fernando Carballo por permitirnos el uso de su obra *Poetisa* en la portada, y a Ignacio Carballo, quien coordinó la entrega del material.

También nuestro profundo agradecimiento a la reconocida escritora y ensayista Yadira Calvo, por su anuencia a participar abriendo la antología con un inteligente y sensible prólogo en el cual capta y expone de manera precisa el posible uso del libro por futuros poetas como manual de estudio; tanto desde su propuesta al considerarla como un compendio de técnicas y como un estímulo para la exploración y la creación literarias.

Agradecemos al Colegio de Costa Rica y su programa de becas literarias, soporte indispensable para sustentar el proyecto; así como a su director, el Lic. Álvaro Rojas, por su oportuna y siempre dispuesta colaboración.

Agradecemos de manera especial a la poeta Lucía Alfaro quien generosamente colaboró en localizar el material y las autorizaciones de Narcisa Castro y Virginia Grütter; al poeta Cristian Alfredo Solera Elizondo por autorizar la publicación de la poesía de Narcisa Castro; de igual manera a Manuel Mora Salas y a Liana Benavides Grütter la de sus respectivas madres.

Gracias a la colaboración de la Sra. Soley Sánchez Navarro, quien es depositaria de los derechos de su fallecido marido, el Dr. Adolfo Constenla.

El trabajo minucioso de excelente resultado sobre las fotografías realizado por Julián Trejos.

Gracias a las colegas que colaboraron en el proceso de consultas sobre la traducción y revisión filológica: Graciela Maglia, María Pilar Polo y Consuelo Hernández.

Y a nuestras familias, siempre dispuestas a otorgar el tiempo y el espacio.

Acknowledgements

A work like this is unthinkable without the support of the voices that compose it. We express our deep gratitude to each of the poets who participated.

Our gratitude to maestro Fernando Carballo for allowing us to use his work *Poetisa* (*Woman Poet*) on the cover, and to Ignacio Carballo, who coordinated delivery of the material.

Our deep appreciation to distinguished scholar and essayist Yadira Calvo, for her willingness to contribute to the presentation of the anthology with an intelligent, sensitive prologue that clearly notes and describes the collection's potential use by future poets as a textbook, both as a compendium of poetic techniques as well as a stimulus for literary exploration and creation.

We thank the Colegio de Costa Rica and its program of literary grants, an indispensable support for this project, and its director, Álvaro Rojas, for his timely and always willing collaboration.

We especially thank poet Lucía Alfaro who generously collaborated in locating the material and authorizations for Narcisa Castro and Virginia Grütter; poet Cristian Alfredo Solera Elizondo for authorizing the publication of Narcisa Castro's poetry; and to Manuel Mora Salas and Liana Benavides Grütter for approving that of their respective mothers.

Thanks for her collaboration to Soley Sánchez Navarro, who holds rights to works by her late husband, Dr. Adolfo Constenla.

We appreciate the meticulous work by Julián Trejos that gave us excellent, fine quality photographs of the poets.

Thanks to the colleagues who generously offered consultations on the translation and philological review: Graciela Maglia, María Pilar Polo, and Consuelo Hernández.

And to our families, always ready to allow time and space.

Prólogo: "De poemas y cipreses"

De Arabella Salaverry son la idea y el empeño y la búsqueda; de un equipo coordinado por María Roof, la traducción; del Colegio de Costa Rica, el mecenazgo; la poesía, de cincuenta autoras, cincuenta voces diversas que cuentan mucho y van a contar más al poder ser leídas no solo en castellano. Poetas que escriben sorteando esos "pese a" y "a pesar de" a los que alude Arabella, contra los que suelen hacer cultura las mujeres: su nombre es "escamoteo". Escamoteo en la historiografía, en los premios, en las subvenciones, en las listas, en las antologías, en las compilaciones, en las reseñas, y sume y siga, que esto no se acaba ahí. El resultado, una escandalosamente mínima presencia de nombres femeninos: un vacío de vértigo.

¿De verdad las buenas autoras escasean tanto como los soterreyes sabaneros y las guacamayas verde limón? ¿De verdad las obras femeninas se merecen solo márgenes y migas? ¿De verdad un poema excelso es el que tiene "más cojones" como creían García Lorca y Miguel Hernández? ¿O lo es más bien aquel creado por alguien que le pueda añadir espacio, tiempo, estímulo y ventajas sociales a su talento como creía Virginia Woolf? ¿Y que además tenga por principal herramienta poética la papelera, como creía Wislawa Szymborska?

Wislawa, una de las hasta ahora solo dieciséis mujeres que han recibido el Nobel de Literatura frente a 101 hombres, dijo en su discurso de recepción: "Y el ciprés, en cuya sombra te sentaste, no crece aquí desde el principio del mundo. Le dio origen otro ciprés, semejante al tuyo, pero no en todo igual". Me gusta esa idea, y me gusta la idea de "justicia reparadora" a que se ha referido alguna, y me gusta que vayan juntas, como pareja bien avenida. La justicia permite agujerear la puerta de las exclusiones sistemáticas, disminuir los desequilibrios, mostrar lo que hay para que al menos se conozca. El ciprés al que dio origen otro ciprés, nos recuerda la necesidad de establecer genealogías femeninas, espejos en que se miren las poetas del futuro; huellas que otras puedan seguir, modelos que emular, nombres rastreables y obras localizables. Para que cada generación de escritoras pueda trazar las líneas de

Prologue: "Of Poems and Cypresses"

To Arabella Salaverry belong the idea and the commitment and the search; to a team coordinated by María Roof, the translation; to the Colegio de Costa Rica, the sponsorship; the poetry, to fifty authors, fifty diverse voices that have a lot to say and will say much more now that they can be read not only in Spanish. Poets navigating their way around the "despites" and "in spite ofs" to which Arabella alludes and against which women struggle in order to make culture: its name is "sleight-of-hand duplicity"—duplicity in historiography, in awards, in grants, in lists, in anthologies, in compilations, in reviews, and so on and so forth, and it doesn't end there. The result? An outrageously minimal presence of women's names: a vertiginous void.

Is it true that good women authors are about as scarce as grass wrens and lemon-green macaws? Is it true that women's works really deserve only margins and crumbs? Is it true that an exquisite poem is "more macho," as García Lorca and Miguel Hernández believed? Or, is it rather a poem created by someone who can add space, time, encouragement, and social advantages to talent, as Virginia Woolf believed? And by someone who also holds that a major poetic tool is the trashcan, as Wislawa Szymborska believed?

Wislawa, one of only sixteen women to win the Nobel Prize in Literature in contrast to a hundred and one men, said in her acceptance speech: "And that cypress that you're sitting under hasn't been growing since the dawn of time. It came into being by way of another cypress similar to yours, but not exactly the same." I like that idea, and I like the idea of "restorative justice" that someone has mentioned, and I like that they go together, like a well-matched couple. Justice allows us to shoot holes in the door of systematic exclusions, correct imbalances, show what is there so that at least it gets known. The cypress brought into being by another cypress reminds us of the need to establish women's genealogies, mirrors for women poets of the future, footprints that others may follow, models to emulate, traceable names, and available works. So that each generation of writers can draw the lines of their maternal lineage; to recognize through the blurring

su herencia materna; reconocer, entre la neblina en que suelen diluirse, los rostros de las que les precedieron; ser consciente de que no escribe bajo el peso de un eterno comienzo sino bajo el permanente impulso de la continuidad.

    Ese es, en el fondo, el ánimo con que está hecha esta antología, inicialmente muestrario de cuarenta voces que en el camino se fue extendiendo y solo dejó de crecer porque los libros tienen un cierre. Sumaron al fin medio centenar las poetas a cuya sombra podrán sentarse otras, muchas otras que irá trayendo el tiempo.

Yadira Calvo Fajardo

Ensayista y filóloga
Profesora jubilada, Universidad de Costa Rica
Premio Aquileo J. Echeverría en la rama de ensayo, 1990 y 2004
Premio Nacional de Cultura Magón, 2012

mist the faces of women who preceded them; to be aware that they don't write under the weight of an eternal beginning but under the permanent impulse of continuity.

That is the guiding spirit for this anthology, which was initially a collection of forty voices that expanded along the way and finally stopped only because books have an end. And in the end, we have here half a hundred poets in whose shadow others will sit, many others, as time brings them forth.

Yadira Calvo Fajardo

Essayist, specialist in language and literature
Emerita professor, Universidad de Costa Rica
Aquileo J. Echeverría National Prize for essay, 1990 and 2004
Magón National Culture Prize, 2012

Introducción:
"Antología: un ramillete de voces"

Las pasiones suelen ser los motores, los impulsos hacia nuevos retos. Justo eso ha significado este proyecto, una pasión hecha reto o un reto apasionante, que se enlaza con otra largamente alimentada, bucear en etimologías.

Editar una antología de poesía bilingüe en Costa Rica con una muestra importante de las voces de mujeres. Ese es el reto. Y recurrimos a la otra pasión mencionada como punto de partida para pensar la breve presentación del proyecto. Nos acercamos así al origen de la palabra fundacional "antología". Antología proviene del griego ἀνθολογία (*anthologia*) y significa originalmente selección o escogido de flores, de ανθος (*anthos* = flor) y λεγειν (*legein* = escoger). Nuestro propósito es ni más ni menos ese: conformar un haz de poetas, un encuentro con voces de tantos colores y aromas como si de un gran ramo de flores diversas se tratara. Una selección de flores poéticas florecidas en Costa Rica a partir de los años ochenta, testimonio de la creación literaria femenina de este nuestro pequeño país, ubicado en el centro de las Américas, en su cintura.

Un país con una historia muy particular. Decidió en la década de los cuarenta prescindir de un ejército, pero invertir a cambio en salud y educación. Un país extraño; logró una alianza entre un presidente de centro, el doctor Rafael Ángel Calderón Guardia, la Iglesia representada por Monseñor Sanabria y el secretario del Partido Comunista –hoy Benemérito de la Patria– el licenciado Manuel Mora Valverde, y hacer posible esa iniciativa nombrada como las Garantías Sociales. Contemplaba acceso a la salud, salarios mínimos y jornadas humanas de trabajo, entre otras conquistas sociales.

Como resultado Costa Rica cuenta con el índice mayor de expectativa de vida de Hispanoamérica (79.6). Un país de cincuenta y un mil kilómetros cuadrados de superficie con un 25% destinado a la conservación, que se da el lujo en el siglo XXI de producir la electricidad casi por completo a partir de fuentes de energía limpia. Un país cuya Constitución reconoce el acceso al

Introduction:
"Anthology: A Bouquet of Voices"

Passions are often engines, impulses pushing toward new challenges. That is what this project entailed: a passion that turned into a challenge or an impassioned challenge that is linked to another long-nourished passion: diving into etymologies.

Editing a bilingual anthology of poetry in Costa Rica with an important array of women's voices—that was the challenge. And we used that other passion as a starting point to think about this brief presentation of the project. We searched for the origin of the basic word "anthology," which comes from the Greek ἀνθολογία (*anthologia*) and originally meant selection or choice of flowers, from ανθος (*anthos* = flower) and λεγειν (*legein* = to gather). Our purpose is none other than this: to gather a cluster of poets, foster an encounter with voices of many colors and aromas like a large bouquet of mixed flowers. A selection of poetic flowers blooming in Costa Rica since the 1980s, a testimony to women's literary creation in this small country of ours, located in the center of the Americas, at its waistline.

A country with a very particular history that decided in the 1940s to dispense with its army and invest in health and education. A strange country; it achieved an alliance between a centrist president, Dr. Rafael Ángel Calderón Guardia, the Church represented by Monsignor Sanabria, and the secretary of the Communist Party Manuel Mora Valverde –today declared a National Hero–, that created an initiative known as the Social Guarantees. This program envisaged access to healthcare, minimum wages, and humanly reasonable workdays, among other social advances.

As a result, Costa Rica has the highest life expectancy rate in Latin America (79.6). A country with a surface area of 51,000 km^2 (19,700 mi^2), of which 25% is set aside for conservation, that in the twenty-first century enjoys the luxury of producing almost all its electricity from clean energy sources. A country whose

agua como un derecho humano. Un país que desde finales del siglo XIX apuesta por la educación. Tal vez todos esos factores, aunados a otros, han consolidado un modelo de sociedad en donde muchas mujeres –a pesar de los pesares– se atreven a manifestarse desde la escritura.

Lo constatamos, pues en la búsqueda de voces aparecieron muchísimas, más de las esperadas. En esta antología asumimos el compromiso de ser lo más inclusivas posible, limitadas nada más por un tema de número. Al inicio definimos la participación de cuarenta poetas. Un número razonable. Pero ante la cantidad y calidad de las escritoras localizadas se elevó a cincuenta, exponentes ellas de la poesía escrita por mujeres durante estos cuarenta años. Desafortunadamente, se nos han quedado muchas y muy valiosas por fuera.

Aún cuando en el canon se contempla a muy pocas poetas, en los estudios sobre literatura costarricense se menciona muy escasamente la producción femenina, y en los buscadores de las redes cuando se intenta localizar poetas de nuestro país es muy pobre el concurso de mujeres, logramos localizar a una cantidad importante de poesía escrita por ellas y como lo notarán conforme perciban su aroma, de muy alta calidad literaria.

El signo "mujer" se ha ido construyendo en múltiples civilizaciones –nos atreveríamos a afirmar que prácticamente en todas las occidentales– desde el silencio. No es de extrañar por ello el ostracismo. Ya es sabido, justamente la palabra, su uso, ha estado vedado por siglos a la mujer. Nacemos y se nos confina al ámbito del hogar, sin acceso a la palabra, es decir, al pensamiento. Pese a ello las mujeres hemos construido nuestro propio camino. Hemos ido abriendo espacios, permitiéndonos la expresión, y en literatura tal vez más insistentemente a través de la poesía. Las razones pueden ser muchas: la posibilidad de la inmediatez propia de la creación poética, el poco tiempo disponible, el carácter más "doméstico" que puede adquirir su escritura. Podríamos hacer un análisis minucioso de las razones, pero esta antología no lo pretende, y la reflexión al respecto cabría mejor en el ámbito sociológico.

La proposición inicial nos llega de la Dra. María Roof, catedrática emérita de Howard University quien nos tienta con la idea de una

Constitution recognizes access to water as a human right. A country that since the end of the nineteenth century is committed to education. Perhaps all these factors, coupled with others, have created a model of society in which many women—despite everything—dare to express themselves in writing.

We have confirmed this, because in our search for women's poetic voices, so many appeared, many more than expected. For this anthology we assumed a commitment to be as inclusive as possible, limited only by a practical total number. At the beginning we anticipated the participation of forty poets. A reasonable number. But when we saw the quantity and quality of the texts, we raised the limit to fifty to represent poetry written by women over the past forty years since 1980, and unfortunately many worthy poets still could not be included.

Although very few women poets have won admission into the literary canon, and studies on Costa Rican literature barely mention women's writings, and network searches turned up only a slight presence of women among our country's poets, we located a significant number of poems written by women, and, as you will notice as you begin to capture their aroma, they are of very high literary quality.

The sign "woman" has been constructed in many civilizations—we dare affirm that in virtually the entire Western world—predicated on silence. No wonder ostracism followed. It has been shown that the word, its use by women, has been prohibited for centuries. We are born and confined to the home sphere, without access to the word, that is, to thought. Despite this, we women have made our own way. We have opened up spaces to allow self-expression, and in literature perhaps more insistently in poetry. The reasons can be many: the immediacy that is in the nature of poetic creation, the limited time available, the more "domestic" character that its writing can acquire. We could do a thorough analysis of the reasons, but this anthology does not intend to, and reflection on it pertains more to the field of sociology.

The initial proposal came from Dr. Maria Roof, professor emerita at Howard University, who tempted us with the idea of an

antología de las características señaladas, pensada originalmente para el público angloparlante. Pero ¿por qué limitarnos? ¿Cómo hacerla viable también para Costa Rica? Sometimos el proyecto al programa de becas literarias del Colegio de Costa Rica y fue aceptado.

Nos hemos propuesto sí, brindar una muestra que sin ser exhaustiva nos permita un panorama de la producción en Costa Rica entre 1980 y 2020: autoras en el canon (no son muchas, ya hemos señalado la invisibilización); otras cuya obra ha sido reconocida con diversos premios literarios, ya sean nacionales o bien los otorgados por universidades; poetas de una generación intermedia; poetas emergentes. Necesario integrar la voz de las diferentes etnias que conforman el ser costarricense: la voz potente de las poetas afrocostarricenses, así como las etnias indígenas.

Al respecto debemos señalar la lamentablemente limitada figuración de mujeres de las diferentes etnias indígenas en la producción poética. Después de un arduo trabajo en busca de material tanto en el ámbito universitario como en instituciones atinentes tales como el Ministerio de la Condición de la Mujer, Instituto Nacional de las Mujeres (Inamu) –cuyas funcionarias realizan importante labor en los territorios indígenas– fue muy difícil localizar a mujeres abocadas a la expresión poética en las diversas etnias de por sí con poblaciones exiguas. Mediante el aporte de la Sra. Soley Sánchez Navarro, quien es depositaria de los derechos de su fallecido marido, el Dr. Adolfo Constenla –destacado filólogo y lingüista costarricense especialista en las lenguas indígenas de la Baja Centroamérica– tuvimos acceso a algunas canciones las cuales nos remiten a creación poética. Encontramos la voz de una única joven indígena quien sí utiliza este género. Ya es sabido, la manifestación desde la palabra en dichos grupos se materializa a través de la oralidad. Podríamos encontrar allí una posible explicación.

Además, se incluye un grupo de escritoras ya consolidadas, ausentes del canon, nombradas por nuestro gran poeta y amigo Alfonso Chase las "poetas de la hermandad de la luna". Esto por cuanto su obra no se ha reconocido en su real dimensión o no ha recibido la luz merecida. Varias de ellas han sido premiadas, pero no difundidas.

anthology with the indicated characteristics, originally designed for English-speaking publics. But why limit ourselves? How could we make it a viable undertaking also for Costa Rica? We presented the project to the literary funding program of the Colegio de Costa Rica, and it was accepted.

We proposed to offer a representation that, while not exhaustive, provides a panorama of women's poetic production in Costa Rica from 1980 to 2020: authors in the canon—there are few, thanks to efforts to make them invisible; others whose work has been recognized by national or university literary awards; poets of an intermediate generation; emerging poets. We sought to integrate voices of the different ethnic groups that make up Costa Rica today: the powerful voices of Afro-Costa Rican poets and those of indigenous ethnicities.

We must point out the regretfully limited presence of women of different indigenous ethnicities in our poetic production. Despite arduous research for material in the university sphere and in relevant institutions such as the Ministry of the Condition of Women, National Institute of Women (Inamu), whose officials perform important work in indigenous territories, it was very difficult to locate women engaged in poetic expression in indigenous groups, many of which now have sparse populations. Through the good graces of Soley Sánchez Navarro, who retains the copyrights of her late husband, Dr. Adolfo Constenla—a prominent Costa Rican philologist and linguist specializing in the indigenous languages of Lower Central America—we had access to original songs that lead back to poetic creation. In addition, we found the voice of one indigenous young woman who writes poetry. As is well known, expression in words in some ethnicities is linked to orality, and this could offer a possible explanation.

We include established writers who are missing in the canon but were named by our great poet and friend Alfonso Chase as "poets of the sisterhood of the moon." Several of them have received awards, but their work has not been recognized in its true dimensions, sufficiently supported, or properly disseminated.

En otro orden quisiéramos señalar que la sociedad costarricense se ha caracterizado a partir de la segunda mitad del siglo XX por abrir sus brazos solidarios a distintas migraciones, especialmente provenientes de Sudamérica. Migrantes que han arribado a Costa Rica por razones políticas o económicas, y que se han integrado en forma plena a los movimientos culturales. Entre estos, muchas poetas que ya se reconocen y son reconocidas como nuestras, o bien que han nacido en Costa Rica y mantienen la nacionalidad de los padres. Su inclusión es gozosamente obligatoria.

Esta selección no abarca la totalidad de la creación poética y tampoco lo pretende. Lamentamos algunas ausencias como las de Ana Antillón, Eulalia Bernard, Leonor Garnier, Mayra Jiménez, cuyos familiares no pudieron por diversas razones proporcionar el material solicitado. Consignamos sus nombres con el fin de que se acerquen a su obra. Algunas otras ausentes ya han sido ampliamente traducidas y su producción lleva un camino importante, como la segunda Ministra de Cultura del país, nuestra admirada Carmen Naranjo, quien después de su fallecimiento sigue siendo difundida gracias a la iniciativa de una fundación que lleva su nombre.

Cabe señalar como rasgo importante de la antología la diversidad de temas por los que transita: amor, desamor, naturaleza, preocupación de orden ontológico, compromiso social, misticismo, cantos infantiles, entre otros. Propone así un juego de intensidades y matices que enriquece sus alcances. Pero hallarán un gran faltante: el tema erótico. Muchas de nuestras escritoras incursionan en él con gran acierto, pero en la esperanza de que la antología trascienda fronteras y llegue a distintas culturas y particularmente a un público juvenil, decidimos no incluirlo.

Un aspecto a considerar a partir de su polifonía es que esa diversidad de temas, herramientas y técnicas expresivas podrían enriquecer el futuro oficio de la creación poética. Asimismo, debemos señalar su posible uso en el espacio educativo pues estará disponible en centros escolares, no solo como fuente de inspiración, sino también de conocimientos prácticos aplicables en procesos de enseñanza y aprendizaje.

Otras consideraciones de carácter formal que quisiéramos compartir se refieren al formato. Solicitamos a cada poeta cuatro folios que incluyeran una breve biografía y el consecuente material

We also note that Costa Rican society has been characterized since the second half of the twentieth century by its solidarity in opening its arms to different migrations, especially from South America. Migrants have arrived in Costa Rica for political or economic reasons and have fully integrated into cultural movements. Among them are many poets who recognize themselves and are recognized as ours, and others born in Costa Rica who keep their parents' nationality. Their inclusion is joyfully celebrated.

This selection does not cover the whole breadth of poetic creation and could not hope to. We regret some lamentable absences, such as those of Ana Antillón, Eulalia Bernard, Leonor Garnier, Mayra Jiménez, whose family members were unable to provide the material requested. We include their names so that their work will be studied. A few others are absent because they have already been widely translated, and their production has followed an important path, such as the second Minister of Culture of the country, our admired Carmen Naranjo, who after her death continues to be disseminated thanks to a foundation that bears her name.

An important feature of this anthology is the diversity of topics running through it: love, heartbreak, nature, ontological concerns, social commitment, mysticism, and texts for children, among others. It presents an interplay of intensities and nuances that enriches its reach. Yet, you will find one purposely missing topic: eroticism. Many of our writers successfully explore it, but in the hope that the anthology will transcend borders and reach different cultures, and particularly a youth audience, we decided not to include it.

Another aspect to consider in this polyphony of voices is its impact on the future craft of poetic creation, given the rich diversity of expressive themes, tools, and techniques. We can also suggest the anthology's use in education, as it will be available in schools, not only as a source of inspiration, but also of practical knowledge applicable in teaching and learning processes.

Other formal considerations that we would like to share concern the format. We asked each poet for a maximum of four pages to

poético que se ajustara a esa extensión. Atendiendo esta directriz unas poetas aportaron un único poema largo y otras, varios breves. En algunos casos hubo que acortar biografías para ajustar la disponibilidad de espacio (en la página) a la dimensión del poema. Respecto a la traducción se tomó en cuenta el principio de la "fiel traducción". Se les comunicó a las autoras que la poesía anclada en un esquema rimado o de formato fijo (soneto, rimas infantiles), requeriría de amplias variaciones para lograr una buena versión en inglés.

Queremos señalar el criterio que se ha utilizado como eje de la antología. Nos inclinamos por el orden cronológico pues nos permitiría visibilizar posibles cambios y tendencias tanto en temáticas como en técnicas a lo largo de cuarenta años, que son bastantes, lo cual no sería tan evidente si nos hubiéramos decidido por el orden alfabético.

Por primera vez se ofrece un compendio de la creación poética femenina de Costa Rica en dos idiomas. Imperativo hacer hincapié en esta circunstancia, su profundo significado histórico y literario. Tenemos la certeza de que será un aporte importante para estudiantes tanto de colegios como de universidades, así como para las personas cercanas a la poesía en el país y fuera de él.

Imprescindible mencionar de manera muy especial el apoyo irrestricto de la doctora María Roof y su equipo de traducción conformado por personas relacionadas con el mundo académico y literario sin cuyo conocimiento, compromiso, motivación y rigurosidad profesional no habría sido posible materializar la antología.

No incursionamos en la crítica literaria, pero sí puedo señalar, en tanto escritora y lectora: este libro es –gracias a la magia de la palabra– un ramillete sorprendente. Esperamos cautivarles en sus colores y perfumes.

Arabella Salaverry, editora

Escritora y actriz
Premio Nacional de Literatura Aquileo J. Echeverría, 2016, 2019

include a brief biography and their poems. In response to this space limitation, some poets contributed a single long poem and others, several brief ones. In some cases, biographies had to be shortened to accommodate the poems on the available page space. With regard to translation, the principle of "faithful translation" was followed, and authors were advised that poetry anchored in a rhymed or fixed-format scheme (sonnet, nursery rhymes) would require extensive variations to achieve good English versions.

Our criterion for organizing the presentation of the poetry was chronological order according to the poet's birth year. Plotting along this axis will allow readers to discern changes and trends in both subjects and techniques over the considerable period of forty years, which would not be as readily obvious if we had decided on alphabetical order.

For the first time, a compendium of Costa Rica's poetic creation by women is offered in two languages, which is of profound historical and literary significance. We are certain that it represents a very important contribution for students at schools and universities, as well as people close to poetry inside as well as outside the country.

We must mention especially the unbounded support of Dr. Maria Roof and her translation team made up of persons in academic and literary worlds without whose knowledge, commitment, motivation, and professional rigor this anthology would not have been possible.

I do not tread into literary criticism, but I can point out, as a writer and reader, that this book is—thanks to the magic of the word—a surprising bouquet. We hope to captivate you with its colors and perfumes.

Arabella Salaverry, Editor

Writer and actress
Aquileo J. Echeverría National Prize for Literature, 2016, 2019

Notas sobre la traducción

Nuestro equipo de diecinueve traductores se siente honrado de haber contribuido a este extraordinario proyecto de colaboración cultural. Como acto de solidaridad, cedemos los derechos de nuestra labor a las poetas y solo rogamos que se identifique por nombre a los traductores cada vez que se usen las versiones en inglés.

Creemos que este volumen de poesía de Costa Rica comunica perspectivas singulares sobre preocupaciones tanto individuales como globales. La presente antología bilingüe sin duda enriquecerá nuestro horizonte de comprensión humana, a la vez que ofrecerá a los lectores del español y del inglés un mundo de nuevas percepciones sobre la actualidad de un país centroamericano.

La poesía es uno de los modos de la lengua más difíciles de traducir. Requiere no solo un entrenado conocimiento nativo o casi-nativo de los dos idiomas, sino también la habilidad de leer entre líneas los tácitos contextos culturales y lingüísticos, así como una fina sensibilidad a las características de la expresión poética en dos códigos distintos, como son el ritmo, la cadencia, sonido, repetición, rima, sintaxis. Y, por supuesto, el coraje de navegar en un universo semántico multiplicado, capaz de sugerir más que decir. El español y el inglés no comparten estructuras y fraseología, lo que nos ha inspirado a encontrar soluciones creativas para lograr traducciones acertadas.

Traducir con fidelidad y precisión la obra de cincuenta poetas de muy diversos intereses y estilos es de por sí una tarea ingente. Hemos tratado de respetar la selección léxica de las escritoras, su tono, registro y fonética, así como la construcción de sus imágenes y el sabor de su expresión. Hemos trabajado con el objetivo de ofrecer al lector la mejor versión en inglés americano, sin desdeñar, por supuesto, la posibilidad de otras buenas traducciones.

El formato bilingüe es especialmente útil para su uso en clases de literatura, escritura creativa, inglés, español y traducción, así como en cursos y seminarios de educación bilingüe, talleres de poesía y recitales públicos. El conocimiento y el placer que nacen en el encuentro con la palabra poética crecen cuando se manejan textos en dos lenguas.

Notes on the Translation

Our team of nineteen translators is honored to have contributed to this extraordinary project of cultural collaboration. As an act of solidarity, we yield the rights to our work to the poets and only request that wherever the versions in English are used, the translator be identified by name.

We believe that this volume of poetry from Costa Rica communicates unique perspectives on individual as well as global concerns. The bilingual anthology enriches our understanding of humanity, even as it offers to readers of Spanish and English a world of new perceptions of current reality in a Central American country.

Poetry is one of the more difficult modes of language to translate. It requires not only educated native or near native fluency in two languages, but also the ability to read tacit cultural and linguistic contexts, and a great sensitivity to the characteristics of poetic expression in two distinct codes, such as rhythm, cadence, sound, repetition, rhyme, syntax. And, of course, the courage to navigate in a multiple semantic universe devised to suggest rather than state. Spanish and English have dissimilar verse structures and phrasing, which often inspired us to find creative solutions for smooth translations.

To faithfully and accurately translate poetry by fifty poets of widely diverse interests and styles is indeed a daunting task. We have endeavored to respect each poet's word choices, including in tone, register, and sound, as well as their construction of images and the flavor of their expression. We have worked to offer our best American English versions, without excluding the possibility of other good renditions.

This edition's bilingual, facing format is invaluable for pedagogical use in literature, creative writing, English, Spanish, and translation classes, courses and seminars in dual-language education, poetry workshops, and public performances. The knowledge and pleasure gained by engaging with poetry is only enhanced when done in two languages.

Este es el primer tomo publicado de una serie de antologías bilingües de poetas mujeres contemporáneas y centroamericanas, gracias al compromiso incondicional de la editora nacional, Arabella Salaverry. Se anticipan antologías de Belice, El Salvador, Guatemala, Honduras, Nicaragua y Panamá y una última colección comprensiva de la América Central en general que incluirá poesías seleccionadas de este libro y de las demás antologías.

María Roof
Coordinadora de traducciones

Catedrática emérita, Universidad Howard, Washington, DC
Premiada traductora, International Latino Book Awards, 2014, 2016, 2018
Editora general, serie Antologías bilingües, Poetas mujeres de la América Central (1980–2020).

This is the first published volume in a series of bilingual anthologies of contemporary Central American women poets, thanks to the wholehearted commitment of its national editor, Arabella Salaverry. Other anthologies are contemplated for Belize, El Salvador, Guatemala, Honduras, Nicaragua, and Panama. A comprehensive final collection from Central America in general will include selections from this book and the other anthologies.

María Roof
Translation Coordinator

Emerita professor, Howard University, Washington, DC
Award-winning translator, International Latino Book Awards, 2014, 2016, 2018
Series General Editor, Bilingual Anthologies, Women Poets of Central America (1980–2020)

Las poetas y su poesía

The Poets and Their Poetry

Joaquina VELAS
Costa Rica, 1921 – 2008

Residente de herencia guatusa en Palenque Margarita, una de las tres comunidades en la Reserva Indígena Guatusa. El lingüista Adolfo Constenla Umaña grabó estas canciones suyas en lengua maleku en 1985 y 2005, pero no averiguó si ella era la autora. Las incluyó en su libro, *Cantos guatusos de entretenimiento* (2014). La primera pertenece a la sección "Juegos entre amantes" y la segunda, "Canciones de cuna".

Puquí óra taíni

Carrtaúni carrtaúni
Puquí óra Puquí óra Puquí
 óra taíni
milúri chumé.

Carrtaúni carrtaúni
Puquí óra taíni
milúri chumé.

Ajáratí óra
arráca óra
carráco pámilúri chumé.

Ajáratí óra
arráca óra
carráco pó mí lúri chumé.

Óyu naquí paíto
quinháfurúqui purú
parrárinhé cháu mipjaláqui
 lúripé tiní.

A la orilla de la Quebradita Pejibaye

De lejos de lejos
a la orilla de la Quebradita Pejibaye
de la Quebradita Pejibaye
de la Quebradita Pejibaye
volviste, pobrecito mío.

De lejos de lejos
a la orilla de la Quebradita Pejibaye
volviste, pobrecito mío.

Del cedrito
macho al lugar
ya volviste, pobrecito mío.

Del cedrito
macho al lugar
volviste tú, pobrecito mío,

Por ello pienso:
—Será para destapar luego luego
la olla embadurnada de polvo de
bijagua.

Resident of Guatuso heritage in Palenque Margarita, one of three communities in the Guatuso Indigenous Reserve. Linguist Adolfo Constenla Umaña taped her songs in the Maleku-Guatuso language in 1985 and 2005 but did not ascertain whether she was the author. The songs are recorded in his book, *Cantos guatusos de entretenimiento* (*Guatuso Songs for Entertainment*, 2014). The first appears in the section "Games between Sweethearts," and the second in "Lullabies."

Translations by María Roof, © Soley Sánchez Navarro

To the Banks of Peach Palm Creek

From far away, far away
to the banks of Peach Palm Creek, of Peach Palm Creek,
    of Peach Palm Creek
you came again, my poor little dear.

From far away, far away
to the banks of Peach Palm Creek
you came again, my poor little dear.

From the royal mahogany
tree to here
you just came again, my poor little dear.

From the royal mahogany
tree to here
you came again, my poor little dear.

That's why I think:
"I bet it's to get at the jug sealed
with cigar plant ash."

Óyu carrtaúni
Puquí óra taíni
milúri chumé.

Óyu naquí paíto
carrtaúni Puquí óra taíni
pó milúri chumé.

Catálhiquí óra
arráca óra
inhá pó milúri chumé.

Naquí: ¿má
quinháfurúqui purú
parrárinhé cháu mipjaláqui
lúripé tiní?

Carrataúni
Puquí óra taíni
póra milúri chimé.

Por ello de lejos
a la orilla de la Quebradita Pejibaye
volviste, pobrecito mío.

Por ello pienso:
—Luego de lejos a la orilla de
 la Quebradita Pejibaye
tú volverás, pobrecito mío.

Desde el lugar
del guaitil colorado
volviste tú, pobrecito mío.

Pienso:
—Será para destapar la olla
 embadurnada
de polvo de bijagua.

Lejos
a la orilla de la Quebradita Pejibaye
volviste tú, pobrecito mío.

Chuchu óra miquíoquío,

Chuchu óra miquíoquío,
chúchu óra miquíoquío.

Aríque naí óra caóqui quírra,
chúchu maráma quíoquío,
chúchu maráma miquérruquérru.

Chúchu maráma quíoquío,
aríque naí óra caóqui quírra,
aríque naí óra cafáta cúru.

Picpic picpic picpic
picpic picpic.

Guatusita, tu quío quío

Guatusita, tu quío quío,
guatusita, tu quío quío.

¡Ay!, su taloncito.
De las guatusas el quío quío,
guatusas, vuestro querru querru.

Guatusita, tu quío quío,
¡ay!, su taloncito,
¡ay!, su semillita de zapote.

Picpic picpic picpic
picpic picpic.

That's why from far away
to the banks of Peach Palm Creek
you came again, my poor little dear.

That's why I think:
"Later on, from far away, to the banks of Peach Palm Creek
you'll come again, my poor little dear."

From the place of
the colored genip tree
you came again, my poor little dear.

I think:
"It'll be to pop the lid on that jug sealed
with cigar plant ash."

Far away
to the banks of Peach Palm Creek
you came again, my poor little dear.

Little Agouti, Squeaking Squeaking

Little agouti, squeaking squeaking
little agouti, squeaking squeaking

Hey, you little tiny heel!
Squeaking squeaking like agoutis
 yipping yipping like agoutis.

Little agouti, squeaking squeaking
Hey, you little tiny heel!
Hey, you little mamey seed!

Tapping picpic picpic picpic
tapping picpic picpic.

Chúchu maráma miquérruquérru,
aríque naí óra cafáta jiqui,
aríque naí óra caóqui quírra.

Chúchu maráma quíoquío,
chúchu maráma quíoquío.

Aríque naí óra cafáta jiqui,
aríque naí óra cafáta cúru.

Guatusas, vuestro querru querru,
¡ay!, su taloncito,
¡ay!, su pantorrillita.

De las guatusas el quío quío,
de las guatusas el quío quío.

¡Ay!, su pantorrillita,
¡ay!, su semillita de zapote.

Little agoutis, yipping yipping
Hey, you little tiny heel!
Hey, you little tiny shin!

Like agoutis squeaking squeaking,
like agoutis squeaking squeaking.

Hey, you little tiny shin!
Hey, you little mamey seed!

Addy SALAS
Costa Rica, 1927 – 2005

Estudia Filología y Filosofía en la Universidad Nacional Autónoma de México (UNAM). Becada en el Colegio de México en donde da clases de latín. En ese país se relaciona con destacados intelectuales mexicanos y españoles que habían emigrado después de la Guerra Civil. Se casó con Manuel Mora Valverde, declarado Benemérito de la Patria, un dirigente político muy importante, cogestor de las Garantías Sociales, de quien fue consejera y colaboradora. La familia sufrió persecución política. Se cuenta que ella quemó su producción literaria. Pese a ello sobreviven tres poemarios: *Río abierto*, *El fruto completo* y *Memoria de mí,* un intenso poemario escrito cuando la desmemoria comenzaba a habitarla, así como *Con Manuel*, un estudio en donde plasma la vida y el pensamiento político de su marido.

Y amanecer un día

Y amanecer un día
yo misma esta que soy
tal vez nube
tal vez lirio

o la cresta impetuosa de una mar

bellezas son pero no
mis cuentas ni mis sentidos

no mi tiempo
no mi hoy
no mi ayer no mi mundo

no mi existir ni el sabor
dulce y amargo
de todo lo vivido
no el abrazo que despierta y que me dice

Studied language, literature, and philosophy at the National Autonomous University of Mexico (UNAM). Awarded a scholarship to the Colegio de Mexico, where she taught Latin and met notable Mexican as well as Spanish intellectuals who had emigrated after the Civil War. Married Manuel Mora Valverde, a declared Distinguished Citizen of the Nation and important political leader who cosponsored the Garantías Sociales, a social safety net program for which she was advisor and collaborator. The family suffered political persecution. Reportedly, she burned her literary production. Despite this, three of her poetry collections have survived: *Río abierto* (*Open River*), *El fruto completo* (*Complete Fruit*), and *Memoria de mí* (*A Memoir of Myself*), an intense book of poetry written when she began to experience forgetfulness. *Con Manuel* (*With Manuel*) portrays the political life and thought of her husband.

Translations by Linda J. Craft, © Manuel Mora Salas

And to Wake Up One Day

And to wake up one day
I myself, this woman I am
perhaps as a cloud
perhaps as a lily

or the impetuous crest of the sea

beautiful they are but not
my reasons or my feelings

not my time
not my today
not my yesterday not my world

not my existence or the taste
bitter and sweet
of all that I have lived
not the embrace that wakens and tells me

están junto con vos el mar y el intenso
revuelo de las aves que asisten tu nacencia
no son la voz que me dice
        dentro de mi oído
este es el regazo en que se acunan
los frutos que alguna vez amaste

yo una gracia sin memoria

sin poder recordar
los adioses los encuentros
ni el dolor en las alas

ni el vér-
       tigo al
       caer

el apurar los sueños

en la
desesperada
insolencia que sueña

yo una ola anodina despertando las auroras
yo una ola
       sin herida sin huella
       de placer

sin peso en mis alas sin
recuerdo de haber sido

sin un solo recuerdo sin memoria ni sombra
       sin luz y sin
            augurio sin
                 el sonar
de voz alguna que se ensañe en mi garganta
       que confunda al firmamento.

alongside you are the sea and intense
fluttering of the birds that attend your birth
they are not the voice that tells me
      in my inner ear
this is the lap in which are cradled
the fruits that you once loved

I a grace without memory

without the ability to recall
the farewells the encounters
or the pain in the wings

or the ver-
      tigo on
      falling

a rush of dreams

in the
desperate
insolence that dreams

I a bland wave waking dawns
I a wave
      without a wound without a trace
      of pleasure

without weight in my wings without
a memory of having been

without a single recollection without memory or shadow
      without light and without
          a sign without
              the sound
of any voice that rages in my throat
      that confounds the firmament.

No importa nada ya

No importa nada ya

Ni el dormir ni el sueño existen

Si memoria y corazón existen sin olvido

Cómo sería sin su norte el mundo
        si no
          supiera yo
       el nombre de las
        benignas brisas

          si no
           supiera yo
        reconocer la ilusa
      ilusión del sonido
          de tus pasos

      si no supiera sentir
el sobresalto que me golpea dichoso
          si aún de lejos
    de muy lejos me nombras.

        No se sabe por qué ni cómo

      No se sabe por qué ni cómo
          ni nos precisa saberlo

      él vio nuestra carencia y nos condujo
          al lugar del encuentro

      y sabremos qué hacer y cómo hacerlo

      mirarnos a los ojos ya lo hicimos
      y hemos cerrado dulcemente el coto

      en altamar hay un barco mostrándonos su bandera

            en altamar es azul el azul

      tendrá algo que ver este barco con nosotros.

Nothing Matters Now

Nothing matters now

Neither sleep nor dreaming exists

If memory and heart exist without forgetting

How would the world be without its north
        if I
      didn't know
      the name of the
      benign breezes

          if I
        couldn't
     recognize the illusory
     illusion of the sound
       of your steps

    if I couldn't feel
the blessed shock that hits me
      if even from afar
from very far you call my name.

            No One Knows Why or How

        No one knows why or how
                and we don't need to know

        he saw our shortcomings and led us
            to the meeting place

        and we'll know what to do and how to do it

        looking into each other's eyes, we've already done it
        and we've sweetly enclosed the space

        on the high sea there's a boat showing us its flag

            on the high sea blue is blue

        this boat must have something to do with us.

Y quería volver donde se nace

Y quería volver donde se nace
pero lejos del mar y las tortugas
donde se nace mariposa hierba o lirio
        lejana del saber y los ejemplos

o en rústica y remota
parcela entre los robles
mientras entonan sus hojas suaves cantos de alabanza

        yo quería volver donde se nace
        o tacto corazón o solo piel

y no tener de hueso el esqueleto

de tierno y blando tacto ser
        un corazón inquieto

sin plomo pero con alas.

Esa muchacha descalza corriendo...

Esa muchacha descalza corriendo por media calle
sobre el asfalto ardiente
es solo un torbellino en acecho

esa bata abombada en medio de los transeúntes

ese anuncio de gritos sin palabras por media calle

bocanada de neblina que no sabe
de dónde y hacia dónde

que la vean
alguien clama que todos los que la vean digan que no la han
visto

que se alcen todos el cuello del abrigo y enciendan su tabaco

        yo insisto en
                que la vean
                que la vean.

And I Wanted to Return to the Birthplace

And I wanted to return to the birthplace
but far from the sea and turtles
to the birthplace of a butterfly, grass or lily
      far from knowledge and examples

or in a rustic and remote
glade among oak trees
while their leaves intone gentle hymns of praise

      I wanted to return to the birthplace
      of a touching heart or only skin

and not have a skeleton of bone

of a tender, soft touch to be
      a restless heart

without lead but with wings.

That Barefoot Girl Running…

That barefoot girl running down the middle of the street
over the burning asphalt
is just a stalking whirlwind

that billowing robe amid passersby

that screaming wordless call down the middle of the street

puff of mist that doesn't know
where from or where to

they must see her
someone shouts that everyone who sees her should say they
haven't seen her

they should raise the collar on their overcoats and light up a cigarette

      I insist
            they must see her
            they must see her.

Virginia GRÜTTER
Costa Rica, 1929 – 2000

Viajó a Alemania y fue testigo del final de la Segunda Guerra Mundial. Sus años juveniles aparecen en el relato *Canto a mi tiempo: memorias* (1998). Estudia Filosofía, Literatura y Arte en la Universidad de Costa Rica; cofundadora del Teatro Arlequín en San José. Vivió once años en Cuba, donde influyó en la vida teatral; invitada por la República Democrática Alemana trabajó con el Berliner Ensemble; y también en Chile y Nicaragua. Uno de los pasajes más terribles de su vida lo vivió en Chile, cuando su esposo, Carlos Pérez, fue apresado y declarado "desaparecido" durante el golpe militar de Pinochet al Presidente Salvador Allende. Años después, cuando emprendía una nueva batalla –esta vez por liberar a su hija, presa en las cárceles de Somoza– escribe *Desaparecido* (1980), prosa poética y crónica. También en prosa, *Los amigos y el viento* (1978). Poemarios: *Dame la mano* (1954); *Poesía de este mundo* (1973); *Cantos de cuna y de batalla* (1994). Premio Áncora de Literatura en 1996.

Mujer sola

Dicen que vivo sola
y no saben que yo estoy casada
con Heráclito y Carlos Marx
Y tengo por amantes a Hegel
y a Parménides.
Lenin vela mis sueños.
Brecht va a pasear conmigo
Picasso me trae el desayuno a la cama
y Fidel preside mi mesa.
A Stanislawsky le encanta entretenerme
y Einstein se me resiste,
pero me guiña un ojo.

Lived in Germany in her youth and witnessed the end of the Second World War, years that appear in her book *Canto a mi tiempo: memorias* (*Song to My Time: Memories*, 1998). Studied philosophy, literature, and art at the University of Costa Rica. Along with others founded the Arlequín Theater in San José. Lived in Cuba for eleven years, where she was influential in theater circles. Invited by the German Democratic Republic to work with the Berliner Ensemble. Lived and worked in Chile and Nicaragua. One of the worst periods of her life was in Chile, when her husband, Carlos Pérez, was arrested and declared "disappeared" during Pinochet's military coup against President Salvador Allende. Years later, when she was starting a new battle—this time to free her daughter from Somoza's prisons—she wrote a journalistic chronicle in poetic prose, *Desaparecido* (*Disappeared*, 1980). Also in prose, *Los amigos y el viento* (*Friends and the Wind*, 1978). Poetry: *Dame la mano* (*Give Me Your Hand*, 1954); *Poesía de este mundo* (*Poetry of This World*, 1973); *Cantos de cuna y de batalla* (*Songs of Cradle and Battle*, 1994). Áncora Literature Prize, 1996.

Translations by María Roof, © Liana Benavides Grütter

Woman Alone

They say I live alone
and they don't know that I am married
to Heraclitus and Karl Marx
And have as lovers Hegel
and Parmenides.
Lenin watches over my dreams.
Brecht comes to walk with me
Picasso brings me breakfast in bed
and Fidel sits at my table.
Stanislawsky loves to entertain me
and Einstein resists,
but still winks at me.

Lógica

Pero claro que sí:
en una alcoba
limpia y sencilla
con su buena cama;
el cuadro en la pared para mis ocios,
la enredadera en la ventana
para colar la luz,
así sí te amaría.

Mas no me nombres
la fresca hierba,
la preciosa luna,
con los bichos picándome las piernas,
la indiscreta boñiga con sus moscas,
y yo con una tos desorbitada
con que no podría amar
ni decir nada.

Ni me nombres la barca sobre el río
con la horrible humedad y el negro frío.
De tal modo me sonarían los dientes
pensando que nos lleva la corriente
y a causa de lo helado de la brisa,
que olvidarías tu Bécquer y tu canto,
te llevaría el ridículo hasta el llanto,
y te devolverías a toda prisa.

Escenas de viñedos y de playas,
de novela y de verso corroído,
ofréceselos a otra más lozana,
pues a mí me dan risa,
alergia y frío.

La ventana

Tenías dos pechos igual que yo
y el pelo negro igual que yo
y la boca pintada como yo la quería
y usabas falda igual que yo

Logic

But of course:
in a bedroom
clean and simple
with its good bed;
the picture on the wall for my leisure,
the vine at the window
to screen the light,
yes, that's how I would love you.

But don't talk to me of
the cool grass,
the precious moon,
with bugs biting my legs,
the indiscreet cow patty and its flies,
and me with such an uncontrollable cough
that I couldn't love
or say anything.

Don't talk to me of the boat on the river
with the terrible humidity and black cold.
So that my teeth clatter
thinking the current would sweep us away
and because of the chilling wind,
you would forget your Bécquer and your song,
ridiculousness bringing tears,
and you'd turn around as fast as you could.

Scenes of vineyards and beaches,
of novel and hackneyed verse,
offer them to another more fetching,
for they bring me laughter,
allergies and cold.

The Window

You had two breasts same as me
and black hair same as me
and a painted mouth like I wanted
and you used a skirt same as me

de tela floreada igual que yo
y llevabas sandalias como yo
y te arrastraban dos policías
y dabas gritos en mitad de la calle
y llevabas de rastras las sandalias
y te sangraban los pies
y desde adentro me llamó mi abuela
y vino
y cerró la ventana
y me arrastró del pelo
hasta lo más oscuro de la sala.

La confesión

Qué de flores marchitas, qué de rodillas,
qué de horas arenosas y amarillas,
de candelabros,
yo hincada siempre hincada y suplicando.
Golpeando no sé dónde por mis entrañas
desesperada
por encontrar pecados
dentro del alma.
Era como meterse la mano por la boca
para sacar un mono o una zompopa.
Algo muy feo
para poder mostrárselo al cura añejo
que me esperaba austero tras la cortina
de aquel confesionario de negra harina.
Los panes rotos
de mis sueños sencillos, hasta aquel foso
yo le llevaba
como prendas de buena enreligionada
y así aprendía
a odiar mis vanidades con mis sortijas
y a buscar males
donde sólo habría habido noches serenas
pero me hincaba
muy dentro de mí misma y le espetaba
todo lo que podía ir recogiendo
en mis horas de santo recogimiento
de cas y ortigas

of flowered cloth, same as me
and wore sandals same as me
and dragging you were two policemen
and you were screaming in the middle of the street
and you were losing your sandals
and your feet were bleeding
and from inside my grandmother called me
and came
and shut the window
and dragged me by the hair
to the darkest corner of the room.

The Confession

So many withered flowers, so many knees,
so many gritty, yellow hours,
of candlesticks,
me, always kneeling and praying.
Beating I don't know where in my gut
desperate
to find sins
inside my soul.
It was like sticking your hand in your mouth
to pull out a monkey or leaf-cutter ant.
Something very ugly
to show it to the ancient priest
who austerely waited behind the curtain
of that black flour confessional.
Broken shards
of my simple dreams, I took
to that pit
like emblems of a good religious girl
and learned
to hate my vanities with my rings
to seek evils
where there were only serene nights
but I kneeled
very inside myself and spit out
everything I could gather
in my hours of holy seclusion
of guavas and nettles

de sierpes venenosas y lagartijas
lo que juntaba
en horas de ejercicio desmelenada
y así aprendía
a creerme lo de afuera y lo de arriba
que yo inventaba
a base de mi histeria dosificada.
Vírgenes dolorosas en sus sitiales
caras almidonadas tras los vitrales
mirando al cielo
enseñando el camino de aquel consuelo
me contorneaban
y yo buscaba el suelo con la mirada
toda cohibida
de no ser aceptable para esa vida
cual fruta fresca
que quiere sacar savia de rama seca.
Aprendí a mentir males para los otros
yo soy vieja maestra en esos modos
y ahora estoy aprendiendo en esta vida
a no mentirme males para mí misma.

Poesía de este mundo

Como en una pecera
adentro seca y el agua
por fuera llueve y yo
tras los cristales
no sé si debo romper el vidrio
o esperar.
Afuera verde el follaje y el agua
por el vidrio
y yo nadando en seco
y tú
en alguna parte.

of poisonous snakes and lizards
what I would gather
disheveled in the hours of exercise
and I learned
to believe in what was outside and above
which I invented
based on my dose of hysteria.
Grieving virgins on their pedestals
starched faces behind the glasses
gazing at the sky
showing the way of that consolation
encircling me
and I dropped my eyes with
an all embarrassed look
for not being acceptable for that life
like fresh fruit
that wants to suck sap from a dry branch.
I learned to lie about sins for others
and I am an old pro at those ways
and now I am learning in this life
to not lie about sins for myself.

Poetry of This World

Like in a fishbowl
dry inside and the water
outside it rains and I
behind the panes
don't know if I should break the glass
or wait.
Outside green foliage and water
through the glass
and me swimming in dryness
and you
somewhere.

Teresita AGUILAR MIRAMBELL
Costa Rica, 1933 - 2020

Fue costarricense y española, madre de 5 hijos, abuela de 13 nietos y bisabuela de 2 bisnietos. Doctora en Cirugía Dental de la Universidad de Costa Rica y Máster en Seguridad Social de la Organización Interamericana de Seguridad Social OISS España. A lo largo de su carrera su temática giró en torno a la mujer. Su formación profesional le propició ser la primera mujer en ocupar espacios y romper esquemas para sus congéneres. Suma a su historia de vida ser activista por las luchas sociales y políticas del país, promotora cultural y editora de la Editorial Mirambell por 25 años, en donde publicó cientos de obras de escritores costarricenses y extranjeros. Ocupó la presidecia del Consejo Nacional de la Persona Adulta Mayor del Gobierno de Costa Rica. Publicó 12 libros de poesía y uno de narrativa. (Fotografía de Alexia Chang Muñoz)

Siluetas de una infancia

Rostros desdibujados, perfiles, líneas, sombras proyectadas de un pasado que se vuelve presente en cada lejanía

I
Por un momento...
he vuelto a mi niñez
en las altas
montañas
de esta tierra
donde el aire es tan frío
que te quema
y el sol está muy cerca
y no calienta,
donde huele a aire limpio
y te arrulla el ciprés...
y te acaricia el viento.

Costa Rican and Spanish, mother of 5 children, grandmother of 13, great grandmother of 2. Doctorate in dental surgery from the University of Costa Rica and master's in social security from the Organización Interamericana de Seguridad Social OISS (Interamerican Organization of Social Security, OISS) in Spain. The predominant theme throughout her career was women. Her professional training allowed her to be the first woman to hold positions and break barriers for other women. She was an activist in her country's social and political struggles, a cultural organizer, and the editor for 25 years of Editorial Mirambell (Mirambell Publishing), which has published the work of hundreds of writers from Costa Rica and elsewhere. She was the president of the Consejo Nacional de la Persona Adulta Mayor del Gobierno de Costa Rica (Costa Rican Government's National Council of Senior Citizens). She published 12 books of poetry and 1 of prose narrative. (Photograph by Alexia Chang Muñoz)

Translations by Janet N. Gold, © Teresita Aguilar Mirambell

Silhouettes from a Childhood

Blurred faces, profiles, lines, shadows projected from a
past that becomes the present

I

For a moment...
I have gone back to my childhood
in the high
mountains
of this land
where the air is so cold
that it burns you
and the sun is very close
and it doesn't warm,
where the air smells clean
and the cypress sings you to sleep...
and the wind caresses you.

II

Estrellas…
minúsculas siluetas
dibujadas,
sobre verdes distantes
de una infancia.
Muñecas, candelas,
pájaros,
hortensias, geranios…
¡Olor a pan de Madre
en horno de barro!

III

Fríos vientos.
Cipreses y rocío…
Olor a calinguero.
Pájaros en sus nidos,
pichoncitos con hambre…
Lágrimas del humo
de la leña mojada.

IV

Mi secreto:
la gallina empollando.
La vigilo pasan días,
descascaro los picos…
van naciendo.
Desfilan la gallina
y sus pollitos
¡Mi madre sorprendida!

VI

Las gotas de rocío
sobre las hojas quietas…
el viaje en tren
por el bosque nuboso.
Los mil gatos del peón
sobre su cama.

II
Stars...
diminutive silhouettes
drawn,
on the faraway greens
of a childhood.
Dolls, candles,
birds,
hydrangeas, geraniums...
The smell of Mother's bread
in the clay oven!

III
Cold winds.
Cypresses and dew...
The smell of molasses grass.
Birds in their nests,
hungry chicks...
Eyes watering from the smoke
of damp firewood.

IV
My secret:
the hen brooding.
Days pass as I watch her,
I pull the shell from their beaks...
they hatch.
The hen parades
with her chicks.
My surprised mother!

VI
Dewdrops
on quiet leaves...
the train ride
through the cloud forest.
The farmhand's thousand cats
on his bed.

VII
La cabra acurrucada
en la cuna del hermano!
Olor ácido:
carbonera encendida.
La vaca despeñada
y alrededor los peones
hacen fiesta.

VIII
Neblina…
el agua dura
Mi madre y el revólver
directo a la culebra
en la ventana.
Candelas encendidas
¡Mi oso de peluche
con la pata quemada!
mi madre cirujana
la reemplaza.

X
La niña de la niebla
es por tiempos de soles,
poesías y castañuelas.
En la casona grande
de la abuela
donde huele a café,
a pan de madrugada…
naranja y yerbabuena.
¡Hay tanto amor…
que brota a borbollones!

XI
El abuelo construye
sube y baja, hamacas,
¡toco el cielo!
Y él canta en catalán
al compás de bastones…
La otra tía "especial"
vigilante:

VII
The goat curled up
in my brother's cradle!
An acid smell:
the coal fire is lit.
Around the slaughtered cow
the farmhands
revel.

VIII
Fog…
hard rain
My mother aiming the gun
right at the snake
in the window.
Candles burning
My teddy bear
with the burnt paw!
my mother the surgeon
sews on a new one.

X
The girl of the mist
is also of sunny times,
poetry and castanets.
In grandmother's
big house
where it smells of coffee,
morning bread…
orange and mint.
There is so much love…
it bubbles forth!

XI
Grandfather builds
seesaws, hammocks,
I touch the sky!
And he sings in Catalan
to the beat of walking sticks…
The other "special" aunt
watchful:

baila al compás
con toques de tambores
en sus dedos...

      XII
El tiempo pasa
entre lunas de plata,
luciérnagas y flores...
Soles de mandarinas,
pies descalzos,
aguaceros y lirios,
inciensos, procesiones.
La niña más feliz
¡ya no es tan niña...!

      XIV
Me envuelvo
con la suave caricia
de la crin azuleja,
del caballo Titanium
que me acompaña siempre...
testigo de mis miedos
y silencios.
Faro de luz
de eternas lejanías,
crisol
de mis eternas rebeldías

      XX
No sé dónde estarás...
pero te guardo
en mi escondido surco,
aquí, donde el tañido triste
de la campana no entrará.
Nunca estarás ausente
porque toda tu piel
y tu ternura
me la dejaste a mí
y vas a regresar.

dances to the rhythm
of the drumbeat
in her fingers...

XII

Time passes
among silver moons,
fireflies and flowers...
Tangerine suns,
bare feet,
rain showers and lilies,
incense, processions.
The happiest girl
is no longer a child!

XIV

I wrap myself
in the soft caress
of the blue mane
of Titanium the horse
who is always my companion...
witness to my fears
and silences.
Guiding light
of distances without end,
crucible
of my endless rebellions.

XX

I don't know where you are...
but I hold you
in my hidden furrow,
here, where the sad tolling
of the bell will not enter.
You will never be absent
because all your flesh
and your tenderness
you left to me
and you will return.

Marta ROYO
Costa Rica, 1940

Terminó la carrera de Filología Española y Estudios Clásicos. Ha publicado seis libros de poesía: *Recobrando la voz* (1993); *Frutos dormidos* (2000), Premio Nacional de Poesía Aquileo J. Echeverría; *Espejos para Safo* (2004); *Tras el manto* (2008); *Memoria de las palomas* (2015); *Un largo río* (2019); *Luz en los árboles* (2019).

Los meses de la lluvia

Los meses de la lluvia
acorralan dentro de la casa
las ausencias de las hijas
sembradas como árboles

Con quejidos desde el río
o desde la cocina
se recuestan en las camas vacías
y golpean fuerte cada noche
los viejos cimientos

Cerca del agua

Amaneció
oloroso a sal
flotas
como si dios no lo supiese

Estoy quieta

Hasta que me entierren
y la estancia de mi cuerpo
me aprisione
el dolor abrirá cauces
desde ellos hablarán voces perdidas

Degree in Spanish language and literature and classical studies. She has published six volumes of poetry: *Recobrando la voz* (*Recovering A Voice*, 1993); *Frutos dormidos* (*Sleeping Fruits*, 2000), winner of the Aquileo J. Echeverría National Poetry Prize; *Espejos para Safo* (*Mirrors for Sappho*, 2004); *Tras el manto* (*Behind the Mantle*, 2008); *Memoria de las palomas* (*Memory of Doves*, 2015); *Un largo río* (*A Long River*, 2019); *Luz en los árboles* (*Light in the Trees*, 2019).

Translations by Gail Ament, © Marta Royo

The Rainy Months

The rainy months
corral within the house
daughters' absences
sown like trees

With moans from the river
or from the kitchen
they lie down on the empty beds
and every night strike hard on
the old foundations

Near the Water

Dawn arrived
fragrant of salt
you float
as if god didn't know

I Am Calm

Until they bury me
and my body's presence
imprisons me
pain will open channels
through which lost voices will speak

paisajes
palabras
cantos
campanas de iglesias
velorios a la intemperie
el viento abrió las entradas
y de la tierra se desprendieron
mortajas
Dos manos de oscuridad
me cerrarán los ojos

Ocaso

Por los bares
aromas a durazno
desde la carpa
con el duelo del verano
desenterrándose está el paraíso
sobre piedras y cuerpos
revive mi juventud
me deja la visita de los personajes
con su pobreza
las frutas sin compartir
al fin aguardan

Extraño las colinas

El olor a tierra mojada
después de la lluvia
Aprieto un nudo doloroso
y avanzo
Hay estrellas
Una compañera me estruja
Nuestras soledades se asustan
Y una rosa olvidada se desprende

landscapes
words
songs
church bells
outdoor wakes
the wind opened entrances
and from the earth
shrouds peeled away
Two hands of darkness
will close my eyes

Twilight

Throughout the bars
aromas of peaches
from the tent
with summer's grief
paradise is unearthing itself
over rocks and bodies
my youth revives
the characters' visit leaves me
with their poverty
unshared fruits
await at the end

I Miss the Hills

The scent of damp earth
after the rain
I press a painful knot
and advance
There are stars
A companion crushes me
Our solitudes grow frightened
And a forgotten rose peels away

Abandono

Abandoné aquellos frutos de setiembre
ese día no tuvo aposentos la vida
perdí el poder de sentir
la inquietud por los relámpagos
Subimos y bajamos cerros
pero en lo lejano me hacen trenzas
mirando hervir peces en la cazuela

Había

Había una estrella y dos y siete
y caminábamos juntas
destilaba sangre a gotas tristes
cada gota me llenó de dolores
Ellos se hicieron gritos que solo yo escuché
un buitre graznó ella se sostuvo de mi pierna
el graznido convirtió la noche
en una caverna para las dos

En qué lugar

¿En qué lugar de mi memoria
Se habrá guardado el tiempo de la guerra?
Los de entonces quedaron atrás
Fue un incendio de lo querido
Las casas desoladas con miedo
Por el furor del crimen y la venganza
No hubo un lugar donde oír las voces
De los primos vencidos junto a los girasoles
Memorizo el destierro y aprendo a hablar de nuevo
La tarde de Dios y de los hombres se extiende
Es un recordatorio de otras tardes
Empiezo mi vida pareciéndome a las flores
Emigro en el aire y echo raíces
En campos ajenos poblados por otras

Abandon

I abandoned those fruits of September
that day life had no chambers
I lost the power of feeling
anxiety from lightning bolts
We climbed up and down hills
but far away they do my braids
watching fish boil in the pot

There Was

There was one star and two and seven
and we walked together
blood distilled in sad drops
each drop filled me with pain
They called out cries that only I heard
a buzzard cawed she held herself up by my leg
the cawing transformed the night
into a cavern for the two of us

In What Place

In what place within my memory
Will the time of the war have been stored?
Those from that time stayed behind
It was a bonfire of all things dear
Houses desolate with fear
For the furor of crime and vengeance
There was no place to hear the voices
Of the cousins defeated next to the sunflowers
I memorize exile and I learn to speak anew
The afternoon of God and of men stretches out
It is a reminder of other afternoons
I begin my life resembling flowers
I emigrate in the air and put down roots
In alien fields inhabited by others

Cerraron

Cerraron los picaportes
y el único centinela
tiene los ojos de algodón

Puedo entrar y salir,
visitar la caverna.

¿Será el gurú
quien no me permite morir?
Canta en la gruta
y sabe que lo escucho.

Otro es el verano

Las flores de la antigüedad
medran
muy hondo estás
solo el sol te baña
Te beso y beso
la guerra no mató la lujuria
del tiempo de nuestra sangre

Sin bóveda donde duermas
a tus huesos los ampara
la madrugada

Se vale

Se vale que vuelva atrás
y busque baúles,
que deshaga madejas
y acaricie al ángel

Que llegue desde un océano
para descubrir los hongos amarillos
que ocupan el lugar de los milagros.

They Closed

They closed the latches
and the lone sentinel
has eyes of cotton

I can enter and leave,
visit the cave.

Can it be the guru
who won't allow me to die?
He sings in the grotto
and knows I hear him.

Other Is the Summer

The flowers of antiquity
thrive
you are very deep
only the sun bathes you
I kiss you again and again
war did not kill our blood's
lust for time

With no dome where you may sleep
dawn shelters
your bones

It's Good

It's good that you turn back
and search for chests,
that you unwind skeins
and caress the angel

That you arrive from an ocean away
to uncover the yellow mushrooms
occupying the place of miracles.

Olga GOLDENBERG GUEVARA
Costa Rica, 1941

Licenciada en Pedagogía de la Comunicación por la Universidad Nacional en donde trabajó, tanto en docencia como investigación y extensión, hasta jubilarse. A partir de finales de los 80 participa en organismos como el Consejo de Educación Popular y de Adultos de América Latina y el Caribe (CEAAL), Facultad Latinoamericana de Ciencias Sociales (FLACSO), Defensoría de los Habitantes de la República, Proyecto Informe sobre el Estado de la Nación, Instituto Nacional de las Mujeres (INAMU), Asamblea Legislativa, en labores de investigación con enfoque de género y promoción de derechos humanos de las mujeres. Se han publicado artículos, ensayos, informes de investigación de su autoría al respecto. La escritura poética es su vocación permanente. Se expresa en la publicación de *Itinerarios al margen*, selección de textos de juventud, primer lugar en Concurso de Poesía 2013, y en *Sombra que soy* (2016).

Lilith

Noche a noche me saco las costillas,
las acomodo en fila,
las dejo reposar sobre las sábanas.

Analizo su blancura de cal,
su calidad flexible y resistente.

Celebro el amoroso abrigo
que dan a mis pulmones,
el soporte que dieron a mis senos,
la erguida simetría y proporción que guardan
pese al pasar y al peso de los años.
Infatigablemente andando mis caminos
ninguna se extravió.

Degree in communication pedagogy from the National University, where she later worked in teaching, research, and extension until her retirement. Starting in the late 1980s she participated in organisms such as the Consejo de Educación Popular y de Adultos de América Latina y el Caribe (Council of Popular and Adult Education in Latin America and the Caribbean, CEAAL), Facultad Latinoamericana de Ciencias Sociales (Latin American Faculty of Social Sciences, FLACSO), Defensoría de los Habitantes de la República (Ombudsman of the Republic), Proyecto Informe sobre el Estado de la Nación (Reporting Project on the State of the Nation), Instituto Nacional de las Mujeres (National Institute of Women, INAMU), and Asamblea Legislativa (Legislative Assembly), with studies related to gender and the promotion of women's human rights—topics on which she has published articles, essays, and research reports. Writing poetry is a permanent vocation; publications: *Itinerarios al margen* (*Itineraries at the Margin*), a selection of texts from her youth, first place in the 2013 Poetry Contest, and *Sombra que soy* (*Shadow that I Am*, 2016).

Translations by María Roof, © Olga Goldenberg Guevara

Lilith

Night after night I take out my ribs,
line them up,
let them rest on the sheets.

I analyze their limed whiteness,
their flexible and resistant quality.

I celebrate the loving shelter
they give to my lungs,
the support they gave my breasts,
the firm symmetry and balance they provide
despite the passing and pulling of the years.
Indefatigably following my paths
not one got lost.

Ninguna alimentó el falaz,
el quimérico encanto de la transmutación.
Ninguna jugó el juego delirante
de pretender estar fuera de mí conmigo
—herido mi costado—
en las complicidades de furtivos abrazos
y el tiritar de madrugadas húmedas.

Cada noche las cuento de una en una.

Están todas completas.

En su jardín
Adán nada en la sombra.

Nada encuentra.

A tiempo

Dichosa La Catrina.

Erguido su esqueleto
intacto bajo el traje
que impone la elegancia.
Ornada su calaca
a la sombra del ala
que le cubre la frente.

El trance migratorio,
adjunto ineludible
al trance de nacer,
en ella ocurrió antes
de ver desmerecidas
y marchitas
sus estructuras óseas
y sus tejidos blandos.
Dichosa ella.

Lucra de la mudanza
al límite sin tiempo,
florecido por siempre su sombrero,

Not one fed the false,
the chimeric dream of transmutation.
Not one played the delirious game
of trying to be outside of me while with me
—and my side injured—
in the complications of stolen embraces
and the shiver of humid dawns.

Each night I count them one by one.

They are all there.

In his garden
Adam swims in shadow.

He finds nothing.

In Time

Lucky Catrina.

Her skeleton standing tall
intact under her dress
imposing elegance.
Her skull decorated
under the shade of the brim
that covers her forehead.

The migratory passage,
unavoidable adjunct
to the birth passage,
occurred for her before
seeing enfeebled
and fragile
her bony structures
and soft tissues.
Lucky her.

She benefits from the move
to the limit without time,
her hat blossomed forever,

            rebeldes en su sitio las caderas,
            generosa la savia del oleaje
            defoliado ya el sueño
            en el alivio urgente del orgasmo.

Fallida

Hay un giro de tuerca
alguna vez en el amanecer.
Hay un fugaz destello
y lo divino acontece en un soplo.

La vida en agonía
entonces nos deslumbra
y somos la Única,
la Diosa.

Después del singular y también antes,
somos todas terrenas,
indistintas.

Mujeres, en plural.

Gatas de la curiosidad incontenible.
Reas, bajo condena
de arder con avidez por los saberes,
por la ciencia vedada y suculenta.

Tentadas por el mal.

Excluidas del Edén que profanó nuestro deseo,
proscrito desde entonces.

Todas bajo sospecha.

Cada una afiliada a su propio pecado.
Cada una incompleta.
Cada una insolvente.
Cada una parte de lo oscuro, lo prohibido,
de las que ofrecen zalamero el fruto,
las que plantaron sin recato el árbol.

　　　　　　　　her hips rebellious in their place,
　　　　　　　　generous the sap of the wave surge
　　　　　　　　the dream now deflowered
　　　　　　　　in the urgent relief of orgasm.

Failed Woman

There's a turn of the screw
sometimes at daybreak.
A fleeting flash
and the divine happens in a sigh.

Life as it dies
enthralls us then
and we are the Only One,
the Goddess.

After the singular and also before,
we are all earthbound,
indistinct.

Women, in plural.

Cats of irrepressible curiosity.
Locked up, condemned
for burning with passion for knowledge,
for forbidden, succulent science.

Tempted by evil.

Excluded from the Eden that defiled our desire,
since then forbidden.

All of us under suspicion.

Each one tied to her own sin.
Each one incomplete.
Each one insolvent.
Each one part of the dark and prohibited,
like those who offer the sweet fruit,
those who recklessly planted the tree.

Yo pertenezco a las vociferantes.
Al frente voy con las desaforadas,
insignia pertinaz de la iracundia,
culpables y culposas
del prodigio del cuerpo que perdimos.

Represento a las locas, las adictas,
las insomnes hijastras del fracaso,
las bastardas que paren sus bastardos,
las de hipnóticos ojos, lengua bífida,
las de vuelo rapaz y feroz garra,
capaces de vender su propia sombra,
de llevar a sus hijas a la hoguera,
malograr las primicias de su seno
y estrangular el grito,
infanticidas.

Nadie sabe en qué fondo de qué charco
se apagó mi fanal, se ahogó mi chispa
sumergida de gris,
de grieta sequedad,
de suelo enjuto.

Yo fallida.

I belong to the raucous ones.
I'm at the front of those shouting our heads off,
good badge of honor for ire,
culpable and blamable
for the wondrous body we lost.

I represent the crazy ones, the addicts,
the unsleeping stepdaughters of failure,
the bastards who birth their bastards,
those of hypnotic eyes, forked tongue,
those of rapacious flight and ferocious claw,
capable of selling their own shadow,
carrying their daughters to the stake,
spoiling the first fruits of their breast
and strangling the scream,
child killers.

No one knows at what charco's bottom
my beacon was snuffed, my spark drowned
submerged in grey,
in cracked dryness,
in cadaverous ground.

I, failed woman.

Julieta DOBLES YZAGUIRRE
Costa Rica, 1943

Estudios de Filología y Lingüística, Universidad de Costa Rica (UCR); maestría en Filología Hispánica, con especialidad en Literatura Hispanoamericana, Universidad del Estado de Nueva York. Catedrática de Literatura y tallerista de poesía en la UCR, 1990–2013. Miembro de número de la Academia Costarricense de la Lengua. Premio Nacional Aquileo J. Echeverría, en Poesía (1968, 1977, 1992, 1997 y 2003). Premio Editorial Costa Rica (1975). Primer Accésit del Premio Adonáis (Madrid, 1981). Premio Nacional de Cultura Magón por la obra de su vida (2013). Obras: *Reloj de siempre*; *El peso vivo*; *Los pasos terrestres*; *Hora de lejanías*; *Los delitos de Pandora*; *Una viajera demasiado azul*; *Amar en Jerusalén*; *Costa Rica poema a poema*; *Poemas para arrepentidos*; *Casas de la memoria*; *Fuera de álbum*; *Hojas furtivas*; *Cartas a Camila*; *Espejos de la memoria I*; *Trampas al tiempo*; *Lunaridades* (antología poética); *Envejecer cantando*; *Poemas del esplendor*. julietadobles@yahoo.com.

Ráfaga

Tus hijos no son tuyos.
Son hijos del anhelo de la vida.
–K. Gibran

Sobre mi casa, ráfaga,
entre mi casa, hielo.
Un viento ineluctable,
destinado y urgente,
ha vaciado de voces
su aire de mansos ventanales,
pintó de ausencias sus rincones,
y garabatea penosamente
un silencio mayor sobre los muros,
como el de un templo traicionado y vacío.
Un viento ya esperado, y no por ello
menos furibundo y tenaz,
ha esparcido las voces de mis hijos,

Degree in language, literature, and linguistics, University of Costa Rica (UCR); master's in Hispanic studies, concentration in Hispanic American literature, State University of New York. Professor of literature and poetry workshop leader, UCR, 1990–2013. Numerary member of the Costa Rican Academy of Language. Recipient of the Aquileo J. Echeverría National Poetry Prize (1968, 1977, 1992, 1997, 2003); Editorial Costa Rica Prize (1975); first runner-up, Adonáis Prize (Madrid, 1981); Magón National Culture Prize for lifetime achievement (2013). Books: *Reloj de siempre* (*Clock of Always*); *El peso vivo* (*The Living Weight*); *Los pasos terrestres* (*Footsteps on Earth*); *Hora de lejanías* (*Hour of Distances*); *Los delitos de Pandora* (*Crimes of Pandora*); *Una viajera demasiado azul* (*A Traveler Too Blue*); *Amar en Jerusalén* (*To Love in Jerusalem*); *Costa Rica poema a poema* (*Costa Rica Poem by Poem*); *Poemas para arrepentidos* (*Poems for the Repentant*); *Casas de la memoria* (*Houses of Memory*); *Fuera de álbum* (*Outside the Album*); *Hojas furtivas* (*Furtive Leaves*); *Cartas a Camila* (*Letters to Camila*); *Espejos de la memoria I* (*Mirrors of Memory, I*); *Trampas al tiempo* (*Traps for Time*); *Lunaridades* (antología poética) (*Lunarities*, poetry anthology); *Envejecer cantando* (*To Grow Old Singing*); *Poemas del esplendor* (*Poems of Splendor*). julietadobles@yahoo.com

Translations by Janet N. Gold, © Julieta Dobles Yzaguirre

Gust of Wind

Your children are not your children.
They are the sons and daughters of Life's longing for itself.
–K. Gibran

Over my house, a wind,
within my house, ice.
An ineluctable wind,
inescapable and compelling,
has swept the voices
the air of calm windows,
painted its corners with absence,
and scrawled a great, pitiful
silence on its walls,
like a temple profaned and empty.
A wind anticipated, and nonetheless
furious and tenacious,
has scattered the voices of my children,

ha soltado nuestras manos,
entre vuelos y nuevos estandartes.

Es ráfaga en la cumbre,
es hielo en el umbral.
Y yo sigo abriendo las ventanas
que pretenden cerrarse,
desparramo el calor que prodigan mis manos,
y pretendo ignorar tanto silencio
poblándolo de música.

Me he pasado la vida rodeada de canciones,
de voces, gestos, risas, voluntades.
Y de pronto, este viento puntual
lo invade todo y se traga el pasado,
da un portazo, y me quedo,
las manos extendidas en mitad del umbral
de imposibles retornos.

Corro a abrir esa puerta,
la misma que ha golpeado
su soledad oscura en el batiente.
Mis hijos siguen, más allá,
empujados por la ráfaga terca
de un destino que se abre
en urgentes caminos.
Hijos, manos mías en el mundo,
que no reclamaré.
(*Fuera de álbum*)

Himno terrestre

Somos un resplandor.
Una bandera de luz contra la nada.
¿Qué importa el engañoso guiño
de una eternidad que no sabemos?
Somos un testimonio de la vida,
un segundo sagrado entre esas dos tinieblas
que nos gestaron y que nos destruyen.
Haber vivido es la gesta más bella.
La más sublime y la más falaz.

        unclasped our hands,
among flights and new banners.

A wind on the roof,
ice in the doorway.
And I keep opening the windows
that keep closing,
I squander the lavish warmth of my hands,
and try to ignore so much silence
filling it with music.

I have spent my life surrounded by songs,
voices, gestures, laughter, strong wills.
And suddenly, this wind arrives
invades everything and swallows the past,
slams the door, and I am left,
hands outstretched amid the doorway
of impossible returns.

I run to open that door,
the same one that banged
its dark silence in its frame.
My children, beyond,
pushed by the stubborn wind
of a destiny that leads them
down urgent paths.
Children, my hands in the world,
I shall not complain.
(Outside the Album)

Earth Song

We are a radiance.
A banner of light against nothingness.
Why be concerned with the deceitful allure
of an unknowable eternity?
We are a testimony to life,
a sacred moment between those two darknesses
that created us and destroy us.
To have lived is the most beautiful gesture.
The most sublime and the greatest lie.

Una contradicción que nos construye,
una canción "a capella" ante la muerte.
Vivir y abandonarse frente al mar
entre la gesta de amor de las mareas,
o en las cumbres y su grito de azules,
o en el bosque y sus dominios
de hojas y vientos que se aman
en la complicidad de las tormentas,
es ser uno con toda esta cuna terrestre
que nos gestó y nos recibirá algún día
para fundirnos, dóciles,
con su entraña agorera.

Somos una pregunta
que no busca respuesta
pues la sabe imposible.
Vivamos, pues, en el esplendor lúcido
de la fiesta del día,
del amor de los otros, siempre inmerecido,
de la hoja que cuenta con el incendio diario
del sol y sus delirios.
Hemos sobrevivido
y ya estamos en casa.

(Trampas al tiempo)

Fábula del cortés amarillo
Tabebuia ochracea
A la memoria de Laura Pérez Echeverría
cuyas cenizas alimentan, por su deseo, las raíces
de un cortés amarillo.

Fue solo un estallido de luz,
tan sorpresivo, tan inédito,
que me paralizó.
Los automóviles seguían en su rutina
de cuatro ruedas y velocidad,
como si nada estuviera alterando
la calle y sus márgenes poblados.
Pero allí estaba, sereno
en su esplendor silente.

A paradox that forms us,
a song sung a cappella in the face of death.
To live and surrender oneself before the sea
between the loving ebb and flow of the tide,
or on the heights and their dazzling blues,
or in the forest and its realms
of leaves and winds that embrace
in the conspiracy of storms,
is to be one with this earthly cradle
that gave birth to us and will receive us one day
to commix us, docile,
in her ominous belly.

We are a question
that seeks no answer
for we know there is none.
Let us live, then, in the lucid splendor
of the day's pleasure,
of the love of others, always undeserved,
of the leaf that counts on the daily heat
of the sun and its raptures.
We have survived
and are already home.

(Traps for Time)

Fable of the Yellow Ironwood Tree
Tabebuia ochracea
To the memory of Laura Pérez Echeverría
whose ashes, at her request, feed the roots
of a yellow ironwood tree.

It was only a flash of light,
so surprising, so unusual,
that brought me to a halt.
Cars continued their routine
of four wheels and speed,
as if nothing were changing
the street and its crowded sidewalks.
But there it was, serene
in its silent splendor.

Tuve que detenerme
sobre las piedras del arcén,
frente a su vera.

No era amarillo ni dorado,
era un enjambre enfurecido
de flores desprendiéndose,
una copa de soles químicamente puros,
sin hojas ni verdores.
Un árbol que se alimenta todo el año
gracias a su raíz profunda y verdadera,
para construir un marzo desafiante
de amarillos de cadmio
y gritar a los vientos: -¡estoy vivo,
y soy un esplendor, un golpe de oros.
Dejen por un instante la rutina,
y disfruten la espléndida energía
de este poder de sol con que me perpetúo!-

No pude regresar a mirar nuevamente
tanta espléndida lumbre sin tarimas.
Cuando pasé, una semana más
de ajetreos y luciérnagas,
no logré distinguirlo del conjunto.
Temí por él, como si un mal prodigio
nos lo hubiera talado, rencoroso.
Pero fueron los días, en su ciclo finito
y era ya un árbol como todos,
lleno de hojillas vibrantes y atrevidas,
que cercaban la calle, entre humos vocingleros.

Habrá un nuevo marzo cada año
para que una miríada de soles desprendidos
caiga sobre nuestras cabezas
y haga estallar nuestra rutina ambigua
con la belleza a gritos que nos llama
desde árboles y cielos esplendentes.

(Poemas del esplendor)

I had to stop
on the stones
by the side of the road.

It was neither yellow nor gold,
it was a furious swarm
of falling flowers,
a crown of chemically pure suns,
without leaves or any green.
A tree that thrives all year
thanks to its deep and true root,
to create a defiant March
of cadmium yellows
and call to the wind: "I am alive,
and I am a splendor, a burst of golds.
Stop your routine for a moment,
and enjoy the splendid energy
of this sun's power that keeps me alive!"

I could not return to look again at
such splendid unstaged light.
When I passed by after a week
of hurrying and fireflies,
I could not distinguish it among the others.
I feared for it, as if an angry, rancorous evil
had felled it.
But days passed in their finite cycle
and it was a tree like the others,
full of vibrant and daring new leaves,
that lined the street, among noisy fumes.

There will be a new March each year
so a myriad of loosened suns
may fall on our heads
and split apart our dubious routine
with the beauty that calls to us
from splendorous trees and skies.

(Poems of Splendor)

Marjorie ROSS
Costa Rica, 1945

Poeta, novelista, ensayista, doctora en Educación, abogada con especialidad en Derechos Humanos, periodista, crítica gastronómica y especialista en historia de la alimentación. Premio Nacional por la Igualdad y Equidad de Género Ángela Acuña Braun en prensa escrita, 1997. Premio Nacional de Periodismo Pío Víquez, 2009. Premio Nacional de Literatura Aquileo J. Echeverría, 2001 y 2008. Poesía: *Aguafuertes*; *Jaguar alado*; *Conjuro al olvido*; *Duelo por la rosa*; *Menú*. (Fotografía de Jorge Andrés Arce) marjorie@marjorieross.com

Raspo mi desnudez

Raspo mi desnudez
y me sumerjo
en la naciente ritual

recuerdo
que todo poeta
posee un espejo al infinito
y alas de ángel
o demonio

traspaso
la muralla de fuego
inmunizada
por la memoria del agua

ejerzo el arte
de volar entre escombros
y lanzo desde arriba
mi conjuro:

que el espejo
de la recordanza

Poet, novelist, essayist, doctor of education, human rights attorney, journalist, food critic, food history specialist. Recipient of the 1997 Angela Acuña Braun National Award for Gender Equality and Equity in print journalism; the 2009 Pío Víquez National Journalism Award; and the Aquileo J. Echeverría National Literature Prize in 2001 and 2008. Poetry: *Aguafuertes* (*Etchings*); *Jaguar alado* (*Winged Jaguar*); *Conjuro al olvido* (*Incantation against Forgetting*); *Duelo por la rosa* (*Mourning for the Rose*); *Menú* (*Menu*). (Photograph by Jorge Andrés Arce) marjorie@marjorieross.com

Translations by Jerome Dendy, © Marjorie Ross

I Scrape My Nakedness

I scrape my nakedness
and dive
into the nascent ritual

I remember
that every poet
possesses a mirror to the infinite
and wings of an angel
or a demon

I pass through
the wall of fire
immunized
by the memory of water

I practice the art
of flying amid rubble
and send from above
my prayer:

may the mirror
of remembrance

nos ampare
que seamos
sus rehenes
que la arborescencia
del tormento
no nutra a nuestros nietos
que no se opaque
la visión de los hornos
amasijo de consignas

que no se desvanezca
el hilván de dolor
de las niñas de Dachau
ni los graffiti
de los lúcidos
en los pabellones
psiquiátricos

que los signados
por el dogma
sean una especie extinta

que no nos habite
que no halle cobijo
en los dedos
ni en los pliegues
de las manos

que no encuentre
memoria en los espejos

que no crezca
sigiloso
en la maraña
de las venas

lo conjuro
para que no nos habite
el olvido

ese hermano gemelo
de la muerte.

protect us
may we be
its hostages
may the arborescence
of torment
not nurture our grandchildren
may it not transcend
the vision of the ovens
jumble of orders

may the thread of pain
of the girls at Dachau
not disappear
nor the graffiti
from the lucid
in psychiatric
pavilions

may those marked
by dogma
be an extinct species

may it not inhabit us
not find shelter
in fingers
or in the folds
of hands

may it not find
memory in mirrors

may it not grow
stealthily
in the tangle
of veins

I entreat
that forgetfulness
not inhabit us

that twin brother
of death.

Salamandras doradas

Mujeres del caldero
de veneno y antídoto
de rayos
de hogueras
de silencios

salamandras
que vuelan
sobre el agua
creadoras de portentos
milagreras
dadoras de consuelo
secadoras de lágrimas

hilanderas de nubes
bordadas
en pañuelos
dispuestos al adiós

salamandras doradas

dueñas de la palabra
poetas

Soy poeta

Desde que miré
el fondo
de los ojos
del ángel anunciante
y su estuche de silencios
mi oficio
es darle nombre
a las cosas innombrables

revelar
el bautismo secreto
de los objetos ocultos
de los habitantes inciertos
de los sueños
hablar por las piedras

Golden Salamanders

Women of the cauldron
of poison and antidote
of lightning rays
of bonfires
of silences

salamanders
that fly
above the water
creators of wonders
miracle workers
givers of comfort
dryers of tears

spinners of clouds
embroidered
on scarves
ready to say goodbye

golden salamanders

keepers of the word
poets

I Am a Poet

Since I gazed
into the depth
of the eyes
of the announcing angel
and his case of silences
my job
is to give name
to the unnamable

to reveal
the secret baptism
of hidden objects
of unknown inhabitants
of dreams
to speak for rocks

por los muertos
por los prisioneros
sigilosos
por quienes perdieron
la lengua
en la tortura

por aquellos
que enterraron su sangre
en las cenizas
de todas las iglesias

eso es lo que hago
hablar
soy poeta

una gota cósmica
que se condensa
en la palabra

Profeta de la vida

No escondas tu voz
entre los pliegues de la memoria
ni encierres tu silencio
entre pilas de sábanas
y amores fallecidos

un paso al frente
con la mirada llena de avecillas
y el corazón
ardiendo
en nubes mañaneras

no dejes que te arranquen
el derecho a pensar
a presentirlo todo
con lúcida locura
de profeta

profeta de la vida
no des campo
a la muerte entre tus párpados.

for the dead
for the prisoners
silenced
for those who lost
their tongue
in torture

for those
who buried their blood
in the ashes
of every church

that is what I do
speak
I am a poet

a cosmic drop
that is condensed
in the word

Prophet of Life

Don't hide your voice
between the folds of memory
or guard your silence
between stacks of sheets
and deceased old flames

a step forward
gaze full of baby birds
and your heart
ablaze
in morning clouds

don't let them rob you of
the right to think
to sense everything
with the lucid madness
of a prophet

prophet of life
don't give room
for death between your eyelids.

Mariamalia SOTELA BORRASÉ
Costa Rica, 1945

Española-costarricense, escritora, poeta, acuarelista, actriz. Licenciada en Ciencias de la Comunicación. Entre 1950 y 1960 vivió en Barcelona. Regresó a Costa Rica y a finales de los 80 se trasladó a Moscú donde fungió como Agregada Cultural. Residió tres años en Caracas. Dirigió el programa OPINIÓN de la televisora estatal de Costa Rica entre 1982 y 1984. Entrevistó a figuras de la talla de Rafael Alberti, Guillén, Evtuchenko, Juan Rulfo, Fidel Castro, Serrat y José Luis Cuevas. Premios: Poesía Femenina Ilustrada 1984; José Marín Cañas, Poesía y Cuento, COLPER de Costa Rica, 1989. Publicaciones: *Ciudad de cáñamo* (1974); *Memoria del desencuentro* (1981); *Piel inconforme* (2014); *De muñecas de trapo y papalotes* (2015); *Abordajes* (poesía 2020). mariamasarapiqui@gmail.com; https://acuarelasypoemas.com

Acuarela I

Respiro
y el cielo
va entrando
a pedacitos
por la nariz

¡Debo estar toda pintada
de azul por dentro!

Silencio III

Me gustan las piedras
jardín seco y gastado
de tanto jugar con la lluvia
Sin luz
conocen
el secreto
de las estrellas.

Spanish-Costa Rican writer, poet, watercolorist, actress. Degree in communication sciences. Lived in Barcelona 1950–1960, returned to Costa Rica, and at the end of the 80s was cultural attaché in Moscow. Resided in Caracas for three years. Directed the program OPINIÓN on Costa Rican state television 1982–1984, interviewing luminaries such as Rafael Alberti, Guillén, Yevtushenko, Juan Rulfo, Fidel Castro, Serrat, and José Luis Cuevas. Awards: Feminine Poetry Illustrated, 1984; José Marín Cañas, Poetry and Short Story, COLPER of Costa Rica, 1989. Publications: *Ciudad de cáñamo* (*City of Hemp*, 1974); *Memoria del desencuentro* (*Memory of the Misencounter*, 1981); *Piel inconforme* (*Dissident Skin*, 2014); *De muñecas de trapo y papalotes* (*Of Ragdolls and Kites*, 2015); *Abordajes* (*Boardings*, poetry, 2020). mariamasarapiqui@gmail.com. https://acuarelasypoemas.com

Translations by Kathleen Cunniffe-Peña, © Mariamalia Sotela Borrasé

Watercolor I

I breathe
and the sky
starts entering
in little pieces
through my nose

I must be painted all
blue on the inside!

Silence III

I like stones
a garden dry and worn
from playing so much with the rain
Without light
they know
the secret
of the stars.

Me corono de palabras

Sola de tanta ausente compañía
Sola en la soledad quebrada de la noche
Sola en esta y tantas noches de tejas y
/luciérnagas
bajas como estrellas olvidadas…

recojo mis pedazos
como si fuesen cuentas de colores.
Me corono de palabras.

Encajes y alfileres
   Barcelona, 1954

Recuerdo
cómo entrelazar
encaje de bolillo.

Música de madera
como pequeña marimba
desarmada

Los bolillos corretean
sobre olas diminutas
del hilo blanco

Parras de espuma
sobre el tambor
dolido de alfileres.

Organzas y tules
Lenguaje y encajes

Mares al fin
creciendo en mi alma.

I Crown Myself with Words

Alone from so much absent company
Alone in the broken solitude of night
Alone in this and so many nights of
                          /roof tiles and fireflies
faint like forgotten stars…

I pick up my pieces
as if they were colored beads.
I crown myself with words.

Laces and Pins
    Barcelona, 1954

I remember
how to intertwine
bobbin lace.

Music from wood
like a small marimba
dismantled

The bobbins run around
over tiny waves
of white thread

Vines of foam
over the drum
stuck with pins.

Organzas and tulles
Language and laces

Seas finally
growing in my soul.

Vuelo inusual

Del rosal,
como pétalo definitivo,
se desprendió
una tangara del verano.

Pincelada
escarlata
sobre el cielo.

¡El reloj no tuvo tiempo
de atrapar el milagro!

A bordo de mí misma

Me bordo de mares
Me corono de olvidos

Me bordo en recuerdos
Desbordo al olvido

A bordo de mi misma
me desbordo
llorando al vacío
un mar de pétalos

"Estrechos son los bajeles":
Que me contengan los mares

"Estrechos son los bajeles":
Que me contengan las olas

"Estrechos son los bajeles":
Que me derrame en la espuma...

Proeza

Estoy sosteniendo el alma
para que no se salga
por los ojos

Unusual Flight

From the rose bush,
like a definitive petal,
took flight
a summer tanager.

Brushstroke of
scarlet
against the sky.

The clock had no time
to capture the miracle!

Aboard Myself

I embroider myself with seas
I crown myself with forgetting

I embroider myself in memories
I overwhelm oblivion

Aboard myself
I overflow
crying into the void
a sea of petals

"Narrow are the vessels":
May the seas contain me

"Narrow are the vessels":
May the waves contain me

"Narrow are the vessels":
May I spill into the seafoam…

Feat

I am holding up my soul
so it does not leave
through my eyes

delante de la gente.
Estoy sosteniendo
mi esqueleto
para que no se caiga
mientras aprendo la proeza
de vivir sin vértigo.

Estoy tratando de asomarme
por los ojos, desde afuera,
y ver mi pulpa
y mi semilla,
más allá de esta piel empecinada
en conciliarme.

Ya no sé si soy
piel o si soy fruta.
Nunca supe
qué sabor tienen mis raíces
de tanto desgarrarlas.

Quisiera ser melón
y coco y guaba
guanábana quisiera
y no mujer
sin pulpa y
sin semilla
de tanto resembrarme en el olvido.

Deberé arrancar mi piel,
pero de veras,
y remontarme el esqueleto desde abajo
por cada uno de mis huesos
y olerme poco a poco
y escuchar mi soledad
y sostenerme.

Luego,
si es posible, no cantar nunca más una mentira.

Y entonces salir
a comenzar.

in front of everyone.
I am holding up
my skeleton
so that it doesn't fall
while I learn the feat
of living without vertigo.

I am trying to look
through my eyes, from the outside,
and see my pulp
and my seed,
beyond this stubborn skin bent
on reconciling me.

I no longer know if I am
skin or if I am fruit.
I never found out
what flavor my roots have
from so much pulling them up.

I would like to be a melon
and coconut and guava
graviola fruit maybe
and not a woman
without pulp and
without seed
from so much resowing in forgetfulness.

I should rip off my skin,
really,
and reassemble my skeleton from below
with each one of my bones
and smell myself little by little
and listen to my solitude
and hold myself up.

Later,
if it's possible, never sing another lie again.

And then go out
to begin.

Anabelle AGUILAR BREALEY
Costa Rica, 1946

Estudió Biología en la Universidad de Costa Rica. Vivió durante muchos años en Venezuela donde trabajó como docente en Caracas y en el medio rural. Fungió como diplomática en la Embajada de Costa Rica en Venezuela. Actualmente reside en Canadá, comprometida con la lucha por los derechos humanos y por la recuperación de la democracia en Venezuela. Escribe poesía, narrativa y libros para niños. Ha publicado en Costa Rica, Venezuela y España. Ha sido traducida al inglés y al francés.
anabelleab@hotmail.com

Barriendo mi casa con palabras escritas

Barriendo mi casa con palabras escritas
desgranando mis pensamientos en cada arveja
buscando el motivo en el envés de las espinacas
pidiendo a gritos el color a las zanahorias
mezclando el llanto de cebolla
con el llanto por mi padre

(*Orugario*, 1998)

Disfruto de esos momentos de ausencia

Disfruto de esos momentos de ausencia
en que no me hacen daño desde afuera
cuando me acompañan otros fantasmas silenciosos
que ven el mundo en un espejo

(*Orugario*, 1998)

La mujer virtuosa

La mujer virtuosa
Bebe cuando puede
Limpia los cristales
Para que penetre la luna

Biology degree from the Universidad de Costa Rica. She lived for many years in Venezuela, where she was a teacher in Caracas and rural areas. She served as a diplomat in the Costa Rican Embassy in Venezuela, now resides in Canada, and remains committed to the fight for human rights and the return of democracy in Venezuela. She writes poetry, fiction, and children's books and has published in Costa Rica, Venezuela, and Spain. Her work has been translated into English and French. anabelleab@hotmail.com

Translations by Joan F. Marx, © Anabelle Aguilar Brealey

Sweeping My House With Written Words

Sweeping my house with written words
shelling my thoughts in each pea
seeking the reason on the underside of spinach
screaming for color to carrots
mixing tears from the onion
with tears for my father
(*Wormwood*, 1998)

I Enjoy Those Moments of Absence

I enjoy those moments of absence
in which no harm is done to me from the outside
when other silent ghosts accompany me
that see the world in a mirror
(*Wormwood*, 1998)

The Virtuous Woman

The virtuous woman
Drinks when she can
Cleans the window glass
So the moon can penetrate

La mujer virtuosa
Se desviste
Camina sobre carbones rojos
Mira sin querer
El cielo atormentado de Van Gogh
Sostiene su cuerpo suspendido
En la última hebra
la mujer virtuosa
cultiva rosas
en el centro de sus centros
la mujer virtuosa
peca y piensa
habla y escribe
siembra
para agotar el recurso
de su última rosa

(*Todopoderosa*, 2000)

Yo pecadora

Yo pecadora
me confieso ante Dios

Todopoderosa

(*Todopoderosa*, 2000)

Primero

No solo la sangre es roja
oigan
tulipanes africanos
rosas de Pentecostés
plumas de zorzal
sol de cuando me amaste
vaca de Chagall
no toda la sangre es roja
en púrpura y matiz de rosa
se convirtió la espalda de mi hombre
con orificio inhumano
de olor a pólvora

The virtuous woman
Undresses
Walks on glowing coals
Glances at
The tormented sky of Van Gogh
Supports her body suspended
From the last thread
the virtuous woman
cultivates roses
in the center of her centers
the virtuous woman
sins and thinks
speaks and writes
sows
in order to exhaust the resource
of her last rose
                    (*She, the Almighty*, 2000)

I, Sinner

I, sinner
confess before God to be

Almighty

                    (*She, the Almighty*, 2000)

First

Not only blood is red
listen
African tulips
Pentecostal roses
a thrush's feathers
the sun from when you loved me
Chagall's cow
not all blood is red
to purple and a rose hue
my man's back changed
with an inhuman orifice
smelling of gunpowder

y a hierro despavorido
desperdicio de color
entre la humareda agónica
(*Sangre*, 2002)

Con lápiz rojo

No es fácil
escribir de guerra
cuando solo levanto
la escoba para
barrer la casa
cuando sé
que el poder
usó armas de guerra
sin avisar
cuánto temían a las perdices
cuánto al retumbe del lago de los cisnes
nos arrastraron hacia Tuonela
salpicando
el último canto
(*Sangre*, 2002)

Indulgente

La espalda es la parte
más inerme de mi cuerpo
recibe de las ventiscas
del norte
las tormentas
y de la tierra
la baba del insistente
caracol
de las alturas
le llega la ingravidez
que la dobla
sobre sí misma
del subsuelo
absorbe
con lentitud
el agua cristalizada
de las vides

and terrified iron
a waste of color
in the dying cloud of smoke

(Blood, 2002)

With Red Pen

It is not easy
to write about war
when I only lift
the broom to
sweep the house
when I know
that power
used weapons of war
without warning
how they feared partridges
how much the resounding of swan lake
they dragged us toward Tuonela
spattering
the last song

(Blood, 2002)

Indulgent

The back is the
most defenseless part of my body
it receives from the gales
of the north
storms
and from the earth
the drool of the insistent
snail
from the heights
a weightlessness comes to it
that folds it over
upon itself
from underneath the soil
it absorbs
slowly
the crystalized water
of grapevines

no se puede ver
a sí misma
sino en creciente
se afecta siempre por la debilidad
y la estupidez de su inocencia
(*Desmesura*, 2008)

Idus de marzo

El cuervo
despedaza el lomito
de una ardilla
con su pata retira
lágrimas del ojo infestado
el gavilán examina
la pequeña presa languidecer
se detallan sus diferencias
los enemigos se mueven
no hay resguardo
ante la aniquilación
es su mundo que gotea
el agua donde enmudece
el grifo
en la madrugada
oigo el avión del tirano
moribundo descompuesto
en sus fétidos humores
aferrado al talismán
engañoso y vengativo
no es otro
lo huelo
se desperezan las hienas
se deplazan los espejos
hay legañas en los ojos de los santos
nadie escapa
quien produce dolor implacable prepara
su propia sentencia
el que busca encuentra
(*Profanación del huerto*, 2016)

it cannot see
itself
except as growing
it is always affected by weakness
and the stupidity of its innocence
                              (*Extravagance*, 2008)

The Ides of March

The crow
tears apart the little back
of a squirrel
with its leg removes
tears from an infested eye
the hawk examines
its small prey languishing
their differences highlighted
enemies move
there is no protection
from annihilation
it is their world that drips
water where
the faucet is silenced
at dawn
I hear the plane of the
dying decomposed tyrant
in his fetid fluids
clinging to the talisman
deceiving and vengeful
it is no other
I smell him
the hyenas stretch their limbs
mirrors move
the saints have sleep in their eyes
no one escapes
whoever produces relentless pain prepares
his own sentence
he who seeks finds
                    (*Desecration of the Orchard*, 2016)

Arabella SALAVERRY
Costa Rica, 1946

Escritora y actriz. Estudia Artes Dramáticas y Filología. Dirige el Grupo El Duende desde donde realiza su labor de gestora cultural. Trabaja en producción, dirección y actuación para radio, cine y televisión; imparte talleres de escritura creativa. Premio Nacional de Literatura Aquileo J. Echeverría: 2016 rama cuento y 2019 rama poesía. Traducida a varios idiomas, sus poemas han sido incluidos en antologías en Europa y Latinoamérica. Publicaciones: novela: *Rastro de sal* y *El sitio de Ariadna*; cuento: *Impúdicas* e *Infidelicias*; poesía: *Búscame en la palabra, Violenta piel, Chicas malas, Llueven pájaros, Continuidad del aire, Erótica, Dónde estás Puerto Limón, Breviario del deseo esquivo, Arborescencias*. De pronta publicación *Íntimas,* narrativa. (Fotografía de Meli Fernández) arabella.salaverry@gmail.com

New York

Las mariposas se incrustan
en el alto estallido del cemento
Juro que caminé tus avenidas
con la soledad a cuestas
en ese universo de piernas extranjeras
venidas de rincones extraviados

Traté de asir una mano
cualquiera
pero solo la materia fría
la argamasa
el acero

Las palomas bravías no encuentran
donde depositar sus nidos
y un viento de prisas y de ahogos
recorre tus calles ateridas

Sé que hay un mundo escondido en el asfalto
vibra como el corazón de un pájaro carpintero
trato de rescatarlo de la muerte
pero mis manos terminan en muñones

Writer and actress. Studied dramatic arts, language and literature. Director of the El Duende group, her base for cultural promotion. Producer, director, and performer in radio, film, and television. Director of workshops on creative writing, communication, and image. Aquileo J. Echeverría National Literature Prize for short story, 2016, for poetry, 2019. Translated into many other languages and included in anthologies in Europe and Latin America. Publications: novels: *Rastro de sal* (*Trace of Salt*) and *El sitio de Ariadna* (*Ariadne's Besieged Place*); stories: *Impúdicas* (*Shameless Women*) and *Infidelicias* (*Infidelicacies*); poetry: *Búscame en la palabra* (*Look for Me in the Word*), *Violenta piel* (*Violent Skin*), *Chicas malas* (*Bad Girls*), *Llueven pájaros* (*Birds Raining*), *Continuidad del aire* (*Continuity of Air*), *Erótica* (*Erotica*), *Dónde estás Puerto Limón* (*Where Are You, Puerto Limón*), *Breviario del deseo esquivo* (*Breviary of Elusive Desire*), *Arborescencias* (*Arborescences*). In press: *Íntima*, narrativa (*Intimate*, stories). (Photograph by Meli Fernández) arabella.salaverry@gmail.com

Translations by María Roof, © Arabella Salaverry

New York

Butterflies get stuck
on the tall outburst of cement
I swear I walked down your avenues
shouldering my loneliness
in that universe of foreign legs
come from out-of-the-way corners

I tried to grasp a hand
any hand
but only cold matter
mortar
steel

City pigeons can't find
where to make their nests
and a wind of breathless hurrying
blows down your freezing streets

I know there is a world hidden in the asphalt
vibrating like the heart of a woodpecker
I try to rescue it from death
but my hands end in stumps

Te prometo
que seguiré hurgando en tus resquicios
hasta encontrar el mástil
donde ondeará el desvelo
y la noche entonces
se cubrirá con mareas
y en mi insomnio te seguiré nombrando
hasta que al fin seas mía
     (*Búscame en la palabra*)

Solo en la palabra

Solo en la palabra me alimento

Solo en el destierro del silencio
Ante las hojas vacías me redimo

Solo de palabras

Solo en la palabra la sílaba la letra
en el hospitalario esquema del vocablo

Para compartir con las exhaustas
las que habitan el país de la clausura
las que no saben cómo se deletrea
el término futuro

Solo de palabras
En la abofetada abierta a los silencios

  Solo en la palabra me restauro
     (*Violenta piel*)

Llueven pájaros

Azotan las ventanas
Pájaros que son ángeles agobiados
Llueven pájaros
los tejados repiquetean mientras los pájaros
golpean contra el claro de la luna

I promise you
that I will keep delving into your cracks
until I find the flagstaff
where sleeplessness will flutter
and then night
will cover over with waves
and in my insomnia I will keep naming you
until finally you are mine
                (*Look for Me in the Word*)

Only in the Word

Only in the word do I feed

Only in the exile of silence
Before blank sheets do I redeem myself

Only of words

Only in the word the syllable the letter
in the hospitable frame of the phrase

To share with those exhausted women
those who inhabit the land of closure
those who don't know how
the term future is spelled

Only of words
In the slap open to silences

Only in the word do I become restored
                (*Violent Skin*)

Birds Raining

Buffeting windows
Birds that are angels exhausted
Birds are raining
rooftops drumming as birds
pound against the clear moonlight

Llueven ángeles que son pájaros
para hablarnos desde el grito infernal
de su caída

Llueven pájaros
saetas
flechas malheridas
llueven pájaros
habitantes desmesurados de las nubes

Estos pájaros que suelen ser ángeles
lloran este planeta que arderá
quemado por nuestro propio desatino

Estos ángeles que suelen ser pájaros
se llenan la garganta con arena
mientras escupen fuego

Sus palabras son entonces pedernales
que nos golpean desde la arremolinada soledad
de la ceguera
(Llueven pájaros)

Canción de niña africana
    (Después de leer una noticia sobre la ablación)

Yo tuve una corola
tuve una flor espléndida
yo tuve una anémona
que también fue fruta de la pasión

Tuve una flor de suculentos pétalos
yo tuve una sencilla mariposa
durmiendo entre los muslos

Tuve una golondrina
Yo tuve un grillo cantando
un abejorro
tuve una tórtola
soñando entre los muslos

Angels are raining that are birds
to speak to us from the infernal screech
of their fall

Birds are raining
darts
wounded arrows
birds are raining
extravagant inhabitants of clouds

These birds that are usually angels
weep for this planet aflame
burnt from our own blunders

These angels that are usually birds
fill their throats with sand
as they spit out fire

Their words are then firestones
that strike us from the swirling solitude
of blindness
                    (*Birds Raining*)

Song of An African Girl
        (After reading news on ablation)

I had a corolla
I had a splendid flower
I had an anemone
that was also passion fruit

I had a flower of succulent petals
I had a simple butterfly
sleeping between my thighs

I had a swallow
I had a cricket singing
a bumblebee
I had a dove
dreaming between my thighs

Pero un día
me latió un pájaro
de desconsolado vuelo

La tradición fue navaja
de un turbulento trazo
enmudeció mi grillo
la mariposa abortó su vuelo
desapareció la fruta
la corola se anegó en mi sangre

Ahora tengo un poco de nada
muriendo entre mis muslos
                (*Violenta piel*)

En la ciudad del desierto

En la ciudad del desierto
trocamos los pájaros

Ahora el cielo entintece
su desnuda claridad con los misiles

Ya no hay alas bordeando el horizonte

En la ciudad del desierto
anulamos los pájaros

Solo un resplandor de plata que encandila
solo el pulcro estallido de las bombas
usurpa el espacio de los pájaros

En la ciudad del desierto
con la misma golosa dedicación
sacrificamos pájaros
asesinamos niños y mujeres
      Y nos desinfectamos las manos
                (*Llueven pájaros*)

But one day
a bird of disconsolate flight
pulsated for me

The tradition was a knife
of turbulent stroke
my cricket turned mute
the butterfly aborted her flight
the fruit disappeared
the corolla drowned in my blood

Now I have a little piece of nothing
dying between my thighs
     (*Violent Skin*)

In the City in the Desert

In the city in the desert
we sold the birds off

Now the sky inks
its naked clarity with missiles

No more wings skirting the horizon

In the city in the desert
we destroyed the birds

Only a silver radiance dazzling
only the sleek bursting of bombs
usurps the birds' space

In the city in the desert
with the same gluttonous dedication
we sacrifice birds
we murder children and women
  And disinfect our hands
     (*Birds Raining*)

Floria JIMÉNEZ DÍAZ
Costa Rica, 1947

Licenciada en Filología y Lingüística Española de la Universidad de Costa Rica y catedrática de la Universidad Nacional de Heredia. Escritora de literatura infantil. Reconocimientos: Doctorado Honoris Causa Litterarium Cultrix, Universidad Católica de Costa Rica, 2009. Premio Omar Dengo de Educación, Universidad Nacional, 2017. Premio Nacional Aquileo J. Echeverría de Poesía, 1978. Premio Carmen Lyra 1976, 2003, 2007. Autora homenajeada en la Feria Internacional del Libro Infantil y Juvenil de Centroamérica (FILIJC-Guatemala) en 2019. Varias de sus obras han sido publicadas en México, Colombia y Estados Unidos. Primera centroamericana en la Colección Buenas Noches de Editorial Norma con su libro *El árbol solito*, ganador de Norma Concurso 2019. (Fotografía de Gustavo Valle Jiménez) mirrusquitacr@gmail.com

Te regalo mis palabras

Te regalo mis palabras
las del color de los campos
las que danzan sobre el agua
las que navegan mis mares
hasta su isla dorada
las que nacieron conmigo
en la cuna de mi infancia.
Te regalo mis palabras
para que siembres tus soles
en la cumbre de tus ramas
las de lluvia en el verano
las ingenuas, las descalzas
las que no discuten versos
y se visten con el alba.
Guárdalas en el libro
de violetas disecadas
y hazte cuenta que salieron
de mi alma hacia tu alma.

University degree in Spanish language, literature, and linguistics, Universidad of Costa Rica; professor at the National University, Heredia. Author of children's literature. Recognitions: Doctor Honoris Causa Litterarium Cultrix, Catholic University of Costa Rica, 2009; Omar Dengo Education Prize, National University, 2017; Aquileo J. Echeverría National Poetry Prize, 1978; Carmen Lyra Prize, 1976, 2003, 2007. Honored author, Central American International Fair of Children's and Youth's Books (FILIJC-Guatemala), 2019. Her works have been published in Mexico, Colombia, and the United States. First Central American in the Buenas Noches Collection of Norma Publishing with her book *El árbol solito* (*The Tree All Alone*), winner of the Norma Contest 2019. (Photograph by Gustavo Valle Jiménez) mirrusquitacr@gmail.com

Translations by María Roof, © Floria Jiménez Díaz

I Give You My Words

I give you my words
words the color of fields
words that dance on the water
words that sail my sea
to their golden island
words born with me
in my childhood glee.
I give you my words
so you can sow your suns
in the top of your branches
in summer words of rain that runs
innocent words, barefoot words
words that don't fight about verses
and dress in morning ones.
Keep them in the book
of dried violets that assures
you know they left my soul
and went to find yours.

No se vale proponerlas
ni ofrecerlas en subasta
porque el duende que las cuida
tiene un pacto con las hadas.

Te regalo mis palabras
para que enciendan estrellas
en las noches de tu almohada
para que vueles tus aves
con el ritmo de tus alas.

Sorpresa

Por la rendija
de mi alcancía
guardé las notas
de una armonía.

Guardé palabras
de oro y marfil
con verdes rimas
del mes de abril.

Guardé montañas
lindos caminos
aves doradas
con dulces trinos.

Guardé las flores
con dulce aroma:
lirios, gardenias
calas y pomas.

Después, batiendo
con gran cuidado
vi que el cerdito
se había encantado.

Y al darle vuelta,
¡cuánta alegría!,
salieron versos
de mi alcancía.

It's no good to proffer them
or offer them at cash-and-carries
cause the magic elf who guards them
has a pact with the fairies.

I give you my wordings
to light up the stars
on your pillow's night rings
so you can fly your birds
to the rhythm of your wings.

Surprise

Into the piggy bank slot
so right for money
I slid the bright notes
of a harmony quite sunny.

I kept words there too
of ivory and golds
with green rhymes
of April marigolds.

I kept mountains with
paths lovely and long
golden birds
with a trilling song.

I kept flowers
of sweet bouquet:
lilacs and calla lilies
in a tussie-mussie nosegay.

Later, shaking it carefully
til I was delighted
I saw the little pig
was suddenly excited.

And turning it over,
know what I got?
Rhymes and verses
tumbling out of the slot!

En el antiguo Egipto, un oasis

Con azúcar el desierto,
la pirámide una caja.
La momia es mi perro negro
y el camello es esta gata.

En la cumbre de una duna
de harina, con sal y masa,
mi perro, sin darme cuenta
hace un giro con la pata.

Y un charquito con aroma
a una cosa muy extraña
nace en medio de la arena:
¡El oasis que faltaba!

Mi duende travieso

Entre las palabras
de un cuento, depende,
a veces se asoma
la risa de un duende.

Pero el muy travieso
corre que te corre
se llevó el castillo
con todo y su torre.

Se llevó el hechizo
del brujo hechicero,
se llevó el conjuro
fogata y caldero.

Dejó a la princesa
parada en la puerta
y al dragón morado
con la boca abierta.

¡Vaya con mi duende!
¡Me escribió el final!
y el cuento encantado
no acabó tan mal.

In Ancient Egypt, An Oasis

With sugar the desert,
the pyramid a box packed.
The mummy is my black dog
and the camel is this cat.

In the peak of a dune
of flour, with salt and dough,
my dog, I didn't know,
paws it to and fro.

And a little stream with fragrance
of something very strange
rises in the midst of sand:
Our hoped-for oasis at close range!

My Mischievous Elf

Between the words
of a story right off the shelf,
sometimes you can hear
the laughter of an elf.

But the mischievous little man
running round on turbo power
carried off a whole castle,
everything even the tower.

He took the sorcerer's
enchantments and spells
took the magic words
of hearth and cowrie shells.

He left the princess
standing at the door
and the purple dragon
with his jaw on the floor.

What a tricky elf I have!
He wrote the end for me!
And, I must say, the enchanted tale
didn't end too badly.

Vuelan, vuelan

Vuela el ave
vuela el viento
vuela el globo,
el sentimiento.

Vuelan niños
y corceles,
toboganes,
carruseles.

Vuela un hada
encantadora,
buenas brujas
en su escoba.

Vuelan risas,
de cumpleaños,
vuela el tiempo
con sus años.

Vuelan, vuelan
mis mañanas
por la brisa
cual campanas.

Vuelan versos
hasta el cielo
de ida y vuelta
va su vuelo.

Flying, Flying

Flying the bird
flying the wind
flying the globe
feelings too, in the end.

Flying kids
and ponies and hounds,
teeter-totters,
and merry-go-rounds.

Flying fairies
dashing with zooms,
ever-good witches
riding their brooms.

Flying is laughter,
of birthday delight,
flying is time
of fleet day and night.

Flying, flying
goes my morning
on the breeze
like bells adorning.

Flying verses
up to the sky
back and forth
go their flights so high.

Rosibel MORERA
Costa Rica, 1948

Licenciada en Filosofía. Miembro fundadora del Departamento de Filosofía de la Universidad Nacional. Como catedrática trabajó la filosofía e historia del arte; como escritora ha publicado poesía, cuento, ensayo y novela. Premio de Ensayo Universidad Nacional, 1982; Premio Internacional de Poesía Alfonsina Storni (Argentina), 1986 y 1988; Mención Honorífica, Juegos Florales de Guatemala, 1992; Premio Centroamericano de Poesía UNA-Palabra, 1993; y Premio Centroamericano de Novela UNA-Palabra, 1989 y 2002. Obra publicada, novelas: *Historias de un testigo interior, Los héroes impuros, A pesar de mujer*; cuentos: *Las resurrecciones y reencarnaciones de Lázaro Fuentes*; ensayos: "La proyección escénica", "El Cristo de Acuarius"; poesía: *Cartas a mi Señor* (mística), *Toda la lumbre derramada, Yo sólo sé decirme a los amantes*. rosibelmorera@gmail.com.

Cada vez que Te nombro

Cada vez que Te nombro
hay una nube de golondrinas
en el paisaje.

Pienso en el aire. La dulce permanencia celeste de los rincones. La música que hace danzar a las golondrinas y pasar serias a las mariposas. En la quietud invisible que hace pestañear y moverse las cosas. Y en el dulce amor que recorre las distancias, abre las nubes y busca lenguajes para hacerme entender sus pensamientos. En mi amoroso Señor, que hace secretos y míos los rincones.

(*Cartas a mi Señor*)

Fiesta a oscuras

sin ti solo hay dolor
fiesta a oscuras y ennegrecido cielo como no te imaginas
todo es luto aquí
ramos de veraneras que no quieren sumarse

University degree in philosophy. Founding member of the Philosophy Department, National University, where she taught philosophy and art history. She has published poetry, stories, essays, and novels. Essay Prize, National University, 1982; International Alfonsina Storni Poetry Prize (Argentina), 1986, 1988; Honorable Mention, Juegos Florales of Guatemala, 1992; Central American Poetry Prize UNA-Word, 1993; Central American Novel Prize UNA-Word, 1989, 2002. Publications: novels: *Historias de un testigo interior* (*Stories of An Internal Witness*), *Los héroes impuros* (*Impure Heroes*); *A pesar de mujer* (*Despite Woman*); stories: *Las resurrecciones y reencarnaciones de Lázaro Fuentes* (*The Resurrections and Reincarnations of Lázaro Fuentes*); essays: "La proyección escénica" ("Scenic Projection"), "El Cristo de Acuarius" ("The Christ of Aquarius"); poetry: *Cartas a mi Señor* (*Letters to My Lord,* mystic poems), *Toda la lumbre derramada* (*All the Fire Spilled*), *Yo sólo sé decirme a los amantes* (*I Can Reveal Myself Only to Lovers*). rosibelmorera@gmail.com.

Translations by María Roof, © Rosibel Morera

Each Time I Say Your Name

> *Each time I say Your name*
> *there's a cloud of swallows*
> *in the scenery.*

I think of air. The sweet celestial permanence of corners. The music that makes swallows dance and butterflies fly past looking serious. Of the invisible quiet that makes things blink and move. And of the sweet love that covers distances, opens clouds and seeks languages to help me understand its thoughts. Of my loving Lord, who makes corners be secret and mine.

(*Letters to My Lord*)

Celebration in the Dark

without you there is only pain
celebration in the dark and blackened sky like you can't imagine
everything is mourning here
bunches of bougainvillea unwilling to join

al cortejo de los peces muertos
ríos empapando mis cuadernos vacíos
pues ningún ángel quiere venir a cantar honras fúnebres
todo duele aquí
y las palabras se agitan
al no encontrar el eco de tu amor para cantarte
no hay sitio ya con mi nombre porque te has ido
solo una tumba

Mañana el atardecer

al fondo del hogar un hervidero de chispas
lanza sobre los troncos su incendio de atardeceres
yo te cobijo, te guardo, te protejo
tú me envuelves, me acaricias, me celebras
hay una fiesta aquí, un sonido de esperma,
algo del Universo se ha filtrado
por entre las hendijas subterráneas de la hierba
afuera sigue golpeando la lengua oscura del viento
pero ya no la oímos
se hizo un muro el velo del amor que otrora levantamos
mañana, como sombras quietas sobre el corredor,
dos sillas mecedoras anunciarán a quien quiera mirar
que tú y yo nos fuimos con la brisa a un otro porvenir de estrellas
porque el amor hace brotar alas al alma
y, en esta faena de insistir e insistir en amarnos,
como aves luminosas nos llamaron, alados también,
los ángeles

Terroncito (Costa Rica)

este hermoso país en el que vivo
este territorio acunado por montañas elevadas
y pequeñitas
la seda de verdes que lo cubre
la oración que asciende segura de provocar el milagro
el volcán que se yergue sin amenaza
cerca del corredor un árbol me provee
de frutos y de sombra
de agua para multiplicar los seres
y de este fluido eléctrico maravilloso

the cortege of dead fish
rivers soaking my empty notebooks
since no angel wants to come and sing funeral rites
everything is painful here
and words get upset
not finding your love's echo to sing to you
there's no place now with my name since you have gone
only a tomb

Tomorrow Nightfall

at the back of the hearth a swarm of sparks
throws its firestorm of nightfalls over logs
I wrap you, cover you, protect you
you enfold me, caress me, celebrate me
there's a party here, a sound of sperm,
something from the Universe has filtered in
through underground slits in the grass
outside the wind's dark tongue still strikes
but we no longer hear it
the veil of love we raised before became a wall
tomorrow, like quiet shadows on the corridor,
two rocking chairs will announce to whoever wants to see
that you and I departed on the breeze to an other future of stars
because love makes the soul sprout wings
and, in this affair of insisting and insisting on loving each other,
like luminous birds we were called by also winged
angels

Clump of Dirt (Costa Rica)

this lovely country where I live
this territory rocked by tall mountains
and small ones
the silk of greens that covers it
the ascending prayer sure to convoke a miracle
the volcano that stands tall and unmenacing
near the corridor a tree provides me
with fruits and shade
water to multiply beings
and this marvelous electric flow

con el que alumbro la noche para escribir poesía
yo no sé, Dios, qué me dijeras,
pero no es posible querer otro portento
que este lugar del mundo al que llamas América
ni un pedazo de ella tan gentil, tan de a de veras,
como este terroncito donde me sembraste
con tus dedos curtidos y rugosos

Que estas sean nuestras mejores palabras

no quiero otra América que esta que se desnuda en las páginas
no la quiero prostituida, arrasada, desertificada,
envilecida, corrupta, violenta, contaminada,
por eso llamo a los que arribaron en el amanecer
de esta edad grandiosa y americana
los llamo a resistir, a defender el árbol,
el bosque, los océanos, a defender las aguas,
el pozo de cristal bajo los suelos
mil veces más precioso que el oro negro o dorado
que guardamos en los sótanos

aguas turbulentas del Orinoco, garra de granito
que escarba su propia profundidad
aguas del Amazonas, serpiente gigantesca
que acecha en la selva virgen
cataratas del Iguazú, despeñadero que martilla
extendidos muros de piedra
cataratas tormentosas del Niágara, explosión
de encajes y de espumas
cataratas mexicanas de Agua Azul, cortinajes celestes
en la montaña que honra a sus troncos petrificándolos

agua, verde, selva, río, isla, mares, cataratas,
sean siempre nuestras mejores palabras
todo ello es nuestro
paraíso planetario preservado por el favor divino
oasis para sobrevivir cuando ya no quede nada.

with which I light up the night to write poetry
I don't know, God, what you would say to me,
but it's impossible to want any other wonder
than this place in the world that you call America
not a piece of it, though, as truly pleasant
as this clump of dirt where you sowed me
with your leathery, rugged fingers

May These Be Our Best Words

I don't want any other America than this one that gets naked on the page
I don't want her prostituted, ravaged, desertified
debased, corrupted, violent, contaminated,
that's why I call on those who arrived at the dawn
of this grandiose American age
I call on them to resist, to defend the tree,
the forest, the oceans, defend the waters,
the crystal wells under ground
a thousand times more precious than black or golden ore
that we keep in our basements

turbulent waters of the Orinoco, granite claw
that carves out its own depth
waters of the Amazon, gigantic serpent
that lurks in virgin jungle
Iguazú falls, cliff that hammers
sweeping walls of stone
thundering Niagara falls, explosion
of laces and foams
Mexican falls of Agua Azul, celestial curtains
in the mountain that honors its trunks by petrifying them

water, greenery, jungle, river, island, seas, falls,
may they always be our best words
all of it is ours
planetary paradise preserved by divine favor
oasis to survive when nothing is left.

Estatuaria. Invocación del ángel de la poesía

I. Ángel todo alas, todo majestad de presencia posada.
Cómo llamarte, con qué nombre
si apenas se presiente tu paso susurrante
humedeciendo la noche.
Ángel hermoso, te digo, temblando porque no vengas.
Te quiero esta noche en que casi todo
se esfuerza por decirse.
Te quiero esta noche tensa, cargada de deseos
que piden volcarse al lecho o la palabra.

II. Llegas a toda prisa
cien pájaros toman forma en los éteres.
Llegas con tu embarazo de cosa virginal y hermafrodita
aturdido de calles, de encuentros
que casi siempre lastiman (duelen)
de decires que sólo a pocos se dicen.
Dime decidor, forma pura y amplia,
dime para decir.

III. Vine porque sí, porque estoy muda,
embarazada yo misma de tanto sortilegio
que atacó ayer sobre mi casa.
Cegada de maravillas, de oros vegetales en tus alas
y, apenas atrevida,
del soslayo de tu perfección viril y femenina.
De tus cabellos desperdigados
como si vinieras del aire o de los grandes éteres.
Acusan mi amor tus alas que no caben en mi cuarto
que llaman vastedades, montañas, neblinas
y hondos boscosos del valle. Tus alas.
Tu vello emplumado que se alarga.

IV. Eres real, cobijo del que se sienta a escribir
cantor tú mismo, alado, solitario.
Lo que sé no alcanza más que a confirmarte
más preciso tu ser de apenas forma tan antigua
venida de lejos como la raza misma de los hombres
que te supieron espejo acaso,
acaso agua mansa enamorada de sí misma,
acaso estatuaria pura escapada de los mármoles blancos
o de sus vetas en rosa pálido.

(Yo sólo sé decirme a los amantes)

Statuary. Invocation of the Angel of Poetry

I. Angel all winged, all majesty of posed presence.
How to call you, with what name
if your whispering step is hardly sensed
moistening the night.
Handsome angel, I say, trembling since you might not come.
I want you tonight when almost everything
makes an effort to speak of itself.
I want you on this tense night, charged with desires
that beg for turning to bed or word.

II. You arrive in a rush
a hundred birds in formation in the ethers.
You arrive with your impregnation of a virginal, hermaphrodite thing
dazed by streets, by encounters
that almost always do harm (they hurt)
of utterances that are told to only a few.
Tell me, teller, pure and ample form,
tell me in order to tell.

III. I came because yes, because I am mute
impregnated myself from such magic
that besieged my home yesterday.
Dazzled by miracles, by vegetable golds in your wings,
and, only slightly bold,
by a glance at your virile and feminine perfection.
By your ruffled hair
as if you came from the air or the great ethers.
Your wings that don't fit in my room denounce my love
and call for vast expanses, mountains, mists
and forested depths of the valley. Your wings.
Your plumed hair that grows long.

IV. You are real, shelter for one who sits down to write
a chanter yourself, winged, solitary.
What I know is only enough to confirm you
more precise, your being of scarcely so ancient a form
come from afar like the race of men
who knew you were a mirror perhaps,
perhaps calm water in love with itself,
perhaps pure statuary escaped from white marbles
or from its veins of pale rose.

(*I Can Reveal Myself Only to Lovers*)

María PÉREZ YGLESIAS
Costa Rica, 1949

Graduada en Letras y doctora en Comunicación Social (Bélgica), catedrática de la Universidad de Costa Rica (UCR), cuenta con 120 publicaciones académicas y diecisiete libros, incluyendo seis sobre las aventuras de la niña "Mapy". Escribe columnas periodísticas, participa de talleres literarios y colabora con Radio UCR con un programa literario. Escribe cuento, novela, ensayo, prosa poética, literatura infantil y poesía. Actualmente trabaja el microcuento y lo que llama cuenta-poema, además de incursionar en ciencia ficción, literatura fantástica, misterio y novela juvenil. *Bailamos con el mar* (2018) une letra y voz, música y acuarela y ensaya otro proyecto interdisciplinario con *El susurro de las hojas cómplices*. (Fotografía de Nery Barrientos Montes)

Hojas blancas

Hojas blancas
recorridas por palabras
que guardan la historia
de un amor
que sobrevive al caos,
al desastre,
a la indiferencia y la injusticia.
El amor a una hoja cualquiera,
mágica,
sin nombre,
capaz de volar cayendo,
para despertar la esperanza.
Imprimo las hojas escritas
y te dibujo a lápiz,
para no olvidar tu imagen.

Degree in letters and doctorate in social communication (Belgium). Professor at the University of Costa Rica (UCR), author of 120 academic articles and seventeen books, including six books with adventures of the child "Mapy." She writes newspaper columns, participates in literary workshops and on a literary program with Radio UCR. Her genres are short story, novel, essay, prose poetry, children's literature, and poetry. Currently her focus is the micro-story and what she calls story-poems, in addition to tackling science fiction, fantasy, mystery, and adolescent literature. *Bailamos con el mar* (*We Dance with the Sea*, 2018) combines word and voice, music and watercolor, and she is engaged in another interdisciplinary project titled *El susurro de las hojas cómplices* (*Whisper of Complicit Leaves*). (Photograph by Nery Barrientos Montes)

Translations by Jonathan F. Arries, © María Pérez Yglesias

Blank Pages

Blank pages
covered with words
that hold the story
of a love
that survives chaos,
disaster,
indifference and injustice.
A love for any page,
magical,
nameless,
able to float and fall,
to awaken hope.
I print the written pages
and I draw you in pencil
so I don't forget your image.

Dos promesas (cuenta-poema)

Atisbamos
detrás de la selva
a orillas de la esperanza.
Llueve a tinajazo limpio
y mamá cobija a la Mayeli
con una bolsa negra, gigante.
Un escalofrío encoje mi espalda.

Vienen a buscarnos,
panga lista,
córdobas en mano,
cinco personas
y un par de motetes.

—Pagó por tres chigüines, doña, así que ¿a cuál deja?
—Oiga, la tierna salió antes de tiempo…

Mi mama,
redonda,
se abrió como un zapote maduro.

Jader y Julio
se agarran del silencio
y corren al bote
con la tortilla, el jarro,
la espada de madera,
el temor.

Vigilamos en cuclillas
la lancha de los guardias.
Una garza gris nos delata,
y tres monos araña
se cuelgan de la lluvia…

Atrapados,
el hombre me mira raro.
Mamá me entrega los chavales,
se levanta la enagua mojada,
el tipo la abraza sin conocerla
y la empuja sin parar.

Two Promises (story-poem)

From the forest
we watch
at the shoreline of hope.
It's raining buckets
and mama wraps Mayeli
in a giant black bag.
A shiver runs down my back.

They come for us,
canoe ready,
money in hand,
five people
and a couple of bundles.

-You paid for three kids, ma'am, so which one are you leaving?
-Listen, the baby came early…

My mama,
round,
burst like a ripe papaya.

Jader and Julio
collect themselves silently
and run to the boat,
with tortillas, water jug,
wooden sword,
fear.

Crouching we watch
the guards' boat.
A grey heron betrays us,
and three spider monkeys
hang on the rain…

Trapped,
the man looks at me funny.
Mama gives me the kids,
lifts her wet skirt,
he doesn't know her but hugs her
and pushes against her over and over.

Llegamos,
nosotros y otros y muchos,
sin perros delatores,
hambrientos, sucios, feos.

-¡Mis chavalitos son lo más precioso del mundo!

Nos arrimamos a una iglesia,
a una barraca para recién venidos,
a una ilusión...

La tierna chupa
dedo y teta, teta y dedo.
Nosotros, esperamos el día,
la escuela prometida,
la vida nueva.

En la ciudad,
una cuartería nos espera.

-Mama, usted me prometió una muñeca...
-Puede jugar con Mayeli, hija, cámbiele los pañales.

Mi muñeca es linda.
Llora mucho y ya sonríe.
Se sienta sola y come
como un serrucho afilado,
como mis hermanitos valientes
que perdieron sus espadas
de madera,
de sueños
y dejaron de llorar.

Augusto
quiere jugar al escondido,
a los abrazos y a los premios.
Un premio por beso,
dos por tocarme la pierna,
tres por verme en la ducha...

-No, Augusto, no moleste ya estoy grande.

We arrive,
us and a lot of others,
without any dogs barking,
hungry, dirty, ugly.

-*My children are the most precious thing in the world!*

We move to a church,
to a shelter for recent arrivals,
to an illusion…

The baby sucks
finger and nipple, nipple and finger.
We, we wait for the day,
the promised school,
the new life.

In the city,
a tenement awaits us.

-*Mama, you promised me a doll…*
-*You can play with Mayeli, honey, change her diaper.*

My doll is beautiful.
She cries a lot and then smiles.
She sits up and eats
like a sharp saw,
like my brave brothers
who lost their swords
of wood
of dreams
and stopped crying.

Augusto
wants to play hide-and-seek,
and hugs and treats.
One treat for a kiss,
two for touching my leg,
three for watching me in the shower…

-*No, Augusto, leave me alone, I'm big now.*

Mi mama no está,
los niños juegan en el patio,
la mamá de Augusto
chismea y cobra la renta.

Me arrincona,
me sube la enagua
y empuja y empuja sin parar,
como el policía de frontera…
Duele.

-*¡Mamaaaaaa!!!!*

La dueña de la cuartería nos corre.
¡Mentirosa!, grita.
Provocadora, acusa.
Indecente.
Vulgar.

Rodamos.
Mi mama encuentra trabajo,
un peón bueno,
una casa de finca.

Mi panza explota
como una guanábana madura
con una sola semilla…
pequeña,
morenita,
peluda
como los perritos de la vecina.

-*Mi mama, usted me ofreció una muñeca de pelo largo*
                    /y quiero volver a clases.
-*Ahora no se puede m'hija, juegue con su cipota.*

Por la ventana,
de camino a la escuela,
enaguas azules, blusas blancas.

En el vidrio cinco letras
escritas con vaho:
C E L I A

My mama isn't home,
the kids play in the yard,
Augusto's mom
gossips and collects rent.

He corners me,
lifts my skirt,
and pushes and pushes over and over,
just like the border guard...
It hurts.

-*Mamaaaaaa!!!!*

The tenement lady runs us off.
Liar!, she screams.
Troublemaker, she accuses.
Slut.
Trash.

We wander.
My mama finds work,
a good farmer,
a farmhouse.

My belly grows
like a ripe graviola fruit
with only one seed...
tiny,
dark,
lots of hair
like the neighbor's puppies.

-*Mommy, you promised me a doll with long hair and I want
                    /to go to school again.*
- *Can't do it right now, honey, play with your little girl.*

Through the window,
on their way to school,
blue skirts, white blouses.

In my breath on the window pane,
I write five letters:
C E L I A

Leda GARCÍA PÉREZ
Costa Rica, 1951

Costarricense y española por derecho materno. Escritora, abogada, comunicadora y actriz. Creadora del *Sendero de los poetas* en isla Tortuga y del portal literario *Hojas sin tiempo*. Cofundadora del Grupo Literario Poiesis. Presidente, Casa del poeta peruano, Costa Rica. Coordinadora del Festival Internacional de las Artes Literario (FIA) (2017–2018). Premios y reconocimientos: el Lisímaco Chavarría, II lugar y el Olegario Andrade, I lugar, entre otros. Su obra antologada y traducida al francés, italiano, sueco y árabe. Obras: *Conmigo al desnudo, Voces de olvido, Poemas inevitables, Poemas infieles, Poemas locos que andan sueltos, Poemas sonámbulos, Elogio de la costumbre.* (Fotografía de Mónica Valdés) ledagar@gmail.com.

Que me obligue a morir

Que me obligue a morir
para volver más luna
más tierra
más mujer
Que la tormenta sea mi ego
despiadado, sin flores
y yo la miniatura.

Tener amante sin tenerlo

Tener amante sin tenerlo
saciar la sed
hasta agotar existencias
robar auroras al paisaje
dejarse intimidar por sus espadas
y sus mieles
cruzar la dimensión del todo
levitar
porque un poeta nace muerto
y resucita
cuando el poema exige su presencia.

Costa Rican and Spanish through her mother. Writer, lawyer, communicator and actress. Creator of the *Sendero de los poetas* (*Path of the Poets*) on Tortuga Island and the Literary Portal *Hojas sin tiempo* (*Timeless Leaves*). Cofounder of the Poiesis Literary Group. President, House of the Peruvian Poet, Costa Rica. Coordinator of the International Literary Festival of Arts (FIA) (2017–2018). Awards: Olegario Andrade first place, and Lisímaco Chavarría, second place, among others. Published in anthologies and translated into French, Italian, Swedish, and Arabic. Publications: *Conmigo al desnudo* (*With Me Naked*), *Voces de olvido* (*Voices of Forgetting*), *Poemas inevitables* (*Inevitable Poems*), *Poemas infieles* (*Unfaithful Poems*), *Poemas locos que andan sueltos* (*Crazy Poems on the Loose*), *Poemas sonámbulos* (*Sleepwalking Poems*), *Elogio de la costumbre* (*In Praise of Custom*). (Photograph by Mónica Valdés) ledagar@gmail.com.

Translations by Marie Pfaff, © Leda García Pérez

Forcing Me to Die

Forcing me to die
to turn more moon
more earth
more woman
May the storm be my ego
merciless, flowerless
and I the miniature.

Having A Lover without Having One

Having a lover without having one
quenching the thirst
until the end of existence
stealing auroras from the landscape
allowing intimidation by his swords
and his honeys
crossing the dimension of everything
levitating
because a poet is born dead
and is resurrected
when the poem requires his presence.

Crucigrama inconcluso

Crucigrama inconcluso
signo de duda en las andanzas
donde somos el pie
la piedra
el polvo temporal de los caminos
la nada en medio del final.
La vida es transitar la rosa de los vientos
con el mar en la piel
y desbocarse en la resaca
mientras el ojo espera su regreso.
Viví lo mucho que me falta
el día después.

La vida tiene que seguir

La vida tiene que seguir, nos dicen, aunque a veces
 queramos detenerla, echarla en un frasco con
 tapa hermética para que no se salga nada y
 lanzarla al más hondo de los olvidos.
La bandida sigue allí como árbol de raíces
 insondables, imposible quitarle el antifaz.
Tiempo de espera: 9 meses
Tiempo de huida: indetectable
Tiempo de regreso: incomprensible.
El final no está cerca ni lejos, solo está...

Es un abrazo largo

Es un abrazo largo
que humedece el andar y los recuerdos.
No hay sombrillas salvadoras
ni aleros dispuestos para el beso
solo ella en comparsa de neblina
ella
la lluvia que se arropa en ventanales
mientras yo te recuerdo.

Unfinished Crossword

Unfinished crossword
sign of doubt in wanderings
where we are the foot
the stone
the temporal dust of the roads
nothingness amidst the end.
Life is transiting the wind rose
with the sea on your skin
and running loose in the undertow
while the eye awaits your return.
I lived all that I lack
the day after.

Life Has to Go On

Life has to go on, they say, even if sometimes
    we want to stop it, stick it in a jar with
    an airtight lid so that nothing comes out and
    toss it into the deepest recesses of oblivion.
The bandit is still there like a tree with unfathomable roots,
    impossible to remove the mask.
Waiting time: 9 months
Escape time: undetectable
Return time: incomprehensible.
The end is neither near nor far, it just is…

It Is A Long Embrace

It is a long embrace
that dampens the walk and memories.
No saving umbrellas appear
or eaves available for the kiss
just her masquerading in mist
her
the rain that drapes itself over window panes
while I remember you.

Padre nuestro que estás en el pan

Padre nuestro que estás en el pan
en la luz, en el aire
en los días oscuros y en los otros
santifica las manos que trabajan
acarician y rezan
danos la fuerza de los siglos
para salvar la tierra
hágase la voluntad del hombre y la mujer
en cada beso
y líbranos de los que odian
y hacen del mal su credo.
Amén.

Eternos

Eternos
pasa en otros,
no en nosotros.
La vida es triángulo finito
nadie lo quiere ver.
Cada ángulo es tiempo
siempre tiempo,
cada tiempo reloj sin batería,
cuando el tic tac silencia su destino,
el tuyo va con él y duermen.
En ese pálpito inconsciente
está el adiós definitivo.

Me lanza a los inicios

Me lanza a los inicios
donde nadie es quien es,
túnel y estrellas,
faro de impredecibles latitudes
sin barco a la deriva
no se mueve la sombra,
mis ojos en quietud
recorren el instante donde fueron sonrisa,
el silencio es mi piel.
Un árbol llora su desnudez de padre impropio,

Our Father Who Art in Bread

Our Father who art in bread
in light, in air
in dark days and in others
sanctify the hands that work
caress and pray
give us the strength of the centuries
to save the earth
let the will of man and woman be done
in every kiss
and deliver us from the haters
who make evil their creed.
Amen.

Eternal

Eternal
happens in others,
not in us.
Life is a finite triangle
nobody wants to see it.
Each angle is time
always time,
each time clock without a battery,
when the ticktock silences its destiny,
yours goes with it and they sleep.
In that unconscious heartbeat
is the final goodbye.

It Tosses Me to the Beginnings

It tosses me to the beginnings
where no one is who he is,
tunnel and stars,
beacon of unpredictable latitudes
without a boat adrift
the shadow does not move,
my quiet eyes
review the moment where they were a smile,
silence is my skin.
A tree weeps its nakedness like an improper father,

los hijos que meció besan la tierra,
yo, como ellos, soy una hoja más.
Me lanzo a los finales donde sabré quién soy.

Llenos de vericuetos ilegibles

Llenos de vericuetos ilegibles,
de formas raras,
de ropa extravagante y adornos insensatos,
se hacen llamar poetas estos escribidores,
que inventaron olimpos
para salvar su ego insoportable.
La poesía, nos dicen,
es cosa diferente.
Los leo
guardo un respeto sepulcral por esos versos
que no me dicen nada,
dudo de mi "poeticidad" por un momento
mientras el poste de la esquina
enciende mi temor.

Pájaro en vuelo suspendido

Pájaro en vuelo suspendido
sin sombra ni antifaz,
sin nido.
El aliento no es más,
la vida no es más,
somos nada en el tránsito del tiempo.

Se burla de mi afán por verme flaca

Se burla de mi afán por verme flaca,
del maquillaje caro que utilizo
para cambiar la historia.
Detesta mi desplante
de mujer absoluta,
mis aires de gigante
sin molinos moliendo,
todo lo odia en mí.
Soy ese clon en el espejo.

the children it rocked kiss the earth,
I, like them, am one more leaf.
I jump to the endings where I will know who I am.

Filled with Illegible Twists

Filled with illegible twists,
odd shapes,
extravagant clothing and foolish adornments,
these scribblers call themselves poets,
who invented Olympuses
to save their unbearable egos.
Poetry, they tell us,
is something different.
I read them
keeping a sepulchral respect for those verses
that say nothing to me,
I doubt my "poeticity" for a moment
while the corner post
ignites my fear.

Bird in Suspended Flight

Bird in suspended flight
without a shadow or a mask,
without a nest.
Breath is nothing more,
life is nothing more,
we are nothing in time's transit.

It Mocks My Eagerness to Look Skinny

It mocks my eagerness to look skinny,
the expensive makeup I use
to change history.
It hates my insolence
as an absolute woman,
my airs of a giant
without windmills milling,
it hates everything in me.
I am that clone in the mirror.

Lil PICADO
Costa Rica, 1951

Estudios de Filosofía y Filología, Artes Dramáticas y Danza contemporánea en la Universidad de Costa Rica. Crítica de cine, teatro y danza del diario *La Nación*. Reside en España (1977–84) y participa en eventos literarios. Regresa a Costa Rica y trabaja en la Dirección del Departamento de Difusión Cultural de la Editorial Costa Rica (1984–85), así como en el Departamento de Promoción Cultural, Relaciones Públicas y de Prensa del Teatro Nacional. Consejera Cultural de la Embajada de Costa Rica en España, Israel y México. En el suplemento *Áncora* publica la columna "Diván de La Nigüenta" (2003–2006). Obra publicada: *Trópico de mí* (Premio Nacional de Poesía Aquileo J. Echeverría); *Dos peregrinajes; Vigilia de la hembra* (Premio Walt Whitman de Poesía); *Fuego y sombra, semblanzas vivas a contraluz de muerte; Cancionero del tiempo en flor; Variaciones contemplantes.* lilpicado@gmail.com

Trópico en mi nombre

I
Mi nombre es el sonido de mis ojos,
trino de luna,
selva,
sol de polen.

Mi nombre es el color de mi sonrisa,
tiempo de colibrí,
trazo de caracol,
agua lejana.

Mi nombre es el perfume de mi sombra,
grano de sal,
aldaba,
miel de todos los fuegos,

oráculo de ausencias,
golondrina cerrada.

Studied philosophy, language and literature, dramatic arts, and contemporary dance at the University of Costa Rica. Film, theater, and dance critic for the newspaper *La Nación*. Lived in Spain (1977–84) and participated in literary events there. Returned to Costa Rica and worked in Administration, Department of Cultural Diffusion of the publishing house Editorial Costa Rica (1984–85), as well as in the Department of Cultural Promotion, Public and Press Relations for the National Theater. Cultural Affairs officer for the Costa Rican Embassy in Spain, Israel, and Mexico. Published the column "Diván de la Nigüenta" (Divan of the Nigüenta, 2003–2006). Publications: *Trópico de mí* (*Tropics of Me*), Aquileo J. Echeverría National Poetry Prize; *Dos peregrinajes* (*Two Pilgrimages*); *Vigilia de la hembra* (*Vigil of the Female*), Walt Whitman Poetry Prize; *Fuego y sombra, semblanzas vivas a contraluz de muerte* (*Fire and Shadow, Living Likenesses, Backlit By Death*); *Cancionero del tiempo en flor* (*Songbook of Flowering Time*); *Variaciones contemplantes* (*Variations to Contemplate*). lilpicado@gmail.com

Translations by Janet N. Gold, © Lil Picado

The Tropics in My Name

I
My name is the sound of my eyes,
trill of the moon,
jungle,
sun of pollen.

My name is the color of my smile,
rhythm of hummingbird,
trail of seashell,
distant water.

My name is the fragrance of my shadow,
grain of salt,
knock on door,
honey of all fires,

oracle of absences,
shy swallow.

Mi nombre es el regusto de mi origen,
latido cardinal,
teología diminuta,
flor de ámbar.

Mi nombre es la textura de mis alas,
espuma de la mar,
musgo del bosque.

Mi nombre es el teorema de mi sangre,
ecuación minimal,
epítome de luz,
jarcha furtiva.

Mi nombre sigue en pie cuando yo caigo,
me arrastra,
me suscita,
me reinventa
y me hace escribir cosas...
y las firma.

IV
Mi nombre dio en el blanco de mí misma,
me traspasó dejándome translúcida,
manando hilos de espera milenaria
y diluviales trópicos de bruma.

VI
Mi nombre es tan frontal,
tan desusado,
tan rotundo y fugaz,
tan insensato.
Mi nombre es tan en vilo
y tan de cuajo,
tan sereno y febril,
tan temerario.
Mi nombre es tan telúrico
e ingrávido,
tan frugal y a la vez
desmesurado.

My name is the aftertaste of my origin,
fundamental impulse,
diminutive theology,
amber flower.

My name is the texture of my wings,
foam of the sea
moss of the forest.

My name is the theorem of my blood,
minimal equation,
essence of light,
furtive kharja refrain.

My name remains standing when I fall,
it pulls me,
rouses me,
reinvents me
and makes me write things...
and signs them.

    IV

My name is precisely who I am,
it passed through me and left me translucent,
with waves of millennial hope
and torrential tropics of foam.

    VI

My name is so direct,
so uncommon,
so brief and fleeting,
so foolish.
My name is so impatient
and so calm,
so serene and restless,
so reckless.
My name is so earthy
and weightless,
so frugal and at the same time
so lavish.

Mi nombre es tan causal
y tan exacto,
tan conciso y sutil,
tan inmediato.
Mi nombre es tan recóndito
y tan ácimo...
reducto irreductible,
enmimismado.

Trópico de corazón

    I

Víscera tutelar
grávida y pura,
muchos dicen que no eres la que eres,
que no ocupas el sitio en que te hieren,
que eres un chacra,
un sol,
una ventana abierta
al centro de mi pecho.
No sé si será cierto,
talvez sí...no me importa.
Sólo sé que eres roja
y que resuenas
el tiempo de la vida que palpito.
Y sé que me retumbas en el gozo
y en el dolor me dueles,
y si muero prefieres
seguir viviendo azul
e imaginaria.

(con un trino).

    IV

Yo soy mi corazón,
este múltiplo impar del abandono,
que se ha quedado siendo
sólo un triste metrónomo impertérrito,
absurdo marcapasos de lo inútil,
músculo rutinario
de una sangre sonámbula y autómata.

My name is so causal
and so precise,
so concise and subtle,
so direct.
My name is so hidden
and so unleavened...
irreducible stronghold,
self-absorbed.

Tropics of the Heart

    I

Protective organ
full and pure,
many say that you are not who you are,
that you don't occupy the place where you are vulnerable,
that you are a chakra,
a sun,
an open window
in the center of my chest.
I do not know if this is true,
perhaps it is... it doesn't matter.
I only know that you are red
and that you vibrate
with the rhythm of my pulse.
And I know that you resonate with my pleasure
and you ache with my pain,
and if I die you prefer
to go on living blue
and imaginary.

(with a bird song).

    IV

I am my heart,
this odd multiple of abandonment,
that has kept on being
just a sad, impassive metronome,
absurd pacemaker of the useless,
ordinary muscle
of a sleepwalking and robotic blood.

Mi corazón soy yo,
la escotilla entreabierta
de algún navío de sombra
inmóvil en el fondo
de su propio destiempo,
donde vuelan los peces
y nadan las luciérnagas…

VI

¿Por qué tendré yo el corazón tan insepulto,
tan ávido de heridas y estupores?
Él sabe que está muerto:
ha visto su cadáver de latidos,
conoce el esqueleto de su gozo.
Yo le hice su lápida de lluvia,
lo inhumé en un sudario de neblina,
le escribí un epitafio de oropéndolas…
¿Por qué tendré este corazón tan insepulto,
este último escombro empecinado,
disidente de mí,
destellándome en medio de los ojos?

Trópico disonante

… Si sólo quería ser la niña maga
de atónitos patriarcas recurrentes,
niña subliminal, intempestiva,
la de savia volátil y selvática.
Si sólo quería ser la niña alma,
la disponible siempre para el rapto.
Si sólo quería ser la niña diáfana,
la insolencia de toda mi armonía,
libélula prohibida al pentagrama.

¿Cuándo empecé a disonar conmigo?
¿Por qué dejé de ser tornasolada?
¿Cómo me convertí en mi materia opaca,
en muerte funcional, casi doméstica,
que debe darse a luz cada mañana?…

My heart is who I am,
the half-open porthole
of some vessel of shadow
immobile in the depths
of its time having passed,
where fishes fly
and glowworms swim...

VI

Why is my heart so exposed,
so eager for wounds and surprises?
It knows it is dead:
has seen its corpse beating,
knows the skeleton of its pleasure.
I made its headstone from rain,
buried it in a shroud of fog,
wrote it an epitaph of golden orioles...
Why is my heart so exposed,
this last stubborn remnant,
rebelling against me,
flashing before my eyes?

Dissonant Tropic

... I only wanted to be the magician child
of recurrent, astonished patriarchs,
a child unconcerned, willful,
of wild and unpredictable energy.
I only wanted to be the soul child,
always ready for rapture.
I only wanted to be the diaphanous child,
the insolence of all my harmony,
dragonfly forbidden to the pentagram.

When did I begin to be out of tune with myself?
Why did I stop being iridescent?
How did I become opaque,
dead but functioning, almost domestic,
needing to be reborn every morning?...

Valeria VARAS
Costa Rica, 1951

Antropóloga y diseñadora gráfica, chilena-costarricense, nació en el pueblo minero María Elena. Ha publicado tradiciones indígenas cabécares con Severiano Fernández en Colombia y Costa Rica. Tiene tres obras de teatro: *Un teatro en el paraíso,* traducida al inglés; *Vuelos en la mar*, con lecturas dramatizadas en Costa Rica y en Noruega; en este país el Colectivo Oslo-Sur hizo versiones radiales y audiovisuales de la obra; y el monólogo *Mi Paulina*, puesto en escena en Costa Rica por la directora María Bonilla. Ha publicado siete poemarios en Costa Rica y poemas suyos se encuentran en compilaciones en Costa Rica, México y España. Ha participado en lecturas de poesía en Costa Rica, Chile, Barcelona y Praga y se ha traducido poesía suya al checo.
valeriavaraspalabras.blogspot.com

II. A veces olvido

A veces olvido
los pasos que vienen tras de mí,
el ruido de agua clara
que vierte su espuma en el camino,
el murmullo de aves
que ensombrecen el cielo
y ese olor a bestia
que rasga mis espaldas.
A veces me han hecho olvidar
que todo eso soy
fuente, pájaro, jaguar,
gato, liebre, delfín,
río, corriente, peñasco,
una punta de lanza atisbando el horizonte,
indomable guerrera
puesta en este siglo del olvido,
hembra que resiste
la muerte de su especie,
un arcoiris sobre la tierra,

Chilean-Costa Rican anthropologist and graphic designer born in the mining town María Elena. She has published indigenous Cabécar traditions with Severiano Fernández in Colombia and Costa Rica. She has three plays: *Un teatro en el paraíso* (*A Theater in Paradise*), translated into English; *Vuelos en la mar* (*Flights at Sea*), with dramatized readings in Costa Rica and Norway, where the Oslo-South Collective did radio and audiovisual versions of the play; and the monologue *Mi Paulina* (*My Paulina*), staged in Costa Rica by director María Bonilla. She has published seven poetry collections in Costa Rica, and her poems are found in compilations in Costa Rica, Mexico, and Spain. She has participated in poetry readings in Costa Rica, Chile, Barcelona, and Prague, and some of her poetry has been translated into Czech.
valeriavaraspalabras.blogspot.com

Translations by Taylor M. Doherty, © Valeria Varas

II. Sometimes I Forget

Sometimes I forget
the steps that come after me,
the sound of clear water
that pours its foam on the road,
the murmur of birds
that overshadow the sky
and that beast smell
that rends my back.
Sometimes they made me forget
I am all that
fountain, bird, jaguar
cat, hare, dolphin,
river, current, cliff rock
an arrowhead watching the horizon,
indomitable warrior
put in this century of oblivion,
female who resists
the death of her species,
a rainbow over the earth,

      un ruido de temblores buscando su acomodo,
      un remolino de vida,
      un pueblo, un territorio, una patria,
         una mujer de esperanza

XVI. Hoy vida

Hoy vida te tomaré por los estribos
y te traeré hasta lo más hondo de mí
y te retorceré el cuello
como tú lo has hecho conmigo.
Hoy vida
    lo juro
    con juramento de mujer
    torturada
    de mujer violada
    de mujer despreciada
    y de mujer seno
        vida
        pan
        sexo
        hijo
te tomaré por donde más te duela
y te enderezaré
para que sirvas a mis propósitos
que no son solo míos sino también los nuestros
te ataré aunque aúlles
    como un día yo también lo hice
    como hoy muchos lo hacen
    como mañana otros lo harán
a lo más hondo y humano
a lo más divino y terreno
a lo más íntimo y telúrico
a lo más sangrante y esperanzador
a lo más profundo
a lo más querido
a lo único nuestro
a lo mío
    a lo de ellos
    a lo de todos
a esa loca
e irreverente fe en el mañana.

    a quaking noise seeking accommodation,
    a swirl of life,
    a town, a territory, a homeland,
       a woman of hope

XVI. Today, Life

Today, life, I will take you by the stirrups
and bring you to the depths of me
and wring your neck
as you have done with me.
Today, life,
    I swear
    with the oath of a woman
    tortured
    of a raped woman
    of a disdained woman
    of a breast woman
        life
        bread
        sex
        son
I will take you where it hurts you the most
and fix you
so that you serve my purposes
that are not only mine but also ours
I will bind you though you howl
    as one day I did too
    as today many do
    as tomorrow others will
to the deepest and most human
to the most divine and earthly
to the most intimate and telluric
to the most bloody and hopeful
to the deepest
to the dearest
to what's ours alone
to mine
    to theirs
    to everyone's
to that crazy
and irreverent faith in tomorrow.

Viaje

Me asusta mi pequeñez
   fragilidad
   estructura de polvo de arena

¡Qué fugacidad de aliento!
     cuerpo manos ojos

El desierto con su sequedad
acerca al firmamento

   un movimiento de mi mano
   no asusta estrellas

Terrena soy
pequeña y poderosa
y no estoy sola

mi corazón late
con el engranaje del firmamento.

Mi sangre viaja
por ríos de vía láctea

y lo siento
   y comprendo esta tarea de pensarme.

Exijo

Yo
la mujer reptil
la que cambia de piel
como de casa
la obligada
a despellejarse
  y desnuda
   dejar cada patria
   abandonada en el suelo

Pido un nombre
limpio de excremento.

Voyage

My smallness scares me
        fragility
            sand dust structure

What a fleeting breath!
                body hands eyes

The desert with its dryness
draws the sky near

        a movement of my hand
        does not scare stars

Earthly I am
small and powerful
and I am not alone

my heart beats
with the inner workings of the sky.

My blood travels
by milky way rivers

and I sense
        and I understand this task of thinking of myself.

I Demand

I
the reptile woman
who changes skins
like houses
the one obligated
to skin herself
    and naked
        leave each homeland
        abandoned on the ground

I ask for a name
clean of excrement.

Destierro

Caminos secretos y ausencias
      que nos llevan
        donde todo será mejor

aunque tapizan nuestras alas
      con pasaportes
      permisos
      y acuerdos migratorios.

XIII. Abriré mi pecho

Abriré mi pecho
y en un canto de estrellas
dejaré pasar la luz.

Como una grupa de arrieros
buscando senderos
entre piedras,
polvo y agua
reconstruiremos el camino
del cuerpo y el alma.

En el más antiguo ritual
hecho para el amor,
al fin tranquilos,
sin torturas
sin desaparecidos
pasará la savia de tu cuerpo.

Exile

Secret paths and absences
    that take us
        where everything will be better

although they upholster our wings
    with passports
    permissions
        and immigration agreements.

XIII. I Will Open My Chest

I will open my chest
and in a star song
let the light come through.

Like a group of muleteers
looking for trails
between stones,
dust and water
we will rebuild the way
of the body and the soul.

In the oldest ritual
made for love,
finally calm,
without torture
without the missing
the sap of your body will flow.

Magda ZAVALA
Costa Rica, 1951

Poeta, narradora e investigadora, es filóloga y educadora graduada de la Universidad de Costa Rica. Obtuvo una maestría en la Universidad de Lyon II, Francia, y el doctorado en Letras de la Universidad de Lovaina la Nueva, Bélgica, donde recibió "La más alta distinción". Ha sido también promotora, fundadora y presidenta de instituciones académicas y literarias, como la revista *ÍSTMICA* y la Asociación Costarricense de Escritoras (ACE, 2014–2016). Ha participado en muchos eventos culturales, entre otros: Festival Internacional de Poesía de Zamora, México; "Festival La Isla en Versos", Cuba; Festival Internacional de Poesía de Granada, Nicaragua, y Encuentro de Poetas Iberoamericanas en Extremadura, España. Entre sus libros están: *Con mano de mujer. Antología de poetas contemporáneas centroamericanas* (2011); *Mujeres en las literaturas indígenas y afrodescendientes en América Central* (con Consuelo Meza Márquez, 2015); novela, *Desconciertos en un jardín tropical* (1999); en poesía, *Tríptico de las mareas* (2010) y *Antigua luna* (2017). mzavalagcr@gmail.com; mzavalagcr@yahoo.com

La primera
En memoria de María Luisa Xicoténcatl.
Hija de Xicoténcatl, el Viejo,
primera esposa, por el ritual indígena, de Pedro de Alvarado

¿Por qué los escribidores
de los códices blancos, jamás notaron
mi llanto?

Lloré también por Tonatiuh
mi compañero,
el hombre que me dio esta vida
extraña,
la que me acaeció, como tempestad,
como violencia
y fuego íntimo a la vez.

Poet, narrator, researcher, philologist and educator, graduate of the University of Costa Rica. Master's degree from the University of Lyon II, France and a PhD in literature with highest honors from Lovain-la-Neuve University, Belgium. Cultural promoter, founder, and president of various academic and literary institutions such as the journal *ÍSTMICA* and the Costa Rican Women's Writers Association (ACE), 2014–2016. Participant in numerous cultural events, including the International Poetry Festival of Zamora, Mexico; "Festival La Isla en Versos" (The Island in Verse Festival), Cuba; International Poetry Festival of Granada, Nicaragua; and the Encuentro de Poetas Iberoamericanas (Meeting of Ibero-American Women Poets) in Extremadura, Spain. Her published works include: *Con mano de mujer. Antología de poetas contemporáneas centroamericanas* (*With A Woman's Hand: Anthology of Contemporary Central American Women Poets*, 2011); *Mujeres en las literaturas indígenas y afrodescedientes en América Central* (*Women in Indigenous and Afro Descendent Literatures of Central America*, 2015) with Consuelo Meza Márquez; the novel *Desconciertos en un jardín tropical* (*Confusions in a Tropical Garden*, 1999); poetry: *Tríptico de las mareas* (*Triptych of Tides*, 2010) and *Antigua luna* (*Ancient Moon*, 2017). mzavalagcr@gmail.com; mzavalagcr@yahoo.com

Translations by Janet N. Gold, © Magda Zavala

The First

In memory of María Luisa Xicoténcatl.
Daughter de Xicoténcatl, the Elder,
first wife, by indigenous ritual, of Pedro de Alvarado

Why did the scribes
of the white man's codices, never mention
my tears?

I also cried for Tonatiuh
my companion,
the man who gave me this
strange life,
that befell me, like a storm,
with both violence
and intimate fire.

Y él fue, no un dios,
sino un hombre,
puedo jurarlo,
un ser como usted y como yo,
aunque con todos los atributos del guerrero vencedor,
con todo el horror de su lanza.

Nunca quise su ansia de conquista.
Pronto, lo que tuvo fue más que suficiente.
Pero él era de ese modo
y yo su esposa,
aunque tuvo otras,
nada sorprendente para mí,
ninguna estorba.

Él puso mi casa,
como debía,
me dio placer
e hijos
y honores suficientes.
Él respetó mi palabra insumisa,
directa,
sin el juego sutil
de las damas demasiado católicas
y en exceso vestidas.

Así lo amé
así lo llevo conmigo
cada noche entre lágrimas.

Aún espero encontrarlo en la región de los descarnados,
adonde no existen continentes opuestos,
ni sed de oro,
ni ansia de sangre,
ni colores de piel
ni hijos bastardos;
tampoco moros y cristianos,
indios y blancos
ni crucificados.

(Antigua luna)

And he was not a god,
but a man,
I can testify that he was
a being like you and like me,
but with all the attributes of the conquering warrior,
with all the horror of his spear.

I never agreed with his desire for conquest.
Soon what he had was more than enough.
But that was his way
and I was his wife,
although he had others,
not surprising to me,
not a problem.

He gave me a house,
as he should have,
gave me pleasure
and children
and enough honors.
He respected my outspoken
directness,
without the subtle games
played by the very Catholic
and overdressed ladies.

Thus I loved him
thus I carry him with me
every night in my tears.

I still hope to find him in the realm without flesh,
where there are no opposing continents,
no thirst for gold,
no bloodlust,
or skin colors
or bastard children;
not Moors and Christians,
Indians and white men
or crucified.

(Ancient moon)

Hermanas mías

Porque las rosas son las rosas,
(¡ah, las rosas...!)
y nosotras plenamente mujeres,
no hay tiempo que nos marchite
el sentimiento,
ni el deseo límpido;
por lo tanto, amigas mías,
sensibles y firmes amigas,
cantemos nuestro día,
gocemos como nunca cada vez,
y seamos, paso a paso, más libres,
en verdad libres;
por sobre mandatos y doctrinas,
    autónomas;
    a pesar de tiranos domésticos y públicos,
    firmes;
    desoyendo a las matronas avenidas,
    cómplices severas,
    independientes;
    por sobre el tiempo
    gozosas,
    con la plena libertad del cuerpo,
    con la magnífica premura de los sentimientos
    en motín,
    por sobre siglos,
    de las mantillas al lugar del reposo,
    libres.
                      (*Oh Varia*, inédito)

Viaje al cementerio

Oeste de Trenton.
El Delaware, con sus puentes arqueados,
la velocidad serpentina entre tanto cemento,
el Túnel de la Ruta 29
(295 to Camden)
y yo, silente,
sintiendo la velocidad como castigo,
sabedora del fin, próximo.

My Sisters

Because roses are roses,
(ah, roses...!)
and we full and complete women,
time cannot dry up
our feelings,
or our pure desire;
therefore, my friends,
sensitive and faithful friends,
let us raise our voices in song today,
let us enjoy each day as never before,
and let us be, step by step, more free,
truly free;
above commands and doctrines,
    autonomous;
    despite domestic and public tyrants,
    resolute;
    not listening to the conciliatory matrons,
    stern accomplices,
    independent;
    over time
    joyful,
    completely free in our bodies,
    with the glorious urgency of our feelings
    in rebellion,
    through the centuries,
    from receiving blanket to grave,
    free.
                        (*Oh Varia*, unpublished)

Visit to the Cemetery

West of Trenton.
The Delaware, with its arched bridges,
serpentine speed between so much cement,
the Route 29 Tunnel
(295 to Camden)
and I, silent,
feeling the speed like a punishment,
knowing the end, coming next.

Las manos sobre el volante
vuelto el rostro hacia el vértigo, el hombre,
sin una palabra, ausente.

La ciudad, alentando a intermitencias
las luces de la tarde,
intenta ocultar la inmundicia,
su aliento postindustrial
y sus ruinas.

Esa megápolis indiferente
niega, rotunda,
toda pretensión de futuro.

Trago poco a poco el dolor
y avizoro las tumbas,
con sus obeliscos marmóreos.

El hombre lanza una mirada repentina
y regresa sus ojos al asfalto.

Ciudad del silencio,
sin pasos múltiples a la salida de las fábricas,
ahora abandonadas,
contiene a hombre y mujer
distantes.

(Inédito)

Hands on the wheel
facing vertigo, the man,
without a word, absent.

The city, urged by blinking
lights of evening,
trying to hide the filth,
its postindustrial air
and its ruins.

That indifferent megalopolis
roundly denies
any pretense of future.

Little by little I swallow the pain
and survey the tombs
with their marble obelisks.

The man glances quickly
and returns his gaze to the pavement.

City of silence,
no crowds leaving the factories,
abandoned now,
only a man and a woman
distant.

       (Unpublished)

Diana ÁVILA SOLERA
Costa Rica, 1952

Estudió Filología y Artes Dramáticas en la Universidad de Costa Rica. Formó parte del grupo de teatro experimental Tierranegra y de la agrupación poética Oruga. Trabajó como traductora-editora para la agencia de noticias Inter Press Service (IPS) en San José, Lisboa y Amsterdam. Su primer poemario, *El sueño ha terminado* (1976), obtuvo el primer lugar en un certamen de poesía centroamericana y el segundo, *Contracanto* (1981), fue finalista en el Premio Casa de las Américas. Sus poemas han sido traducidos a varios idiomas y seleccionados para antologías y revistas literarias. Publicó *Mariposa entre los dientes* (1991), *Cruce de vientos* (2005) y la antología *Los colores de mi silencio* (2011). *Gramática del sueño* (2013), una compilación de su obra que contiene poesía inédita y sus dibujos, recibió ese año el Premio Nacional Aquileo J. Echeverría en Poesía.

no tengo nada

no tengo nada
solo este viento que se apaga entre las flores
solo esta húmeda luz de linterna
solo el olor de ventana de las flores
solo los árboles de mango y eucalipto anclados
solo cada noche y cada parte de la tierra
solo los cangrejos que juegan conmigo
amo no ser nadie más que estas cosas que cantan
alrededor mío
               (*El sueño ha terminado*)

Centraalstation

qué parte más grande y más vacía
qué parte más silenciosa
más sin explicación
más pretérito pluscuamperfecto
qué parte más honda

Studied language, literature, and dramatic arts at the University of Costa Rica. Member of the experimental theater group Tierranegra and the poetry group Oruga. Editor-translator for the news agency Inter Press Service (IPS) in San José, Lisbon, and Amsterdam. Her first poetry collection, *El sueño ha terminado* (*The Dream Is Over*, 1976), won first prize in a Central American poetry competition, and her second, *Contracanto* (*Countersong*, 1981), was a finalist for the Casa de las Américas Prize. Her poems have been translated into several languages and selected for anthologies and literary journals. Publications: *Mariposas entre los dientes* (*Butterflies between the Teeth*, 1991), *Cruce de vientos* (*Crosswinds*, 2005), and the anthology *Los colores de mi silencio* (*The Colors of My Silence*, 2011). *Gramática del sueño* (*Grammar of Dream*, 2013), a compilation of her work that includes previously unpublished poetry and drawings, received the 2013 Aquileo J. Echeverría National Poetry Prize.

Translations by Janet N. Gold, © Diana Ávila Solera

I have nothing

I have nothing
only this wind that dies among the flowers
only this damp lantern light
only the smell of flowers at the window
only the mango and eucalyptus trees rooted
only each night and each part of the earth
only the crabs that play with me
I love being no one but these things that sing around me.
    (*The Dream Is Over*)

Centraalstation

such a large and empty part
such a silent part
more inexplicable
more preterite pluperfect
such a deep part

más desequilibrada
más tierna
más deshecha
¿qué parte en mi cuerpo
en mi boca
en la memoria de los ires y venires
en los pliegues secretos de la noche y el día?
¿qué parte sos vos
en la yema de mis dedos?
¿y hasta cuándo te vas a quedar así,
inmóvil en mi vida
desatenta en mi muerte?
(*Cruce de vientos*)

Pacífico

I
Duermo de medio lado, como los peces
Me duele el corazón como a los peces
cuando los destazan en la carnicería

Me duele el corazón / me duelen las palabras
me duelen las escamas que me envuelven

Me duele el corazón de medio lado
Me duele la ventana que se abre
como un trasatlántico entre mis venas
No quiero abrir la puerta que le abre la puerta al silencio

El carnicero prepara los cuchillos
uno para cada pescadito
uno para cada ojo
y deja caer / envueltas en oscuridad
las escamas de mañana
corta el aire
corta la respiración
las aletas vuelan en sangre
huesos sin nombre / sin madre / sin mar
No quiero esperar / no puedo
ya estoy llegando al borde del estrecho de magallanes
al polo sur antártico adonde quiero llegar

more unbalanced
more tender
more undone
what part in my body
in my mouth
in the memory of my comings and goings
in the secret folds of the night and the day?
what part are you
in my fingertips?
and until when will you stay like this,
immobile in my life
inattentive in my death?
                    (*Crosswinds*)

Pacific

    I
I sleep on my side, as fish do
My heart aches as fish ache
when they are cut up at the butcher's

My heart aches / my words ache
the scales that cover me ache

One half of my heart aches
I ache from the window that opens
like an ocean liner in my veins
I don't want to open the door that opens the door to silence

The butcher prepares the knives
one for each little fish
one for each eye
and lets fall / wrapped in darkness
the scales of tomorrow
cuts off the air
cuts off the breathing
the fins fly in blood
bones with no name / no mother / no sea
I don't want to wait / I cannot
I am coming to the edge of the strait of magellan
to the antarctic south pole that I want to reach.

II
Apago la luz y me sumerjo en un mar de oscuridad

la oscuridad toca mi piel y duele
me duele el silencio de mi boca
me duele el silencio de mis palabras
las semillas de mis palabras
el vacío cósmico que siento en la garganta
me duele la espuma de lo que no conté
me duelen las bocas cerradas
amarradas –desunidas–
me duele la cabeza medusa
mi cabeza de cristal
mi cabeza de todos los colores
de todas las semejanzas y las diferencias

III
He aprendido los lenguajes del miedo
He aprendido a caminar con las muletas de la tristeza
He aprendido a llevar mi corazón
apagado
(Cruce de vientos)

Aire

Estoy buscando
la sombra de las palabras
en el aire
y me ahogo
estoy buscando el borde
de las palabras en mi aire
y no tengo dedos

estoy buscando la boca de la palabra
madre por donde desaparecí
estoy envolviéndome
en hojas como un caracol de tierra
estoy buscando la palabra sol
que me recueste
y acompañe
estoy buscando la palabra
agua

II
I turn off the light and sink into a sea of darkness

the darkness touches my skin and hurts
the silence of my mouth hurts
the silence of my words hurts
the seeds of my words
the cosmic emptiness that I feel in my throat
the foam of what I didn't tell hurts
closed mouths hurt
bound –divided–
medusa's head hurts me
my glass head
my head of every color
of all the likenesses and differences

III
I have learned the languages of fear
I have learned to walk with the crutches of sadness
I have learned to carry my heart
turned off

(*Crosswinds*)

Air

I am looking for
the shadow of words
in the air
and I choke
I am searching for the edge
of the words in my breath
and I have no fingers

I am searching for the mouth of the word
mother where I disappeared
I am wrapping myself
in leaves like a land snail
I am looking for the word sun
to lay me down
and stay with me
I am searching for the word
water

que me sostenga
que me lleve no al camino sino al río

Necesito aire
mi corazón seco
mi garganta seca
el mar
la lluvia
la escritura de agua
por donde camino
      aire

(Gramática del sueño)

demasiado pan

demasiado pan
demasiada ternura
para mí que no sueño ni oigo
que huyo

(Contracanto)

Diluvios

A veces de noche
—sal— el corazón se rompe

el pececito partido en dos
de la carnicería

y solo necesito
una palabra para
escribir la lluvia

(Gramática del sueño)

to hold me up
to take me not to the road but to the river

I need air
my dry heart
my dry throat
the sea
the rain
the writing of water
where I walk
      air

(Grammar of Dream)

too much bread

too much bread
too much tenderness
for me who doesn't dream or hear
who runs away

(Countersong)

Floods

Sometimes at night
—salt— the heart breaks

the small fish cut in two
from the butcher shop

and I only need
one word to
write the rain

(Grammar of Dream)

Ani BRENES
Costa Rica, 1952

Licenciada en Ciencias de la Educación por la Universidad de Costa Rica. Laboró con el Ministerio de Educación Pública en el área de Educación Primaria y su especialidad es la literatura infantil. Imparte talleres para niños, docentes y estudiantes universitarios en el área de Literatura y Promoción de lectura dentro y fuera del país. Encargada de la Sección de Pedagogía de la revista *Magisterio*. Sus trabajos han sido publicados en textos educativos, antologías y revistas literarias. Ha realizado cerca de 30 publicaciones en cuento y poesía para niños, algunas musicalizadas. Entre ellas: *Jardines y estrellas* (1995), *Cuentos con alas y luz* (Premio Carmen Lyra, 1997), *Preguntas mágicas* (2005), *Escalera a los sueños* (2007).

De arenas, aguas y cielos

-1-
La tenue división que se adivina entre mar y cielo
no es más que un efecto visual.
Cielo y mar son una sola cosa,
como tú y yo en el momento del abrazo.

-2-
Cuando cae la tarde,
el mar desdobla su sábana gris con orilla de encaje
y se cubre totalmente.
Luego, inquieto, se acomoda en su cama de arena,
murmura una oración entre olas, estira la mano
y apaga el sol.

(*Mientras tanto*, 2013)

Intrusa

No podré llegar hasta ti cruzando a nado los mares que nos separan.
No disfrutaré contigo un aguacate, una berenjena, una cebolla.
No puedo decirte lo que quieres escuchar en otros idiomas.

University degree in educational sciences from the University of Costa Rica. Worked at the Ministry of Public Education in primary education, specializing in children's literature. Workshop leader for children, teachers, and university students in literature and promotion of reading in Costa Rica and elsewhere. Head of the pedagogy section of *Magisterio* magazine. Her works have appeared in educational texts, anthologies, and literary magazines. Author of close to 30 publications in children's stories and poetry, some musicalized. Among them: *Jardines y estrellas* (*Gardens and Stars*, 1995); *Cuentos con alas y luz* (*Tales with Wings and Light*, Carmen Lyra Award, 1997); *Preguntas mágicas* (*Magical Questions*, 2005); *Escalera a los sueños* (*Stairway to Dreams*, 2007).

Translations by Stephanie Saunders, © Ani Brenes

Of Sands, Waters and Skies

-1-
The tenuous division glimpsed between sea and sky
is a mere visual effect.
Sky and sea are one single thing,
like you and I at the moment of embrace.

-2-
When evening falls,
the sea unfolds its gray sheet with lace trim
and covers itself all over.
Then restlessly settles into the sand bed,
murmurs a prayer between waves, stretches out a hand
and turns off the sun.

(*Meanwhile*, 2013)

Intruder

I won't be able to reach you by swimming across the seas separating us.
I won't enjoy an avocado, eggplant, or onion with you.
I can't tell you what you want to hear in other languages.

No puedo bailar como trompo ni hacerte unas cuantas rutinas de gimnasia.
Y tampoco podré transportarte, como chofer del auto.

No sé nadar
No como de todo
No soy bilingüe
No soy bailarina ni atleta
No manejo.

Pero todos acertaron en algo: ¡Soy una intrusa!
La intrusa que se metió sin permiso en tu vida, recorrió tus caminos, compartió tus espacios y llegó a tu corazón.
La intrusa que, abusando de tu confianza, se robó tu cariño,
/acomodó tus sueños,
secuestró tu ternura y te envolvió en abrazos.

Gracias por tu complicidad.
¡Bendito síndrome de Estocolmo!

(*Testigos silenciosos*, inédito, 2020)

Silencio

Calla...
Respeta el silencio de los muertos.
¿No ves que mis recuerdos descansan en paz?

(*Mientras Tanto*, 2013)

Visitas

Hoy me han visitado todos los cansancios del ayer
y no los esperaba.
Primero, llegó el de la costurera,
con vestidos pendientes para el sábado.
Después, el de la madre recién parida
con temor de volver a casa.
Y el de la esposa,
que no cerraba los ojos al dormir por temor a no abrirlos nunca más.
Y el de la mujer, que se tragó todas las palabras para sobrevivir.
Junto a ellos, venían muchos más que no reconocí porque
¡Estaba tan cansada!

(*Mientras tanto*, 2013)

I can't dance like a top or do a few gymnastics routines for you.
And I can't transport you like a chauffeur either.

I can't swim
I don't eat everything
I'm not bilingual
I'm not a dancer or an athlete
I don't drive.

But everyone was right about one thing: I'm an intruder!
Intruder uninvited into your life, who walked your paths,
shared your spaces and reached your heart.
Intruder who abused your trust and stole your affection,
                              /accommodated your dreams,
kidnapped your tenderness and wrapped you in embraces.

Thanks for your complicity.
Blessed Stockholm Syndrome!

(*Silent Witnesses*, unpublished, 2020)

Silence

Hush...
Respect the silence of the dead.
Can't you see that my memories rest in peace?

(*Meanwhile*, 2013)

Guests

Today all yesterday's moments of weariness visited me
and I did not expect them.
First came the seamstress
with the dresses not ready until Saturday.
Then, the mother who just gave birth
in fear of going home.
And the wife
who didn't close her eyes to sleep, afraid of never opening them again.
And the woman who swallowed all her words in order to survive.
Along with them came many more that I didn't recognize because
I was so tired!

(*Meanwhile*, 2013)

Mudanza

¿Por qué me han traído a este castillo?
Es tan frío, tan grande, tan oscuro…
Hasta aquí no llegan las luciérnagas con las que jugaba de pequeña.
Tienen miedo de ser apagadas,
como mi alegría.
Hasta aquí no llegan los pájaros a cantar.
Temen ser devorados por el dragón que ronda el lugar,
como mi espíritu.
Y ese foso que me rodea…, ni siquiera tiene puente levadizo,
parece que supieran que no sé nadar.
Y como si fuera poco,
alguien ha puesto un gran rótulo en la puerta que dice:
"SE PROHIBE TERMINANTEMENTE LA ENTRADA AL HADA MADRINA"

(*Despertando fantasmas*, 2019)

Abuela

Tu regazo fue mi cuna,
fue mi arrullo tu palabra.
En la luna me dormías con tus canciones de antaño
y con mil soles pintabas las páginas de mi infancia.

A tu lado la tristeza se escapaba por el patio,
en tus cuentos no había ogros, no había lobos ni malvados
porque todos se esfumaban con tu presencia a mi lado.

Danzabas en la cocina preparando los milagros:
panes, cajetas, melcochas
eran productos sagrados.

El recuerdo de tus manos,
el calor de tus abrazos,
la sombra que me protege,
la brisa que me recuerda que jamás nos separamos,
me hace volver a la cuna
para dormir en tus brazos.

(*Despertando fantasmas*, 2019)

The Move

Why have they brought me to this castle?
It's so cold, so big, so dark...
The fireflies I played with as a child don't come this far.
They're afraid of being turned off,
like my happiness.
Birds don't come this far to sing.
They fear being devoured by the place's prowling dragon,
like my spirit.
And that moat around me... doesn't even have a drawbridge,
they seem to know I can't swim.
And as if that were not enough,
someone hung a large sign on the door that says:
"ENTRY STRICTLY FORBIDDEN TO THE FAIRY GODMOTHER"
            (*Awakening Ghosts*, 2019)

Grandma

Your lap was my cradle
your word my lullaby.
Under the moon you lulled me to sleep your songs of yesteryear
and with a thousand suns you painted the pages of my childhood.

At your side sadness escaped out across the patio,
in your stories were no ogres, no wolves or wicked people
because they all disappeared with your presence at my side.

You danced in the kitchen preparing miracles:
breads, *cajeta* fudge, and *melcocha* sweets
were sacred products.

The memory of your hands,
the warmth of your hugs,
the shadow that protects me,
the breeze reminding me that we never parted,
makes me go back to the cradle
to sleep in your arms.
         (*Awakening Ghosts*, 2019)

La casa de la abuela

A la casa de la abuela le crecieron manos.
Manos verdes de enredadera que ocultan paredes y pintan ventanas.
A la casa de la abuela le crecieron raíces.
Raíces que la han fijado a la tierra,
que la han dejado quieta en el mismo lugar de los recuerdos,
a pesar de vientos, tormentas y tractores.
A la casa de la abuela le crecieron palabras.
Palabras que juegan y se enredan en jarros de aguadulce,
tortillas y pan casero, junto al fogón y la mesa despintada.
Palabras de tíos, primos, abuelos y nietos,
palabras de rezos y leyendas.
A la casa de la abuela le crecieron alas.
Con ellas volaron los sueños, las cajetas, el portal, las fotos, los milagros…
Detrás de las latas y el rótulo de "SE VENDE" está la casa de la abuela.
Me han dicho que allí solo hay un lote enmontado,
con paredes ruinosas y escombros.

No es cierto.
Allí está la casa de la abuela, enraizada, con sus manos extendidas,
llena de palabras y recuerdos, con olor a pan y a cohombro,
con su patio y su acequia, con su puerta abierta y sus ventanas verdes.

Allí estará por siempre, a pesar de todos los disfraces con
      que quieran ocultarla.

(Testigos silenciosos, inédito, 2020)

Grandma's House

Grandma's house grew hands.
Green creeper hands that hide walls and paint windows.
Grandma's house grew roots.
Roots that fixed it to the ground,
that have left it quiet in the same place in memories,
despite winds, storms and tractors.
Grandma's house grew words.
Words that play and get entangled in jars of sugarcane tea,
tortillas and homemade rolls, next to the oven and peeling table.
Words from aunts, uncles, cousins, grandparents and grandchildren,
words of prayers and legends.
Grandma's house grew wings.
With them flew dreams, caramels, the manger, photos, miracles…
Behind the cans and the FOR SALE sign is grandma's house.
I've been told there's nothing but an overgrown lot there,
with dilapidated walls and rubble.

It's not true.
Grandma's house is there, rooted, with its hands outstretched,
full of words and memories, smelling of bread and *cohombro* fruit,
with its patio and its stream, with its open door and green windows.

It will be there forever, despite all the disguises they use to
    try to hide it.

(Silent Witnesses, unpublished, 2020)

Mía GALLEGOS DOMÍNGUEZ
Costa Rica, 1953

Es periodista y cuenta con una maestría en Estudios Latinoamericanos con énfasis en Cultura y Desarrollo. Ha cultivado la poesía, el cuento y el ensayo. También ha escrito guiones radiofónicos y numerosas reseñas literarias. Por su obra ha tenido muchos reconocimientos. Poemas suyos has sido traducidos al francés e italiano y publicados en antologías de España y América Latina. Ha publicado alrededor de siete poemarios, entre ellos, *Golpe de albas, El claustro elegido, El umbral de las horas* y *Los días y los sueños*. (Fotografía de Marcela Álvarez Gallegos) miagallegosdom@hotmail.com

Majestuosa

Majestuosa.
Sí, altiva.
Sí, se yergue árbol arriba.
Cúspide arriba.
Nube arriba.

Ahora se extiende.
Trepida.
Transmuta ventanas.
Irrumpe por las puertas.
Se alza.
Se agrupa.
Tiene cuerpo de hilo y de brisa.

Está ahí.
Sobrecoge.
Se suspende en el aire.
Ahora la rozo.
Tiemblo.
Crepito.
Reluzco.
Sí, es majestuosa y me cubre.
Es toda mi tristeza.

Journalist. Master's degree in Latin American studies with a concentration in culture and development. She writes poetry, short stories, and essays, as well as radio scripts and literature reviews. Her work has been translated into French and Italian and appears in anthologies published in Spain and Latin America. Poetry collections: *Golpe de albas* (*Daybreaks Strike*), *El claustro elegido* (*The Chosen Cloister*), *El umbral de las horas* (*The Threshold of Hours*), and *Los días y los sueños* (*Days and Dreams*).
(Photograph by Marcela Álvarez Gallegos) miagallegosdom@hotmail.com

Translations by Jonathan F. Arries, © Mía Gallegos Domínguez

Majestic

Majestic.
Yes, arrogant
Yes, she rises above tree tops.
Above summits.
Above clouds.

Now she spreads.
Shakes.
Transforms windows.
Bursts through doors.
Rises.
Forms.
Her body is thread and breeze.

She's there.
She startles.
Floats in the air.
Now I brush against her.
I tremble.
I sizzle.
I glow.
Yes, she is majestic and covers me.
She is all my sadness.

El tirano

Él es un hombre nariz,
lo estoy viendo.

Él es un hombre
con una mano garra,
lo estoy sintiendo.

Él es un hombre ojo.
Puedo ver el círculo en su frente.

Él es un hombre reloj
estoy midiendo su tiempo.

Él es un hombre poder.
Estoy mirando a los torturados.

Él es un hombre muro.
Estoy viendo a los presos.

Afuera los hombres multitud
ostentan banderas.
Gritan. Claman.

De pronto el silencio estalla:
¡ha muerto un tirano!

No calles

Barbra Streisand, prohíbo que te calles.
No permito el silencio de una mujer judía.
Si te callas, es como si me silenciaran a mí.
Por favor, no te calles, Barbra Streisand, donde quiera que estés.
¿Qué va a ser de mí si te callas?
¿Dónde quedará esa Yentl que soy yo misma
leyendo entre sueños la Torá?
Por favor, por mí, canta por mí,
te prohíbo callar, es una orden,
una orden divina que se ha de cumplir.
¿Dónde quedaré yo si tú te callas?

The Tyrant

He is a man-nose,
I am watching him.

He is a man
with a claw hand,
I am sensing him.

He is a man-eye.
I can see the circle on his forehead.

He is a man-clock
I am measuring his time.

He is a man-power.
I am looking at those tortured.

He is a man-wall.
I am seeing the prisoners.

Outside the men-multitude
fly banners.
They shout. They demand.

Suddenly silence erupts:
a tyrant has died!

Don't Be Still

Barbra Streisand, I forbid you to be still.
I won't allow the silence of a Jewish woman.
If you are still, it's as if they silence me.
Please, don't be still, Barbra Streisand, wherever you may be.
What will happen to me if you are still?
Where will that Yentl, me, end up
reading the Torah half asleep?
Please, for me, sing for me,
I forbid you to be still, it's an order,
a divine order that must be obeyed.
Where will I be if you are still?

¿Cómo voy a cantar *Once upon a time I had a true love*?
No, no. El silencio es impropio del pueblo judío.
Canta, aunque sea para mí.

Psique

Ella sueña con un hombre que la mira dormir.
No le sonríe
para no distraerlo de su contemplación.

La amada, de tantos sueños, duerme
y se vuelve metáfora de polvo.
Él contempla
e imagina una palabra para nombrarla.
La encierra entre su voz y la guarda para sí.

¿Ariadna? Él pregunta.
Ella tiembla en sus almohadas.

¿Psique?
Ella entonces derrama unas gotas de su lámpara de aceite.
Lo unge sobre su frente.
Lo besa y se va.

En la piel de Ícaro

¿Y si al caer desnuda como una mariposa de lumbre,
voy a dar a tus brazos,
y moro algunos minutos entre tus largas piernas?

Y si arrojo estos poemas en mitad de tu lengua,
en medio de tu indómita camisa,
solo porque anhelo morir quemada.
¿En dónde, entonces,
quedará toda mi vida ahogada dentro de ti?
Quiero para ello
tener la piel de Ícaro
y habitar dentro de ti.
Y morir de muerte
pero dentro de ti.

How will I sing *Once upon a time I had a true love*?
No, no. Silence is inappropriate for the Jewish people.
Sing, even if it's just for me.

Psyche

She dreams of a man who watches her asleep.
She does not smile at him
not to distract him from his contemplation.

The beloved, with so many dreams, sleeps
and becomes a metaphor of dust.
He contemplates
and imagines a word to name her.
He wraps her in his voice and keeps her for himself.

Ariadne? He asks.
She trembles on her pillows.

Psyche?
Then she pours a few drops from her oil lamp.
Anoints his brow.
Kisses him and leaves.

In Icarus's Skin

And what if, when I fall naked like a moth to flame,
I drop into your arms
and rest a few minutes between your long legs?

And if I toss these poems onto the middle of your tongue,
inside your untamed shirt.
only because I desire to die burned.
Where, then,
will my entire drowned life be inside you?
For all this
I want to have Icarus's skin
and to dwell inside you.
And to die of dying,
but inside you.

Sueño en vigilia

Este no es un sueño.
No es el álgebra soñada.
No es la realidad imaginada,
o la grieta entrevista.

Tampoco es la literatura que se parece al sueño,
o el sueño que se parece a la literatura.

Igual que La Intrusa que Borges escribió
en la vigilia,
fui sacrificada por dos hombres.

Mi sacrificio no los hizo ni mejor ni peor.

Ahora ellos, los dos, deben olvidarme.

Mi sacrificio fue por la luz propia.
Soy una mujer que en vigilia escribe
y recuerda a dos que amó.

El sacrificio fue amarlos,
y no esto que ahora recuerdo,
que se parece a cierta altura y al olvido.

Insomnia Dream

This is not a dream.
It is not algebra dreamed.
It is not imagined reality,
or a glimpse of the abyss.

Neither is it literature that is like a dream,
or a dream that is like literature.

Like The Intruder that a sleepless Borges
wrote,
I was sacrificed for two men.

My sacrifice did not make them better or worse.

Now they, both of them, ought to forget me.

My sacrifice was for light itself.
I am a woman who writes during insomnia
and remembers two whom she loved.

The sacrifice was to love them,
and not this that I now remember,
which is like a certain high distance and oblivion.

Cristy VAN DER LAAT
Costa Rica, 1953

Maestra en Literatura Española por la Universidad de Costa Rica, recinto en el que ha impartido cursos sobre este tema. Promotora de las letras y las artes. Aficionada al baile flamenco y estudiante comprometida de la cultura flamenca. Jurado en la rama de danza de los Premios Áncora 2003/2004 del diario *La Nación*, así como en algunos certámenes literarios. Cultiva con rigor el género literario de origen japonés conocido como haiku, siendo su primera publicación *El libro rojo de los haikus negros* (2002), primer libro costarricense exclusivamente dedicado a esta breve forma poética. En 2003 publica el libro *Cabalgando lunas*. En este momento, trabaja los últimos detalles de un nuevo libro de haikus. (Fotografía de Marlene Ramírez)

> Manan las sombras
> de mis atardeceres
> y danzo en ellas.

Los siguientes haikus pertenecen a *El libro rojo de los haikus negros*, capítulos: "Desde el tren", "Crespusculario", "Divagaciones", "El mar conmigo" y "Denunciata".

Por opción de la poeta, los poemas comienzan en la página siguiente.

Master's in Spanish literature from the University of Costa Rica, where she has taught this subject. Cultural promoter of art and literature. Aficionada of flamenco dancing and serious student of flamenco culture. Dance juror for the *La Nación*'s Áncora Awards 2003/2004 and juror for literary contests. She is strongly committed to the Japanese literary genre known as haiku. Her first book, *El libro rojo de los haikus negros* (*The Red Book of Black Haiku*, 2002), is the first Costa Rican book exclusively dedicated to this short poetic form. In 2003, she published *Cabalgando lunas* (*Riding Moons*) and is currently preparing a new book of haiku.
(Photograph by Marlene Ramírez)

Translations by María Esperanza Vargas, © Cristy van der Laat

The shadows of
my sunsets flow
and I dance in them.

The following haiku appear in *The Red Book of Black Haiku*, in the chapters: "From the Train," "Twilight Time," "Digressions," "The Mar with Me," and "Denunciata."

At the poet's request, her poems begin on the following page.

"Desde el tren" y "Crepusculario"

Viajar en tren:
devorar el paisaje
que nos devora.

Briosos riachuelos
surcan de vericuetos
las hondonadas.

Adobe y teja
y ancianas mecedoras
en el zaguán.

Aquella iglesia
velando entre campanas
su cruz de piedra.

Dios vespertino
que sin pudor alguno
tiñe los cielos.

En el alféizar
los pájaros dorados
pierden su luz.

Y desfallecen
las ingrávidas hojas
sobre el cristal.

Aún no muertas
flores recién caídas
claman por verde.

"From the Train" and "Twilight Time"

To travel by train:
to devour the landscape
that devours us.

Swift streams
plow rough tracks
in the gullies.

Adobe and tiles
and ancient rocking chairs
in the entrance hall.

Among bells
that church keeps vigil
over its stone cross.

Evening God who,
without shame,
stains the skies.

On the windowsill
the golden birds
lose their radiance.

And the weightless leaves
collapse
over the crystal.

Not yet dead
just fallen flowers
beg for green.

"Divagaciones" y "El mar conmigo"

Aguas suicidas
las de las cataratas:
muertes fallidas.

Guardan las huertas
disímiles aromas
dulces y amargos.

Inaccesible
perfume de una estrella:
lumbre fugaz.

El mar y yo
en nuestras soledades
nos hermanamos.

Conversador
soberano es el mar:
sabe escuchar.

Playa infinita:
estrías de agua visten
color de ocaso.

Nutren al mar
aires de luna llena.
Respiro azul.

Rito de enlace:
mis pies sobre la arena
húmeda y tibia.

"Digressions" and "The Sea with Me"

Suicidal waters
of the waterfalls:
failed deaths.

The orchards store
dissimilar,
bittersweet aromas.

Inaccessible
perfume of a star:
ephemeral fire.

The sea and I
in our solitudes
become fraternal

Supreme conversationalist
is the sea:
knows how to listen.

Infinite shores:
water grooves dressed
in sunset's color.

Full moon airs
nourish the sea.
I breathe blue.

Nuptial ritual:
my feet on the wet,
warm sand.

"Denunciata"

Si el mundo fuera
inocencia de rima
(verso lejano).

Injustamente
se reparten
las cuotas de la desdicha.

Los basureros:
sobros de sensaciones
vivas y muertas.

Álgidas vidas,
escarcha de abandono…
los destechados.

Con niebla fría
se cubre la montaña
cuando la talan.

Árboles fueron,
hoy son solo agonía:
savia en destierro.

Troncos caídos
algunos mutilados
y otros de pie.

Del alto bosque
a un humillado piso.
El árbol cruje.

"Denunciata"

If the world were
innocence of rhyme
(distant poem).

Unjustly
are distributed
the quotas of unhappiness.

The garbage dumps:
leftover sensations
alive and dead.

Frigid lives,
frost of abandonment…
the homeless.

With cold mist
the mountain covers itself
when logged.

Trees they were,
now, only agony:
sap in exile.

Fallen tree trunks
some mutilated
and others still standing.

From tall forest
to humiliated floor.
The tree creaks.

María BONILLA
Costa Rica, 1954

Actriz y directora de teatro y cine. Premio Nacional al Mejor Director (1997, 1999 y 2000); Premio Fernández Ferraz 2010; Premio LA GLO, Encuentro de Mujeres Iberoamericanas de las Artes Escénicas, FIT de Cádiz 2013. Autora del libro para niños *Violín de lata* y de las novelas publicadas en Costa Rica y México: *Mujer después de la ventana*; *Al borde del aliento, otoño*; *La actriz*; *Hasta que la vida nos separe*; *Augustine, mi otra ficción*; *La mujer del camino de las cigüeñas*; *Hecho de guerra*. Premio Latinoamericano de Novela Calvimontes y Calvimontes 2015, México. Tres poemarios: *Libro de sombras, Delirio de las horas oscuras* y *Marcas de agua*. (Fotografía de Ana Muñoz)   mariabonilla.com; maribopi@gmail.com

I. Obsesiones femeninas

Obsesiones femeninas.
¿Obsesionarse o ser objeto de obsesión?

Una imagen de mujer cuelga de un hilo transparente,
entre muchas otras imágenes de otras tantas mujeres,
también colgadas de un hilo transparente.
Como sábanas mojadas al sol,
tendidas entre fotos, cartas, flores secas y zapatos de tacón…
Muñecas de recortar,
colgadas con sus vestidos de papel…
Un bosque de sueños lavados al sol,
pendiendo de un hilo transparente…

… como esta mi vida que se desgarra… se cose…
… se quiebra… se remienda…
… se rasga… y se vuelve a coser…

Una y otra vez,
como las cuentas de un rosario
que se olvida entre los dedos…

(*Libro de sombras*)

Actress, theater and film director. National Prize for Best Director (1997, 1999, 2000); 2010 Fernández Ferraz Prize; 2013 LA GLO Prize, Meeting of Latin American Women of Scenic Arts, FIT of Cádiz. Author of the children's book *Violín de lata* (*Tin Violin*) and of novels published in Costa Rica and Mexico: *Mujer después de la ventana* (*Woman After the Window*); *Al borde del aliento, otoño* (*On the Verge of Breath, Autumn*); *La actriz* (*The Actress*); *Hasta que la vida nos separe* (*Until Life Does Us Part*); *Augustine, mi otra ficción* (*Augustine, My Other Fiction*); *La mujer del camino de las cigüeñas* (*The Woman of the Stork Path*); *Hecho de guerra* (*Made of War*). 2015 Latin American Novel Prize Calvimontes and Calvimontes, Mexico. Three poetry collections: *Libro de sombras* (*Book of Shadows*), *Delirio de las horas oscuras* (*Delirium of Dark Hours*), and *Marcas de agua* (*Water Marks*). (Photograph by Ana Muñoz) mariabonilla.com; maribopi@gmail.com

Translations by Kathleen Cunniffe-Peña, © María Bonilla

I. Feminine Obsessions

Feminine obsessions.
To obsess or to be the object of obsession?

An image of a woman hangs from a transparent thread,
among many other images of other such women,
also hanging from a transparent thread.
Like wet bed sheets in the sun,
hung among photos, letters, dried flowers and high heels...
Cut-out dolls,
hung with their paper dresses...
A forest of sun-washed dreams,
hanging by a transparent thread...

... such is my life that is ripped up... sewn...
... is broken... mended
... is torn... and sewn together again...

Time and again,
like rosary beads
forgotten between the fingers...

(*Book of Shadows*)

Una vez, jugando a reinventarme

Una vez, jugando a reinventarme,
me atreví a escribir
que fui Ofelia, la desdichada,
la que en un instante de peligro
quiso ser el objeto de amor de otro
al que llamaron Hamlet
y todos a su vera dijeron no.
Y ella debió cegarse para no ver la realidad,
ni la verdad, ni el tiempo, ni el lugar.
Y debió ensordecerse para no oírlos,
y ciega y sorda, como una sombra,
se fue a vivir a la invisibilidad que le aprendió su madre,
con la certeza de que,
para una mujer,
cualquier instante,
aún de ficción,
es un instante de peligro…

                        Y escribí que hubo una vez
                    un hombre ciego que tocaba el piano
                         en un café de Pigalle,
                       en una ciudad llamada París.
          Porque hubo una vez una ciudad llamada París.
              Y yo, en ese mismo instante de peligro
                        de Ofelia, la desdichada,
                            re-escrita y todo,
                            viví mi propia ceguera,
         mi propia invisibilidad y mi silencio propio.
              Y supongo que por eso, lo escribí.
                    Una vez, yo tuve 17 años.
                   Pero ya no los tengo más.

                            (*Libro de sombras*)

Y con mis pies de espejo cóncavo que me dio mi padre

    Y con mis pies de espejo cóncavo que me dio mi padre,
                –mi luz–
          despacio, dolorosamente,

One Time, Pretending to Reinvent Myself

One time, pretending to reinvent myself,
I dared to write
that I was Ophelia, the wretched,
the one who in an instant of danger
wished to be the love object of another
whom they called Hamlet
and everyone by her side said no.
And she must have gone blind not to see reality,
or truth, or time, or place.
And she must have gone deaf not to hear them,
and blind and deaf, like a shadow,
she went to live the invisibility her mother taught her,
with the certainty that,
for a woman,
any instant,
even of fiction,
is an instant of danger…

>And I wrote that once there was
>a blind man who played piano
>in a café in Pigalle,
>in a city named Paris.
>Because once there was a city named Paris.
>And I, in that same instant of danger
>as Ophelia, the wretched,
>re-written and all,
>lived my own blindness,
>my own invisibility and my own silence.
>And I suppose that's why I wrote it.
>Once, I was 17.
>But I no longer am.
>
>(*Book of Shadows*)

And with the Concave Mirror Feet My Father Gave Me

And with the concave mirror feet my father gave me,
–my light–
slowly, painfully,

llegué a las tierras de la mitad de América
y vi plumas, gemas, collares, incrustaciones de nácar,
jaguares, venados, serpientes, tortugas,
conejos, monos y peces, cerbatanas,
arcos, flechas, trampas y anzuelos de conchas.
Y supe que a los recién nacidos,
en una fiesta se les asignaba un nombre,
aunque tenían, ante todos, un seudónimo
y el nombre real sólo lo conocían
las personas más allegadas a la familia.
Si era hombre, Ah
y si era mujer, Ix.

Y así conocí la importancia y la intimidad
del nombre.

Y con los pies de hamaca que me dio mi padre,
–mi luz–
despacio, dolorosamente,
llegué hasta el mar
cálido y furioso,
donde naufragaron dos barcos
que venían de tierras muy lejanas.
Y allí, en la nueva tierra extranjera,
vi hombres y mujeres y niños,
hablando un idioma hecho de palabras
en inglés, español y garífuna.

Y así conocí la sonoridad maravillosa de
eso que nos nombra
y nos permite nombrar el mundo.
(*Libro de sombras*)

VI. Y hay otros días

Y hay otros días –los menos–
en los que mi memoria y yo
nos sentamos una junto a la otra
detrás de la ventana
y vemos cómo llueve.
Constante,

I came to the lands of middle America
and saw feathers, gems, necklaces, mother of pearl inlay,
jaguars, deer, serpents, turtles,
rabbits, monkeys and fish, blowpipes,
bows, arrows, traps and seashell hooks.
And I learned that newborns
were assigned a name during a party,
although they had, above all, a pseudonym
and the real name was known only
by people closest to the family.
If it was a boy, Ah
and if it was a girl, Ix.

And in this way I learned the importance and intimacy
of a name.

And with the hammock feet that my father gave me,
–my light–
slowly, painfully,
I arrived at the warm and furious
sea,
where two ships sank
coming from faraway lands.
And there, in the new foreign land,
I saw men and women, and children
speaking a language made of words
in English, Spanish and Garifuna.

And this is how I learned of the marvelous sonority of
what names us
and allows us to name the world.
(*Book of Shadows*)

VI. And There Are Other Days

And there are other days –just a few–
when my memory and I
sit down next to each other
at the window
and she and I watch how it rains.
Constant,

persistente,
implacablemente.

Ella se ensombrece al constatar
que mi piel sabe
qué hora es sin mirar el reloj,
porque las mujeres
sentimos cuando la hora ha llegado,
antes, mucho antes de que el reloj lo marque.
Y porque sabe también
que las mujeres
podemos amortajarnos viendo llover.
Pausada,
taciturna,
melancólicamente.
Y ese saber le duele.
Y la asusta.
Como a mí.

Yo no me he muerto aún,
pero podría morir en esta hora,
en este día,
viendo este aguacero
que parece no tener fin.

(Marcas de agua)

Luz

Luz,
bendice y protege a las mujeres que caminan
abrazadas al chal en el que guardan todos sus miedos

Viento del amanecer,
bendice y protege a las mujeres que caminan,
en pedazos, huyendo
de quien las desfiguró con ácido o las partió en dos con un machete

(Libro de sombras)

persistent,
relentlessly.

She grows dark seeing
that my skin knows
what time it is without looking at the clock,
because women
feel when the hour has arrived,
before, much before the clock marks it.
And because she also knows
that women
can shroud ourselves watching it rain.
Slowly,
taciturn,
melancholically.
And that knowledge hurts her.
And scares her.
As it does me.

I haven't died yet,
but I could die at this hour,
on this day,
watching this downpour
that seems to have no end.

(Water Marks)

Light

Light,
bless and protect the women who walk
embracing the shawl in which they carry all their fears

Wind of dawn,
bless and protect women who walk,
in pieces, fleeing the
one who disfigured them with acid or sliced them in two with a machete

(Book of Shadows)

Marlene RETANA GUIDO
Costa Rica, 1955

Estudió Filología Española en la Universidad de Costa Rica y recibió una beca para cursar diplomados de Investigación Literaria y Filología Española en la sede alterna de la Universidad Complutense de Madrid. Ha trabajado como realizadora de audiovisuales para la Asociación Demográfica Costarricense y docente en colegios secundarios, en la Universidad Estatal a Distancia y la Universidad Nacional. Perteneció al Taller Literario del Círculo de Escritores Costarricenses y en la actualidad asiste al taller literario del grupo Poiesis. Su poesía aparece en diversos periódicos y revistas nacionales e internacionales. En dos oportunidades se le ha otorgado el tercer lugar en el certamen Brunca de la Universidad Nacional. Ha publicado el poemario *Estalactitas del tiempo* (2016) y posee dos poemarios inéditos y otro de poesía infantil.
marsereno01@gmail.com

La iglesia

En el aire de vetustos tañidos,
te desdibujas en sepia
sin el arrullo de las cigüeñas
y silenciosa, en medio de la tarde.

La soledad de un viejo bosteza
a tu amparo, en el parque.

No miras al Oeste,
tu senectud apunta
al sol y su energía naciente.

Adentro, un sacerdote
hace un llamado inútil.
Y sobre las imágenes
parece resbalar una lágrima.

Studied Spanish language and literature at the University of Costa Rica and received a fellowship for certificate courses in Spanish language and literature research at the Universidad Complutense de Madrid's alternate site. She was a producer of audiovisual materials for the Costa Rican Demographic Association and a teacher in secondary schools, the Distance Education State University, and National University. She belonged to the literary workshop of the Costa Rican Writers Circle and now attends the literary workshop of the Poiesis group. Her poetry appears in national and international newspapers and magazines. Twice she has won third place in the National University's Brunca competition. She has published the poetry collection *Estalactitas del tiempo* (*Stalactites of Time*, 2016) and has two unpublished collections as well as one of children's poetry. marsereno01@gmail.com

Translations by Joan F. Marx, © Marlene Retana Guido

The Church

In the air of ancient bells pealing
you fade to sepia
without the cooing of storks
and silently, in the middle of the afternoon.

The solitude of an old man yawns
under your protection, in the park.

You do not look to the west,
your old age points at
the sun and its nascent energy.

Inside, a priest
makes a useless call.
And on the statues
a tear seems to trickle down.

Ni la algarabía de campanas,
ni el revuelo de las piedras centenarias,
ni la muda discreción de las paredes,
ni el viacrucis con su antiguo recorrido,

ni esos mosaicos donde muchos
rompieron sus súplicas,
han logrado cambiar a tantos.

Todo parece seguir en su lugar.
El corazón de la piedra
sigue siendo el corazón de la piedra.
Y yo ya no busco refugio ahí,
como cuando era niña
o me sentí enamorada alguna vez.

Ya la iglesia no es la morada fresca
en medio de mis mareas de calor.
Ahora es solo un patrimonio de latidos,
una derruida mole de deseos.
Y su campanario dejó de echar
a volar mis sueños.

Cuando los peces mueren

Los peces son como los ángeles
y en el mar vuelan sordos
al tañido de los plásticos.
Se remontan en la opacidad
como un sol de escamas
y cuando el océano se pone
más oscuro,
ellos palpitan como estrellas.
Nadie necesita alzar sus ojos
para buscar a Dios.

Si los dominan
con el engaño del señuelo
y los tiran en la tierra
a vivir su muerte,
se aferran a las branquias de la vida
y parecen musitar un lenguaje divino,

Neither the racket of the bells,
nor the commotion of the century-old stones,
nor the silent discretion of the walls
nor the Way of the Cross with its ancient route,

nor those mosaics where many
broke their petitions,
have changed so many.

Everything seems to continue in its place.
The stone heart
continues to be a stone heart.
And I no longer look for refuge there,
like when I was a little girl
or once when I was in love.

The church is not the cool abode
in the middle of my hot flashes.
Now it is only the patrimony of throbbing,
a destroyed pile of desires.
And its bell tower stopped making
my dreams fly.

When Fish Die

Fish are like angels
and in the sea they fly deaf
to the tolling of plastics.
They rise up in the opaqueness
like a sun of fish scales
and when the ocean becomes
darker,
they sparkle like stars.
No one needs to raise their eyes
to look for God.

If they dominate them
with the ruse of the lure
and throw them on land
to live their death,
they cling to the gills of life
and seem to mutter a divine language,

mientras con su cuerpo intentan
dar el salto hacia el cielo.

Y cuando finalmente se entregan
a la paz del Universo,
sin dejar de ser ángeles,
abren sus aletas
anhelando el vuelo
y mueren con el perdón
redondo de su boca.

La sonrisa del niño

Como si fuese un globo
insuflado
con un gas venenoso,
así, desaparece
lentamente
la sonrisa del niño.

Acaso su periplo acabe
en una mueca sola,
en el firmamento,
donde todos tenemos
una ventana de roca
para mirar la nave que tuvo velas.
Y las velas que tuvieron canto.
Y el canto que serpenteaba
entre las ondas
como los peces
que se fugaban.

Los niños comprendieron
que la guerra
no era un juego.
Y se ensordeció su risa
entre el ruido de las metrallas.
A otros pequeños que iban
de basurero en basurero,
desnudos,
y curtidos de oscurantismo,

while with their bodies they try
to leap toward the sky.

And when they finally give themselves up
to the peace of the Universe,
without ceasing to be angels,
they open their fins
longing for flight
and die with the round forgiveness
of their mouths.

The Child's Smile

As if it were a balloon
inflated
with a venomous gas,
that's how the child's smile
disappears
slowly.

Perhaps the journey might end
in only a grimace,
in the heavens,
where we all have
a window of rock
to watch the ship that had sails.
And the sails that had song.
And the song that snaked its way
between the waves
like fish
that were fleeing.

Children understood
that war
was not a game.
And their laugh was muffled
by the noise of the machine guns.
Other little children going
from garbage can to garbage can,
naked,
and hardened by obscurantism,

los embrujaron para siempre.
Y nunca más podrán reír.

Nadie sonríe en el humo triste
de un vagón de tren
que avanza entre los rieles
de la felicidad truncada.
Nadie se atreve a sonreír
sin la alegría de la infancia
que perdió su diente.

Solo algo tan serio
como una oración,
se puede escuchar
cuando la risa se ha quebrado
en las oscuridades
de los siglos.

Solo lamentos pueden nacer
entre las penumbras
Solo lamentos... redondos
como las piedras.

Y que la misericordia de los dioses
se apiade de los labios
que pueden murmurar
pero no reír.

Tránsito de amor

Se va mi amor
en un barco de papel
hacia otras islas
lentamente.

Cuando se humedezca
el papel con mis lágrimas,
voy a construir una utopía
una utopía del amor
para poder subsistir.

were hexed forever.
And nevermore will they be able to laugh.

No one smiles in the sad smoke
of the train car
that advances over the rails
of truncated happiness.
No one dares to smile
without the childhood happiness
that lost a tooth.

Only something as serious
as a prayer,
can be heard
when laughter has fractured
in the darkness
of centuries.

Only cries can be born
among the gloomy shadows
Only cries… round
like stones.

And may the mercy of the gods
take pity on the lips
that can murmur
but not laugh.

Love's Transit

My love is leaving
on a paper boat
for other islands
slowly.

When the paper grows wet
with my tears,
I am going to build a utopia
a utopia of love
to be able to survive.

Macarena BARAHONA RIERA
Costa Rica, 1958

Costarricense. Nacida en Madrid de madre mallorquina y padre diplomático costarricense. Realizó estudios de Letras y Ciencias Sociales en España y Costa Rica. Doctora en Ciencias Políticas y Relaciones Internacionales por la Universidad Complutense de Madrid y en Educación por la Universidad de La Salle de Costa Rica. Autora de ensayos sobre temas literarios, sociales, políticos, históricos, culturales y los derechos políticos de la mujer. Su obra literaria aparece en antologías de América Latina y Europa. Traducida al inglés por especialistas de la Universidad George Washington y al francés en una antología de París. Su obra poética abarca desde la reflexión de la naturaleza, lo político, lo místico y lo erótico amoroso. Poemarios: *Contraatacando* (1980), premio Joven Creación; *Resistencia* (1989); *Atlántico* (1994); *Tak Mewo* (2008); *Mesoamérica* (2014); *La navegante* (2015). (Fotografía de Francisco Montero) macarenabarahona@gmail.com

Morir de amor
Para Norma in memoriam

Cuando ella lo amó
pensó que al fin
el sol le calentaría la piel

Cuando lo besó
cerró sus ojos
imaginó su nido de oropéndola
suspendido en el sauce más bello

Sintió el aire traspasando el suspiro al abrazarlo
él fue su horizonte
su pulsación
el poco de fe
cercano a la paz
que su alma tanto
ansiaba
Cuando se entregó
fue plena como en vorágine

Costa Rican. Born in Madrid, mother from Mallorca and father, a Costa Rican diplomat. Studies in Literature and Social Sciences in Spain and Costa Rica. Doctorate in Political Science and International Relations from the Complutense University of Madrid and in Education from La Salle University in Costa Rica. Author of essays on literary, social, political, historical, and cultural themes, as well as women's political rights. Selected for literary anthologies in Latin America and Europe. Translations into English by specialists from George Washington University and into French for an anthology in Paris. Poetry includes reflections on nature, politics, the mystical, and erotic love. Poetry collections: *Contraatacando* (*Counterattacking*, 1980), Young Creation Prize; *Resistencia* (*Resistance*, 1989), *Atlántico* (*Atlantic*, 1994), *Tak Mewo* (2008), *Mesoamérica* (*Mesoamerica*, 2014), *La navegante* (*The Woman Navigator*, 2015). (Photograph by Francisco Montero) macarenabarahona@gmail.com

Translations by Indran Amirthanayagam, © Macarena Barahona Riera

To Die of Love
For Norma, in memoriam

When she loved him
she thought finally
the sun would warm her skin.

When she kissed him
she closed her eyes
imagined a golden oriole's nest
suspended in the most beautiful willow

She felt air passing from his breath when she embraced him
he was her horizon
her beating pulse
the little bit of faith
close to peace
her soul so much
desired
When she gave herself
she was seized as in a whirlwind

se decidió
ser libre
entre sus brazos y palabras
entre la piel y los miedos
optó por sus besos

Y cuando él ya no quiso
saber de sus pliegues en el alma
de su perfume y su voz

Cuando él ya no quiso su entrega
su libertad

Se quedó sin sol
sin ave que anidara
sin aire que meciera
el perfecto nido
de oropéndola

Se quedó en su única sombra

tan sola
tan sola

que morir así
de amor

no le dolió.

Patria

Para mí los quetzales en las verdes espesuras de las selvas
los gorriones pequeños y frágiles que inundan los altos
sauces a las orillas de los ríos
los cangrejos ermitaños revoloteando bajo los picos
de las palomas hambrientas en las costas de la patria
los vagabundos perros mordisqueando despojos
cazando golondrinas horadando la tierra
junto a gatos sin dueño
Para mí el tepezcuintle el mono tití el cariblanco
bajo robles y almendros lagunas y esteros

she decided
to be free
in his arms and words
between his skin and fears
she chose his kisses

And when he did not want
to know more about the ripples in her soul,
her perfume and her voice

When he did not want her surrender
her liberty

She was left without sun
without a bird who nested
without air that rocked
the perfect nest
of the golden oriole

She was left in her lone shadow

so alone
so alone

that to die thus
of love

did not hurt her.

Country

For me quetzales in the green thickness of rainforests
small, fragile sparrows that inundate the tall
willows at the rivers' edge,
hermit crabs turned inside out by beaks
of hungry gulls on the country's coasts
vagabond dogs nibbling leftovers
hunting swallows piercing the earth
next to cats without owners
For me the tepezcuintle the squirrel and white-faced monkeys
under oaks and almond trees beside lagoons and estuaries

donde las serpientes son libres consumiendo las ratas
los solitarios jaguares
esos inmensos charcos de agua que se hallan después de los
naufragios de la lluvia
multicolores insectos que infectan los paisajes
y hacen en su ardor quemar las pieles
los soles fuertes donde los ahogos no existen
y nadie sabe del frío
solo del viento
que refresca
bajo las palmeras y a orilla de las frías piedras que
completan los cauces
o debajo de los cafetos en flor
en esas sombras olorosas a jazmín y limón
en que consumimos los cítricos
de los naturales espontáneos árboles

Para mí
solo quiero esto
cuando llega la noche
los olores de azucena junto a mi ventana
y el ruido del viento cuando azota
la puerta de mi casa

Rio Sixaola
A María Bouzas y sus hijos André y Lúa

Sobre la hoja verdísima
del abacá
navego en el lomo indómito del río Sixaola
frontera a trazos
cauce de tierras
de venas
ancestro de plantaciones extranjeras
avaricia de carbón
petróleo
oro
yazco en la lluvia azul de la noche y la tormenta
en frontera del agua
me desplazo en el tiempo
la línea primigenia awua y de Sibu

where snakes freely eat rats
the solitary jaguars
those immense pools of water you find after
shipwrecks of the rain
many-colored insects that infect landscapes
and make skins burn with their stings
strong suns where heat faints don't exist
and nobody knows about the cold
only the wind
that refreshes
under palm trees and next to cold stones that
complete the river beds
or under coffee trees in bloom
in shadows perfumed by jasmine and lemon
where we eat citric fruits
from the naturally spontaneous trees

For me
I only want this
when night comes
the aromas of lilies next to my window
and the noise of the wind when it lashes
the door of my house.

Sixaola River
    To María Bouzas and her children André y Lúa

On the bright green leaf
of hemp
I sail on the untamed back of the Sixaola River
broken border line
channel of lands
of veins
ancestor of foreign plantations
greed for coal
oil
gold
I lie in the blue rain of the night and storm
on the border of the water
I move myself in time
the primogenitary line of Awua and Sibu

de los robles
cativos
ceibas y
jaguares
futuro sobre el agua nocturna
del refugio y custodia
de las dantas y de los ojos de las águilas
sobre el abacá navego sin cauce
anegando libre la tierra
mientras llueve y llueve

El rio vertical navega hacia
la diminuta luna del menguante
alas de abacá tejidas en red de corales
el Sixaola crece en su boca
une canales
libera manatíes
tortugas verdes
y tortugas de carey
delfines perlas
alas verdes
alas de agua
alas de caribe
vuelan en olas llenas de mariposas.

of oaks
cativo trees
ceibas
and jaguars
future over nocturnal water
of refuge and custody
of tapirs and eagles' eyes
on the hemp leaf I sail without course
flooding the earth freely
while it rains and rains

The vertical river flies toward
the tiny waning moon
wings of hemp woven in the coral net
the Sixaola grows at its mouth
unites channels
liberates manatees
green and hawksbill
turtles
pearled dolphins
green wings
wings of water
Carib wings
fly in waves full of butterflies.

Lucía ALFARO
Costa Rica, 1959

Graduada en Administración de Empresas y Filología Española por la Universidad de Costa Rica, donde ahora labora. Ocupa la presidencia de la Fundación Jorge Debravo y es gestora cultural en el Grupo Literario Poiesis. Su poesía ha sido traducida al portugués y antologada en las compilaciones de los festivales a los que ha sido invitada: México, Nicaragua, Panamá, Cuba y Costa Rica. Poemas suyos han sido musicalizados. Ha publicado seis libros de poesía: *Inevitable travesía* (2008); *Nocturno de presagios* (2010); *Agua intransitiva* (2013); *La soledad del ébano* (2015); *Antagonía* (2016); *Vocación de herida* (2016). (Fotografía de Hernán Rodríguez)

Blues

El blues me llama siempre
desde cualquier neblina.
Desde este ozono
gris y nauseabundo
contaminado de odio
penetra hasta dolerme,
desguaza muy despacio
a cada araña sobria
que se teje en mi boca.
Los girasoles, todos,
son un charco de miedo
temblando en estas cuencas
que perdieron los ojos.

Pero el blues se acurruca
como un niño muerto
al lado de mi tumba.
Me llama desde entonces,
desde antes,
desde siempre.

Degree in business administration and Spanish language and literature from the University of Costa Rica, where she currently works. President of the Jorge Debravo Foundation and cultural promoter with the Poiesis Literary Group. Her poetry has been translated into Portuguese, musicalized, and included in anthologies of festivals where she was invited in Mexico, Nicaragua, Panama, Cuba, and Costa Rica. Published poetry collections: *Inevitable travesía (Inevitable Journey*, 2008); *Nocturno de presagios (Nocturne of Omens*, 2010); *Agua intransitiva (Intransitive Water*, 2013); *La soledad del ébano (The Solitude of Ebony*, 2015); *Antagonía (Antagony*, 2016); and *Vocación de herida (Harm by Vocation*, 2016). (Photograph by Hernán Rodríguez)

Translations by Khédija Gadhoum, © Lucía Alfaro

Blues

The blues always beckons to me
from any mist.
From this ozone
gloomy and nauseating
hate polluted
it seeps into me until it hurts,
very slowly carving
each earnest spider
weaving inside my mouth.
The sunflowers, all of them,
are a rivulet of fear
trembling in these sockets
that lost their eyes.

Yet the blues nestles
like a dead child
next to my grave.
It calls me since,
from before,
from forever.

Dice que esta atmósfera
no le es suficiente
para sus coordenadas.
Repite que los buitres
nos secaron los huesos,
y que inventaron nombres,
líneas distorsionadas,
colores cibernéticos
y pantallas de plasma
con pájaros y niños
empapados de sangre
y de demencia.

Miserere

> *Todo lo que te molesta de otros seres,*
> *es solo una proyección de lo que no has resuelto de ti mismo.*
> *–Buda*

Todo depende del ojo
que ha mirado la gota de sudor
besar cada semilla.

Todo depende del iris que te observa:
océano, charco, ciénaga,
riachuelo que resbala
de la certera pupila de la selva.

Todo depende de la forma del ojo
y de la inclinación de los cristales,
de la edad del proyectil de luz
y de la concavidad que la contiene.

No existe la verdad,
no existe la mentira,
el demonio que cae con la lluvia
ni la flauta que hace salir el monstruo de su cueva.

Nada es realidad,
nada es imaginario,
todo depende del ángel
que estremece el agua del estanque
y del dios que reparte los milagros.

It says that this milieu
is not enough
for its coordinates.
It repeats that the vultures
desiccated our bones,
and invented names,
twisted lines,
cybernetic colors
and plasma screens
with birds and children
drenched in blood
and dementia.

Miserere

> *All that bothers you about other beings,*
> *is just a projection of what is unresolved in yourself.*
> –Buddha

It all depends on the eye
that witnessed the bead of sweat
kissing each seed.

It all depends on the iris watching you:
ocean, pond, swamp,
creek that slides
from the sure pupil of the rainforest.

It all depends on the shape of the eye
and the tilt of the windows,
on the age of the light projectile
and the concavity that contains it.

There is no truth,
there is no lie,
no devil that falls with the rain
or flute that makes the monster leave its cave.

Nothing is real,
nothing is imaginary,
it all depends on the angel
that ripples the water in the pond
and the god who bestows miracles.

Todo depende de quién cante la liturgia.
Por eso,
¿quién puede enlodar
la laguna que mueve el ojo ajeno
sin anegar los diques
de su anónimo infierno?

Melancolía
> *"Melancolía, saca tu pico ya".*
> *A César Vallejo*

Espergesia, escalera,
barro meditabundo sin garganta,
búho triste batiendo
un corazón de viejo
en el límite siniestro
de mi beso.

César sin pan,
sin Lima, sin París,
sin los dados de un dios
que gira sordo y ciego
sobre las avenidas.
Sin cesar yo te busco
entre aguaceros tristes
y calaveras
siempre calaveras
que ya no dicen nada,
ni siquiera te nombran.

Pero el verso apócrifo
hace un rito en la página,
la retuerce, la muerde,
la deja sin aliento
y el féretro se esconde
entre la niebla,
y tu melancolía
se empoza como un charco
de culpa en mi mirada.

It all depends on who chants the liturgy.
Thus,
who can muddy
the lagoon that moves the other's eye
without flooding the levees
of its anonymous inferno?

Melancholy

> *"Melancholy, pull out your beak now."*
> *To César Vallejo*

Espergesia, stairs,
mud for thought minus a throat,
owl pounding miserably
an aging heart
on the eerie edge
of my kiss.

César without bread,
without Lima, without Paris,
without the dice of a god
gyrating deaf and blind
over the avenues.
I look for you without ceasing
in dreary downpours
and skulls
always skulls
that no longer say anything,
not even your name.

But the apocryphal verse
performs a rite on the page,
twists it, bites it,
leaves it without breath
and the coffin hiding
in the mist,
and your melancholy
pools like a puddle
of guilt in my gaze.

A contrapelo

La vida es este instante – me repiten los ecos,
y yo sigo corriendo, buscando en cada ojo,
en cada signo,
en cada flor que se abre la señal de salida.
Alguien me quiere hablar de sus veinte años,
de los pétalos rotos que esconde entre su falda,
de los sueños que antecedieron siempre a las posibilidades.
Mientras yo camino indiferente
tropezando entre las hojarascas
y en el tacón mordaz del boom de los charoles.

He dejado el instante en el cansado quicio del cansancio.
He envuelto con gasa mis talones
y he tomado en mis brazos el corazón del viento
para correr entre las avenidas
y entre los vendedores de manzanas,
de luces importadas, de diciembres…

El carnaval a veces me convoca,
después me deja ebria en esa esquina que tampoco existe.

La vida sigue atenta la dirección del polvo
que levantan mis pasos;
con su boca ya seca,
y su mareada brújula,
corre detrás de mí, a contrapelo,
tratando de alcanzarme.

Se vuelve perra fiel, hambrienta loba,
quiere beber la savia de mis huesos,
quitarme el antifaz, la piel, la lágrima,
esta sonrisa de esfinge que no es mía.

Pero yo sigo nómada, solipsista metáfora,
cláusula impersonal
buscando alucinada la cábala,
o el ángel que se atreva a estremecer la piedra,
la meta y su cintilla.

La vida se desnuda de pronto en mis pupilas…

Against the Grain

Life is this instant – echoes repeat to me,
and I keep running, seeking in each eye,
in each signal,
in each blooming flower the exit sign.
Someone wants to tell me about their twenties,
about ruptured petals hidden in her skirt,
about dreams always running ahead of possibilities.
While I walk with indifference
stumbling amongst fallen leaves
and on the scathing stiletto of the patent leathers' boom.

I have left the moment at the weary doorframe of exhaustion.
I have wrapped my heels with gauze
and embraced the heart of the wind
to run down avenues
and between the vendors of apples,
of imported lights, of Decembers…

Carnival sometimes calls me,
then leaves me drunk on that corner that doesn't exist either.

Life closely watches the direction of the dust
kicked up by my footsteps;
with its mouth gone dry,
and its light-headed compass,
it keeps running behind me, against the grain,
trying to reach me.

It becomes a faithful dog, a hungry shewolf,
eager to swallow the marrow of my bones,
to remove my mask, my skin, my tear,
this sphinx's smile that is not mine.

Yet I remain a nomad, a solipsist metaphor,
an impersonal clause
amazed and seeking the cabbala,
or the angel who dares to make the stone shiver,
the end goal and its ribbon.

Life suddenly strips naked in front of my pupils…

Silvia CASTRO MÉNDEZ
Costa Rica, 1959

Costarricense por nacimiento y española por adopción. Poeta, filósofa e historiadora de la ciencia. Estudios superiores en universidades de Costa Rica, Pittsburgh y Zaragoza. Sus dos primeros poemarios obtuvieron el Premio de la Editorial de la Universidad de Costa Rica. En 2010 su libro *Agua* fue galardonado con el Premio Nacional de Poesía Aquileo J. Echeverría. Sus poemarios incluyen: *Las huestes del deseo* (1998); *Vértice del milagro* (2000); *Ruvenal de mil amores: Variaciones sobre un tema de Esopo* (2005, cuento-poema para niños); *Agua* (2010 y 2011); *Señales en tiempo discreto* (2011); *Mester de extranjería* (2015); *La náufraga* (2019). (Fotografía de María Granizo)

Nadie nos dice

Negativo de un poema de Blanca Varela
a Alejandra Pizarnik, in memoriam

nadie nos dice cómo
tirar la cara sobre el mundo
y
vivir sencillamente
así como lo hace el perro de la calle
que busca en el fondo los mendrugos
y relame sus belfos
como quien va a un festín
sobre el desvencijado acento
de sus patas

solo en el homo sapiens
hay ejemplos de un proceder contrario
(de soberbia quizás me tilden las marsopas)
detener el curso
inclinarse
a escupir lo ya vivido
reflejarse en el filo del metal

Costa Rican by birth, Spanish by choice. Poet, philosopher, science historian. University studies in Costa Rica, Pittsburgh, and Zaragoza. Her first two poetry collections won the University Press of Costa Rica Award. In 2010 her book *Agua* (*Water*) received the Aquileo J. Echeverría National Poetry Prize. Poetry collections: *Las huestes del deseo* (*Hordes of Desire*, 1998); *Vértice del milagro* (*Vortex of Miracles*, 2000); *Ruvenal de mil amores: Variaciones sobre un tema de Esopo* (*Ruvenal of a Thousand Joys: Variations on a Theme by Aesop*, 2005, story-poem for children); *Agua* (*Water*, 2010 and 2011); *Señales en tiempo discreto* (*Discrete-Time Signals*, 2011); *Mester de Extranjería* (*Métier of Foreignness*, 2015); *La náufraga* (*The Woman Castaway*, 2019). (Photograph by María Granizo)

Translations by María Roof, © Silvia Castro Méndez

No One Tells Us

Negative of a poem by Blanca Varela
to Alejandra Pizarnik, in memoriam

no one tells us how
to fling our faces at the world
and
live simply
like a dog on the street
that grubs deep for scraps
and licks his chops
like someone at a banquet
over the shaky accent
of his paws

only in Homo sapiens
do opposite behaviors show up
(porpoises might dub me arrogant)
stop the flow
bend over
to spit out all you've lived
see your reflection in the metal's edge

        y darse muerte
        sencillamente
        darse muerte

                (*Agua*)

12:14 (**Fotografía**)

Nunca hubo más frío.
El viento cercena las violetas
y los perros aúllan tras un cortejo de ambulancias.
Ella ha dejado un No estacado en los dientes.
Piedra que ya no dijo,
tendida
sobre un linóleo recién amortizado.
Y los puños de él son dos coágulos sordos
asidos sobre el cauce de sus sacras.

Caliente aún el pan sobre la mesa
a la par del cuchillo
y atrás los reporteros devorando las migas.

            (*Señales en tiempo discreto*)

Orillas

Pertenecer.
Hacerse uno
indiviso
un enjambre en nosotros.

Nos/otros.

Ese río en el medio que no deja.
La amenaza perenne del desborde.
A veces
sobre un puente
alcanzamos los dedos:
fragilidad de isla desde la que tendemos
la ilusión de una dársena.

                    and seize death
                    simply
                    seize death

                                (*Water*)

12:14 *(Photograph)*

It was never colder.
Wind clips the violets
and dogs howl after an ambulance cortege.
She left a No staked to her teeth.
Stone that no longer spoke,
stretched out
over the recently paid-off linoleum.
And the man's fists are two deaf blood clots
cuffed at the curve of his sacra.

The bread still warm on the table
alongside the knife
and behind, reporters devouring the crumbs.

                        (*Discrete-Time Signals*)

Riverbanks

Belonging.
Becoming one
indivisible
a crowd in we.

We/others.

That river in between that persists.
The constant threat of overflow.
At times
on a bridge
we stretch fingers out:
island fragility from which we extend
the illusion of a basin harbor.

Y ese yo equidistante,
confuso entre las huellas,
mirando en el espejo plural
donde también respiran
los ausentes,
                          allá

donde trazamos
alguna vez
la fuga.

Transeúntes que somos,
alertas de otredad
desde cualquier orilla de la ciénaga.

                (*Mester de extranjería*)

Pasar
>*Jusqu'aux bords de ta vie*
>*Tu porteras ton enfance*
>*Ses fables et ses larmes*
>*Ses grelots et ses peurs.*
>–Andrée Chedid

Zohara cuenta su niñez
con un tono de octubre fugitivo.
Los verbos de la huida conjugados a cientos.

Pasar,
pasar.
Ser siempre refugiada,
incluso en la palabra hogar,
en el latido mismo.
La infancia en un poliedro con dos agarraderas
y hacerse invisible en la oración,
mirando el escape de los pájaros
mientras la alarma anida entre los pies.

Un lugar
como otro
en la solidez del viento.

And that equally distant I,
mixed among the tracks,
looking in the plural mirror
where also breathing are
the absent,
                        there

where we trace
sometimes
the flight.

Transient as we are,
alert to otherness
from any shore of the marsh.

                (*Métier of Foreignness*)

Passing

> *Jusqu'aux bords de ta vie*
> *Tu porteras ton enfance*
> *Ses fables et ses larmes*
> *Ses grelots et ses peurs.*
> –Andrée Chedid

Zohara speaks of her childhood
in a fugitive October tone.
Verbs of flight conjugated by the hundreds.

Passing,
passing.
Being always a refugee,
even in the word "home,"
in a heartbeat itself.
Infancy is a polyhedron with two handles
and becoming invisible during prayer,
watching the birds' escape
while alarm nestles between your feet.

A place
like any other
in the wind's firmness.

Y luego en esa nave
con las letras del éxodo en el flanco,
obligada a volver hacia otras costas
hasta poner raíces en el ancla.

Y aun allí pasar,
pasar.
Siempre ser emigrante.

            (*Mester de extranjería*)

Fuegos fatuos

Abrir un hueco
justo para que acepte la palabra.
Dejarla reposar y
casi quieta
colocar bajo tierra su silencio.

Sobre la línea horizontal
dejar caer el ojo de la noche.

Respirar lo que aloja su carcasa
y aún palpita.

Entonces escuchar.
Preparar el papel.

Dejarnos invadir de iridiscencia.

            (*Mester de extranjería*)

And later on that ship
with the exodus letters on its side,
forced to turn toward other coasts
until putting down roots on the anchor.

And passing even there,
passing.
Always an emigrant.

    (*Métier of Foreignness*)

Ignis Fatuus

Open a hole
just enough so it takes the word.
Let it rest and
almost quietly
place its silence underground.

Over the horizon line
let the night's eye fall.

Breathe what its carcass hosts
and is still beating.

Then listen.
Prepare the paper.

Let ourselves be invaded by iridescence.

    (*Métier of Foreignness*)

Guadalupe URBINA
Costa Rica, 1959

Cantante y compositora, investigadora de la tradición oral de Guanacaste, pintora; los cuentos infantiles y la poesía como una extensión más de su musicalidad. Tiene un nombre construido con esfuerzo propio y ha actuado en escenarios diversos en las tres Américas, Europa y África Central: el Círculo de Bellas Artes, el Centro Cultural de la Villa en Madrid, el Hot Brass y la Maison de l'Amerique Latine en París, el Estadio Demba Diop en Senegal, Festival de Cine de Biarritz, One Woman Show en New York, el Vancouver Folk Music Festival en Canadá. Y muchos teatros, plazas, cafés y festivales del World Music. Obras: *Benito, Pánfila y el perro garrobero* (2002), *Al menudeo* (2003), *Palabras de larga noche* (poemario, 2014) y *Cuentos de la Madremonte* (2017). (Fotografía de María José Gutiérrez Funes)

Llanto de Nezahualcóyotl

¿Adónde iré con mis cantos
ahora que ya no queda lugar para volar
y deshacerme en su aire?

Desolado el amor
con su palabra rota.
Abandonada en un viejo arcón cubierto de polvo
masca en un rincón, alevosamente,
mi lengua secuestrada, atropellada.
Solo existe mi canción si tiene precio
si le sirve al deseo de los truhanes
que vestidos de bombín y raso negro
dirigen los destinos del ocio de la patria
se ocupan del deseo ajeno y de su cuenta bancaria.
Ellos que cantan papagayos disfrazados de estrellas
para su turba de borregos que balan cantos de piedra.
Piedra, cantos, cantos rodados
que piensan que son luces;
rutas a seguir.

Singer and songwriter, researcher on Guanacaste's oral tradition, painter; children's stories and poetry are an extension of her musicality. She has built a name through her own effort and has performed in diverse venues in the three Americas, Europe, and Central Africa: Círculo de Bellas Artes, Centro Cultural de la Villa in Madrid, the Hot Brass and Maison de l`Amerique Latine in París, Demba Diop Stadium in Senegal, Biarritz Film Festival, One Woman Show in New York, Vancouver Folk Music Festival in Canada, in addition to many theaters, town squares, cafés, and festivals of World Music. Publications: *Benito, Pánfila y el perro garrobero* (*Benito, Pánfila and the Iguana-Hunting Dog*, 2002); *Al menudeo* (*Small Scale*, 2003); *Palabras de larga noche* (*Words of Long Night*, poetry, 2014); *Cuentos de la Madremonte* (*Tales of the Mountain Mother*, 2017).
(Photograph by María José Gutiérrez Funes)

Translations by Taylor M. Doherty, © Guadalupe Urbina

Nezahualcóyotl's Lament

Where will I go with my songs
now that there is no place to fly
and disappear into thin air?

Devastated love
with its broken word.
Abandoned in an old dust-covered chest
mumbling in a corner, treacherously,
my kidnapped, stumbling tongue.
My song exists only if it has a price
if it serves the desire of the charlatans
dressed in bowler hats and black satin
directing the destinies of the nation's leisure time
managing others' desires and their bank accounts.
Those who parrot sing disguised as stars
for their mob of sheep that bleat rock songs.
Rock, stones, rolled stones
who think they are lights;
routes to follow.

¿Qué migaja de sus fondos públicos
publica mi amor por el mar,
por las barquitas viejas en la marea llena
y su silencio desierto sobre la arena?

Esa dama de elevado coeficiente intelectual
me recomienda capital con arte
sabe todo sobre lo mismo.
Habla con lengua docta
se ha leído todos los libros sobre la paz
diseña el negocio de la cartera ministerial.
No sabe qué voz se quedó
anclada entre los pasillos de su telaraña.

¿Acaso ha sido en vano brotar sobre la tierra
y pasar por ella olvidando a Nezahualcóyotl?

Ahora ya inicié mi viaje
retorno al paraíso,
un viaje largo, un camino lleno
de flores nunca vistas, palabras nunca dichas,
alegrías pequeñas, insospechadas
a los ojos del ciclón.

¡Buenos días!

El sol llegó decidido a todo,
implacable
la humedad, deshecha en mil jirones no se rinde
no inclina sus rodillas.
La humedad se eleva, se esfuma
se desata en una danza de paños suaves
y de ombligos transparentes. Se va.
No tiene sentido esconderse entre las verdolagas
al fin y al cabo el agua es alfa,
el agua es omega de todas las cosas
y volverá mañana.

What crumb of your public funding
publishes my love for the sea,
for the little old boats at high tide
and their deserted silence on the sand?

That lady with a high IQ
recommends capital with art to me
she knows all about it.
She speaks with learned tongue
has read all the books on peace
designs the content of the minister's portfolio.
She doesn't know what voice stayed
anchored along the corridors of her web.

Has it been in vain to blossom over the Earth
and live on it forgetting Nezahualcóyotl?

Now I have begun my journey
return to paradise,
a long journey, a path full
of flowers never seen, words never spoken,
small, unsuspected joys
in the eyes of the cyclone.

Good Morning!

The sun came ready for everything,
implacable
humidity, ripped to a thousand shreds doesn't give up
doesn't bend its knees.
Humidity rises, vanishes
breaks loose in a dance of soft cloths
and transparent navels. It leaves.
There is no point in hiding among the purslane
after all, water is the alpha,
water is the omega of all things
and will return tomorrow.

Duelo

Un piano me besa
y su boca se deshace en escala menor sobre la mía.
Se va desintegrando lentamente
la melodía húmeda, que una vez fue lengua,
canción etérea de mi salón a media luz.

Las velas siguen temblando
al ritmo de un lecho que una vez fue nuestro
y hoy es de la noche larga,
de la obsidiana que me abraza la espalda.

Tu partida ha vestido de luto el viento
que por las noches azota la sombra de los aleros
que me cobijan sin abrigarme.
Y yo hago maromas con la memoria,
achacándole a la niña de mis sueños
el dolor de su muñeca perdida bajo un incendio.

Es como si al morirte
hubiera enterrado con vos esa forma ruda
de ser arcilla que tiene mi corazón.

¿Por cuánto tiempo he de cargar
estas agujas de cristal con que me dueles?

¡Ah! Hay una clepsidra bajando
por la hélice genética, sube y baja, se voltea irremediablemente.
Y yo llamo los pájaros
para que recojan el patio y lo pueblen de semillas nuevas,
pero aun así han quedado las agujas del cristal
sobre la sementera que tan amorosamente abrazaste
en las noches de octubre.

Mourning

A piano kisses me
and its mouth melts in minor scale over mine.
Slowly disintegrating
the wet melody, that once was a tongue,
ethereal song of my salon in dimmed light.

The candles still shaking
to the rhythm of a bed that once was ours
and today comes from the long night,
from obsidian that hugs my back.

Your departure has dressed the wind in mourning
that at night lashes the shadow of the eaves
that shelter me without warming me.
And I do twists and turns with memory,
blaming the girl of my dreams for
the pain of her doll lost in a fire.

It's as if when you died
buried with you was that rough shape
of being clay that my heart has.

How long do I have to bear
these glass needles hurting me for you?

Ah! There is a clepsydra descending
on the genetic helix, up and down, turning inexorably.
And I call the birds
to pick up the yard and populate it with new seeds,
but still the glass needles have remained
on the garden ground that you so lovingly embraced
on October nights.

Jaguar

Caminabas sigiloso sobre el relente de la noche
para no despertar al paraíso.
El cielo estrellado, enamorado
cayó inevitable sobre tu espalda.

Se han plagado de estrellas apagadas
tus patas, tus pasos de luna y agua
y tu espina dorsal de vía láctea
de los trópicos.

La luz se mueve lentamente
descifrando la humedad de la rama
saboreando la tensión del músculo
el tirón involuntario de tu lomo.

¡Ay! el cielo invertido de la noche
con las estrellas negras
y el manto apoteósicamente iluminado.

Noche amarillanaranjafuego
noche cazadora de ríos, nana de los silencios
garra de luna menguante
acreciéntame, hazme plenilunio
colmillo fino de la madrugada
que a dentelladas acosa al agua.

Resignación

A lo lejos un perro de la noche le ladra a mi cansancio.
Tu amor es mi corazón ladrando hacia todas partes en medio de la noche.
Tu ausencia es el sonido imperceptible que se pierde
en un horizonte sospechado pero invisible.

Yo apenas si recuerdo adonde queda el borde de la cama.
Estás a un clic de mis manos y a un abismo de mi piel.
Pero yo ya elegí la sábana de algodón que me cobija la alegría
a pesar de toda la ropa de cama que te llevaste.

Jaguar

You walked stealthily over the night dew
so as not to wake paradise.
The starry sky, in love
inevitably fell on your back.

Plagued with dull stars are
your legs, your steps of moon and water
and your milky way spine
of the tropics.

The light moves slowly
deciphering moisture from the branch
savoring the tension of the muscle,
the involuntary pull of your back.

Oh! The inverted night sky
with black stars
and the apotheosistically illuminated cloak.

Yelloworangefire night
river-hunting night, lullaby of silences
waning moon claw
grow me, make me full moon
fine fang of early morning
that bites and stalks the water.

Resignation

In the distance a night dog barks at my fatigue.
Your love is my heart barking everywhere in the middle of night.
Your absence is the imperceptible sound that is lost
on a suspected but invisible horizon.

I hardly remember where the edge of the bed is.
You're a click away from my hands and an abyss away from my skin.
But I already chose the cotton sheet that covers my joy
despite all the bedding you took away with you.

Ana ISTARÚ
Costa Rica, 1960

Actriz, poetisa, dramaturga y columnista de opinión. Como dramaturga ha obtenido dos premios internacionales en España. Sus obras han sido estrenadas profesionalmente en Latinoamérica, América del Norte, España, Francia y Portugal. Se le concedió en 1990 la beca de creación artística de la Fundación John Simon Guggenheim, de Nueva York. Su obra poética, que consta de seis poemarios, ha sido recogida en múltiples antologías americanas y europeas. Su libro más conocido, *La estación de fiebre* (1983), poemario de corte erótico en el que desafía la moral patriarcal, recibió el Premio Latinoamericano EDUCA 1982. Ha sido editado también en Madrid y vertido al francés en París en una edición bilingüe. Una selección de sus poemas, *Fever Season*, fue publicado en EEUU. (Fotografía de Víctor Hugo Fernández)

Al dolor de parto

Hola, dolor, bailemos.
Serás mi amante breve
en este día.

Tu sirena de barco,
tus anillos sonoros en mi boca:
ya lo sé.

Oh, bestia de Jehová,
muerdes a quemarropa.
Hola, dolor.
Bailemos, qué más da.

Ya te miraré arder, rabioso,
solo en tu ronda
y yo botando espuma por los pechos,
gozando al reyezuelo,
oliendo el grito de oro
del niño que parí.

Actor, poet, playwright, and opinion columnist. As a playwright she won two international prizes in Spain. Her works have been performed professionally in Latin America, North America, Spain, France, and Portugal. In 1990 she was awarded a Creative Arts Fellowship by the John Simon Guggenheim Foundation of New York. Her poetic work, which consists of six poetry collections, has been included in many American and European anthologies. Her best-known book, *La estación de fiebre* (*Fever Season*, 1983), a collection of erotic poetry challenging patriarchal morality, received the 1982 Latin American EDUCA Prize. It has also been published in Madrid and translated to French in Paris for a bilingual edition. An anthology of her poems, *Fever Season*, was published in the US. (Photograph by Víctor Hugo Fernández)

Translations by Kathleen Cunniffe-Peña, © Ana Istarú

To the Pain of Childbirth

Hello, pain, let's dance.
You'll be my brief lover
on this day.

Your ship siren,
your resounding rings in my mouth:
I already know.

Oh, beast of Jehovah,
you bite point blank.
Hello, pain.
Let's dance, it makes no difference.

I will watch you seethe, furious,
alone in your round
and me frothing at the breasts,
pleasing the little king,
smelling the golden cry
of the child I just birthed.

Vida:

sella mi pacto contigo.
Hunde tus brazos azules
por el arco de mi boca,
derrámate como un río
por las salobres galerías de mi cuerpo, llega
como un ladrón, como aquel
al que imprimen en la frente de improviso
el impacto quemante de la dicha,
como quien no puede esconder más bajo el abrigo
una noticia magnífica y quiere reírse solo,
y está el amor que se le riega por los codos
y todo se lo mancha,
y no hay quien lo mire que no quiera
besar dos veces las palmas de sus manos.
Vida: asómate a mi carne, al laberinto
marino de mi entraña,
y atiende con arrobo irreprimible
a este niño infinitesimal
urdido por el cruce de fuego de dos sexos.
Por él he de partir en dos mi corazón
para calzar sus plantas diminutas.
Vida: coloca en su cabeza de la altura de un ave
el techo de tu mano. No abandones jamás
a este cachorro de hombre que te mira
desde el sueño plateado de su tarro de luna.
Coloca, con levedad silvestre, tu beso inaugural
en sus costillas de barquito de nuez. No lo abandones,
es tu animal terrestre, el puñado de plumas
donde se raja el viento.
Vida: acoge a esta criatura
que cabe en un durazno.
Yo te nombro en su nombre su madrina.
Alzo por ti mi vientre.
Vida: abre los brazos.

Life:

seal my pact with you.
Sink your blue arms
into the arch of my mouth,
spill out like a river
over the salty galleries of my body, arrive
like a thief, like the one
on whose forehead they suddenly stamp
the burning impact of good fortune,
like one who cannot hide anymore under their coat
a magnificent announcement and wants to laugh alone,
and there's love that runs out of their elbows
and stains everything,
and no one looks at them without wanting
to twice kiss the palms of their hands.
Life: come close to my flesh, to the marine
labyrinth of my insides,
and care with irrepressible bliss
for this infinitesimal child
forged by the fiery crossing of two sexes.
For him my heart should split in two
to put shoes on his tiny soles.
Life: place on his head at bird's height
the ceiling of your hand. Don't abandon ever
this cub of a man who looks at you
from the silver-plated dreams of his moon jar.
Place, with wild lightness, your inaugural kiss
on his nutshell boat ribs. Don't abandon him,
he is your earthly creature, a fistful of feathers
where the wind breaks.
Life: take in this creature
that fits in a peach.
In his name I name you his godmother.
I raise my womb for you.
Life: open your arms.

una hija conduce a su madre hasta el sueño

yo hablé con el pedazo de mi madre
que no quería morir   se resistió
fue el potro que pierde la cordura
y es nervio cercenado ante la muerte

por la esgrima de fuego que sostuvo
tuvimos que enterrarla maniatada

yo pude hablar con esa jarra fría
de sangre que se muere
yo vi un dios reventado vi una estaca
de pólvora en su pecho

y a ese trozo de oído que latía
como una seda sacra
como el último barco
como el pulso final de flama de una astilla

a ese tercio de madre que me resta
y pesa más que el mundo
y es el diamante hirviente
que entierro entre mis ojos

a ese frasco de fe que me cedieron
clementes cirujanos desolados
le pude hablar
decirle

adiós pequeña
duerme
no habrá bestias feroces entre la oscuridad

Estoy de pie en un sueño

Estoy de pie en un sueño.
No lo quebrante nada:
ni ese buque de bruma,
ni ese torso aterido,
ni ese dolor que viene

a daughter leads her mother to sleep

I spoke with the piece of my mother
that did not want to die   it resisted
was the colt that loses its sanity
and is severed nerve in the face of death

for the flaming duel she sustained
we had to bury her with hands tied

I was able to speak with that cold jug
of blood that is dying
I saw a shattered god I saw a stake
of dust in its chest

and to that piece of ear that throbbed
like a sacral silk
like the last ship
like tinder's final pulse of flame

to that fraction of mother that is left to me
and weighs more than the world
and is the scalding diamond
that I bury between my eyes

to that jar of faith they gave me
those desolate merciful surgeons
I could speak to her
to tell her

goodbye little one
sleep
there will be no ferocious beasts in the darkness

I Am Standing in A Dream

I am standing in a dream.
May nothing break it:
not that ship of fog,
nor that frozen torso,
nor that pain that comes

preguntando mis señas,
ni esa medalla rota
de mi niñez soleada,
ni ese cadáver dulce
que nunca se derrite.

Pasan las nubes. Tocan
mi preñez constelada.
Depositan sus roncas
liviandades encinta
y mi cintura es bóveda
donde naufraga el cielo.
Pasa la noche. Pasa
como un linaje oscuro
donde mezo mi lánguido
devenir de planeta.

Estoy de pie en un sueño.
Soy sueño que levita.
Soy nave circular,
la faz del plenilunio.
Pasa la vida. Sueña.
Hunde en mi horcajadura
sus dos guantes helados
y al fondo de mi entraña,
como si en un estanque,
un pasajero espera.
Tiene el porte del ángel,
la estatura de seda,
el sopor migratorio
de una deidad brevísima.

Estoy de pie en un sueño.
No lo quebrante nada:
ni ese buque de bruma,
ni ese torso aterido,
ni ese dolor que viene
preguntando mis señas.

asking for my location,
nor that broken medal
of my sunny childhood,
nor that sweet cadaver
that never melts.

Clouds pass. They touch
my starry pregnancy.
They deposit their hoarse
gravid lightness
and my waist is a vault
where the sky is shipwrecked.
Night passes. It passes
like a dark lineage
where I rock my languid
planet transformation.

I am standing in a dream.
I am a dream that levitates.
I am a circular vessel,
the face of the full moon.
Life passes. It dreams.
It sinks into my crotch
its two frozen gloves
and at the bottom of my entrails,
as if in a pond,
a passenger waits.
It has an angel's demeanor,
the stature of silk,
the migratory drowsiness
of a briefest deity.

I am standing in a dream.
May nothing break it:
not that ship of fog,
nor that frozen torso
nor that pain that comes
asking for my location.

Vilma VARGAS ROBLES
Costa Rica, 1961

Ha realizado estudios de Sociología y Derecho en la Universidad de Costa Rica. Cofundadora de Casa Poesía en Costa Rica. Ha participado en festivales, congresos de literatura y en diferentes encuentros literarios. Invitada al III Festival Internacional de Poesía (2009) por la Secretaría de la Cultura de São Paulo y la UNESCO y al primer Festival Internacional de Poesía en Granada, Nicaragua, entre otros. Publicaciones: *El fuego y la siesta*, 1983; *El ojo de la cerradura; Oro de la vida; Quizá el mañana; Sol de la edad; Letra espina; Cuarto creciente (Poesía reunida)*.

La poesía

nunca sabemos por dónde anda

de triunfos y derrotas
ella se sabe pasajera
surge insospechada
sin medallas o flores

los poetas son tomados
por esa visita repentina

queda el vacío en las manos
de los que creímos haberla tenido

Jornada

Aquí quedó oscilando mi última furia.
Engullo cada mancha de la pared,
cada clavo.
Y me siento dueña de mi voz descolgándose,
palpo sus aristas y me quedo quieta,
absorbo su semilla y ya no se esparce.
Me tiendo sin una piedra o talismán.
Recorro el cuarto con los ojos abiertos:
no hay visiones,
solo la noche que cae después del trabajo.

Studied sociology and law at the University of Costa Rica. Cofounder of Casa Poesía in Costa Rica. Participant in festivals, literary conferences and events. Invited to the 3rd International Poetry Festival (2009) by the São Paulo Secretariat of Culture and UNESCO, and the 1st International Poetry Festival in Granada, Nicaragua, among others. Publications: *El fuego y la siesta (Fire and the Siesta*, 1983); *El ojo de la cerradura (The Keyhole)*; *El oro de la vida (Life's Gold)*; *Quizá el mañana (Maybe Tomorrow)*; *Sol de la edad (Sun of Age*); *Letra Espina (Prickly Letter)*; *Cuarto creciente (Poesía reunida) (First Quarter, Collected Poetry)*.

Translations by Christopher J. Potts, © Vilma Vargas Robles

Poetry

we never know where it is

triumphs and defeats
it knows are passing fancies
it emerges unsuspected
without medals or flowers

poets are taken
by that sudden visit

emptiness remains in the hands
of those who thought we had it

Workday

My latest rage kept oscillating here.
I devour every stain on the wall,
every nail.
And I feel mistress of my voice blurting out,
I touch its edges and grow quiet,
I absorb its seed and it no longer spreads.
I lie down without a stone or talisman.
I scour the room with open eyes:
there are no visions,
only the night that falls after work.

Alquiler

Cae sobre nosotros
en el cuarto revuelto
la ceniza.

El viento obstruye
consume y arrasa
la casa que cae.
Es el mes alquilado
el mediodía
nuestra respiración
su gong de sal
el viento de afuera que vuelve a ser
el miedo que despierta.

El ojo de la cerradura

No podría llegar aunque camine mucho.
Todo, absolutamente todo, es horizonte.
El movimiento de tus párpados me aleja.
Busco y te escondes,
lanzo al agua una piedra
y no se rizan las ondas,
vuelvo donde tú estás
y pasamos sin vernos,
nada busco en ti que no sea mío.
¿Dónde apacientas tus rebaños?
Abro una puerta y otra puerta se cierra.
En esta habitación tú giras y yo giro,
nos hemos dejado de perseguirnos,
de mirarnos por el ojo de la cerradura.

Inscripción

El amor me ha oscurecido los ojos.
Quedó como un astro la herida
y este mundo, que es triste, lo ha olvidado.

Oculto permanece
el muro que pinté los nombres de tu boca.

Cantó desde un sesgo de tierra:
El cielo lo han quemado.

Rent

Ash
falls over us
in the messy room.

The wind obstructs
consumes and destroys
the house that is falling.
It's the rented month
noon
our breathing
its salt gong
outside wind that again becomes
fear awakening.

The Keyhole

I couldn't get there even if I walked a lot.
Everything, absolutely everything, is skyline.
The movement of your eyelids pushes me away.
I search and you hide,
I toss a stone in the water
and waves don't ripple,
I return to where you are
and we pass without seeing each other,
I look for nothing in you that isn't mine.
Where do you feed your flocks?
I open one door and another closes.
In this room you turn and I turn,
we have stopped chasing each other,
stopped watching each other through the keyhole.

Inscription

Love has darkened my eyes.
The wound remained like a star
and this world, that is sad, has forgotten it.

Hidden still
the wall where I painted the names of your mouth.

It sang out from a cut in the earth:
They have burned the sky.

Figuras

Cerca está el tiempo.
En la arcilla se refrescan algunas formas;
un hombre trabaja un cantero.
Alguien levanta la voz
que reposa en las piedras,
oculto dice una alabanza
a los jardines que un día recorrió,
con la mitad del cuerpo hundida en la luz
y la otra mitad hundida en la sombra.
Se sonríe despacio.
Y pobre es el regreso.

A un poeta oficial

Ni lo piense,
hombre,
usted no logra quebrar mi silla
porque yo no caigo con su baba
ni lo piense
véase usted donde guste
camine sobre cadáveres
los muertos tienen esa habilidad
yo no me mido frente a los espejos
ni quiero conducir rebaños
elijo la palabra que nace
me encuentro en lo diverso
y hasta logro perderme
ya sé jugar a las escondidas
no cuente conmigo para el baile
arme su carpa
dispare su circo
ni lo piense
siga en su pirueta
pero respete mi hombro
cansado de su llanto.

Figures

The time is near.
Some figures cool off on the clay;
a man works a flowerbed.
Someone raises his voice
resting on the stones,
secretly praising
the gardens he once crossed,
with half of his body sunken in light
and the other half sunken in shade.
He smiles slowly.
And poor is the return.

To An Official Poet

Don't even think about it,
man,
you can't break my chair
because I don't fall with your drool
don't even think about it
see yourself wherever you like
walk over cadavers
the dead have that ability
I don't measure myself in front of mirrors
nor do I want to drive flocks
I choose the word that rises
I find myself in the divergent
and even manage to get lost
I already know how to play hide and go seek
don't count on me for the dance
put up your tent
launch your circus
don't even think about it
continue with your pirouette
but respect my shoulder
tired of your crying.

Los tratantes

La oscuridad, como una fiera, se nos viene encima.

Los tratantes en alianzas hacen caja,
botan al que suda, al que ya no puede,
desecho humano es quien ya no compra.

Sin embargo vuelven los colores al día siguiente,
y todos salimos con alguna banderita,
como quienes creemos en remiendos
y ya no sacamos cuentas.

        Sortilegio

        El mundo clava sus golpes,
        los repite.
        Lejos de mí vuelvo a recogerme.
        Comprendo,
        en una mano las cosas y en la otra su sombra.
        Los que me hirieron también están desnudos.
        Nada me arrebataron:
        amé un sortilegio, conservé su belleza,
        quedó un retrato de sus ojos.

Esta peste

todos los seres
todos los pueblos del planeta
robados ahora a mano armada

¿nos limpiaremos la podredumbre
esta peste parásita sobre nuestra tierra?

¿haremos algo contra el desconsuelo
hasta acabar con lo que nos está matando?

The Traders

Darkness, like a wild beast, is coming down on us.

The traders in alliances tally the take,
get rid of people who sweat, who can't go on,
human waste is he who can no longer buy.

However, colors return the next day,
and we all go out with some little flag,
as if we believed in quick fixes
and no longer do the math.

Spell

The world hammers its blows,
repeats them.
Far from me I gather myself again.
I understand,
things in one hand and their shadow in the other.
Those who wounded me are naked too.
They took nothing from me:
I loved a spell, I conserved its beauty,
a portrait of its eyes remained.

This Plague

all beings
all peoples on the planet
now being robbed at gunpoint

will we clean up the rottenness
this parasitic plague on our land?

will we take action against the despair
and eliminate what is killing us?

Nidia Marina GONZÁLEZ VÁSQUEZ
Costa Rica, 1964

Artista plástica, docente de la Universidad de Costa Rica y poeta. Como artista ha expuesto en técnicas mixtas, collage, dibujo y acuarela. Ganadora en varios concursos de poesía. Incluida en: *Antología de poetas ramonenses* (1990), *Voces tatuadas, crónica de la poesía costarricense, 1970–2004* (2004), *Sostener la palabra* (2007), *Mujeres poetas en el País de las Nubes* (México, 2008), *Poesía del Encuentro* (2010), *Al hidalgo poeta*, XIX Encuentro de Poetas Iberoamericanos, Salamanca, 2017. Publicaciones: *Cuando nace el grito* (1985), *Brújula extendida* (2013), *Seres apócrifos* (2015), *Objetos perdidos* (2015), *Bitácora de escritorio y otros viajes* (2016), *La estática del fuego* (2019). (Fotografía de Daniel Charpentier) barroco80@gmail.com

Autorretrato con la mano en el pecho

He perdido el pelo largo de mis 15
y el respeto a las sagradas escrituras.

Consagro los equinoccios
la transparencia de las clepsidras
y todo lo que no está clasificado
en las listas oficiales del mal y el bien.

Perdí las tijeras de mi cordón umbilical
(Me hubiera gustado reconocer
su chasquido en el costurero de mis abuelas)

Como hija secreta de Lilit
confundí por un tiempo mi origen
y perdí el tiempo buscándome en una costilla
que a ningún hombre le faltaba.

Tengo una noticia desteñida sobre la furia de Lorena Bobbitt
una declaración de renuncia a la ablación
y una apostasía sin registrar por falta de pago
a los tesoros administrativos del clero.

Plastic artist, University of Costa Rica professor, and poet. She has exhibited artwork in mixed media, collage, drawing, and watercolor. Winner of poetry competitions. Included in: *Antología de poetas ramonenses* (*Anthology of San Ramón Poets*, 1990); *Voces tatuadas, crónica de la poesía costarricense, 1970–2004* (*Tattooed Voices, Chronicle of Costa Rican Poetry, 1970–2004*, 2004); *Sostener la palabra* (*Sustaining the Word*, 2007); *Mujeres poetas en el País de las Nubes* (México) (*Women Poets in the Land of Clouds*, Mexico, 2008); *Poesía del Encuentro* (*Poetry of the Encounter*, 2010); *Al hidalgo poeta* (*To the Noble Poet*, XIX Meeting of Ibero-American Poets, Salamanca, 2017). Publications: *Cuando nace el grito* (*When the Cry is Born*, 1985); *Brújula extendida* (*Extended Compass*, 2013); *Seres apócrifos* (*Apocryphal Beings*, 2015); *Objetos perdidos* (*Lost Objects*, 2015); *Bitácora de escritorio y otros viajes* (*Desktop Log and Other Journeys*, 2016; *La estática del fuego* (*The Static of Fire*, 2019). (Photograph by Daniel Charpentier) barroco80@gmail.com

Translations by Marie Pfaff, © Nidia Marina González Vásquez

Self-Portrait with Hand to Chest

I've lost my long hair of 15
and respect for sacred scriptures.

I consecrate the equinoxes
the transparency of hourglasses
and everything that is not classified
on official lists of evil and good.

I lost the scissors of my umbilical cord
(I would have liked to recognize
their click in my grandmothers' sewing kits)

As Lilith's secret daughter
I confused my origin for a while
and wasted time looking for myself in a rib
that no man was lacking.

I have a faded report on Lorena Bobbitt's fury
a declaration renouncing ablation
and an apostasy unrecorded due to non-payment
to the administrative treasury of the clergy.

Cosas
que no se pueden cargar de golpe en unos huesos
simplemente humanos.

Un milagro de sobrevivencia
me permite atestiguar cómo se desarma este sistema.

Y busco entre objetos inútiles
sin encontrar respuestas de sangre o tierra.

Hago esta lista de cosas perdidas
para interpelar nuevas preguntas
y seguir el cauce de los ríos
el camino de los árboles que saben nacer
en lugares inesperados.

Anatomía empírica del beso

El beso pertenece a cierta fauna
de la circunvolución pos-central
o la pre-central del cerebro
-no funciona la tomografía en estos casos-
y queda en duda cuál sea su región iluminada.
Los besos no se borran totalmente
con el tiempo o las mareas,
unos sobre otros se amontonan como arena
y suman sus atuendos en cada nuevo beso.
En alguna parte amada o desamada
cada uno lleva una pequeña aldea de besos
y hasta ciudades complejas al margen de la lógica
-como cualquier cronopio que se precie de su orilla-.
Un nuevo beso siempre da la impresión
de no tener nada que ver con ningún otro,
lo borra todo en el universo de sus neuronas
se queda mirándose egocéntrico
y solo él existe en su jaula abierta,
sólo él sabe a lo que sabe su tibieza.

Things
that cannot suddenly be loaded onto some
simply human bones.

A miracle of survival
allows me to witness how to disarm this system.

And I search among useless objects
without finding answers of blood or earth.

I make this list of lost things
to interpose new questions
and follow the river bed
the path of the trees that know how to be born
in unexpected places.

Empirical Anatomy of a Kiss

The kiss belongs to certain fauna
with post-central circumvolution
of the brain or pre-central
–tomography doesn't work in these cases–
and still in doubt, which is the lighted region.
Kisses are not completely erased
with time or tides,
on top of each other they pile up like sand
and add their raiments in each new kiss.
In some place loved or unloved
each one carries a small village of kisses
and even complex cities outside all logic
–like any cronopio that values its shore–.
A new kiss always gives the impression
of having nothing to do with any other,
erasing everything in the universe of its neurons
staring at itself egocentric
and it exists alone in its open cage,
only it knows what its warmth tastes like.

Ejercicio teatral

> *And if I ever lose my eyes, if my colors all run dry,*
> *Yes if I ever lose my eyes, oh if I won't have to cry no more.*
> —Cat Stevens, "Moonshadow"

Un poeta ciego
toca sus palabras tan despacio como pueda.
Muerde los silencios, masticando 100 veces
como lo aconseja el dentista.

Un poeta ciego siente la luz en sus rodillas
y no se conforma con la noche.

Huele las páginas de los libros
y abre los oídos desmesuradamente.

Imagino el ancho de sus palmas
el largo descomunal de sus dedos.

Él no escribirá un solo verso
con tinta.
Toma una piedra sin pulir
pero de buena veta,
una madera olorosa
o un pedazo de arcilla
bien amasada.
Toma su gran crepúsculo
y le abre una salida
con manos de cirujano.
Se come los colores
con sus dedos largos.
Un poeta ciego posiblemente
sube a la primera dulzaina o guitarra que pase
sin espavientos ni aspiraciones de grandeza,
desdobla hojas y cuando le llaman poeta
pregunta asombrado ¿y qué es eso?

Poema de amor

Un atisbo de luz en la ceguera,
unos lentes bien graduados.
Mirar por el telescopio Kepler y ver galaxias en unas simples manos,
en una patita diminuta, en una cola, o en las nervaduras de la yerbabuena.
Un pedazo de tierra para hacer florecer el maíz,

Theater Exercise

> *And if I ever lose my eyes, if my colors all run dry,*
> *Yes if I ever lose my eyes, oh if I won't have to cry no more.*
> —Cat Stevens, "Moonshadow"

A blind poet
touches his words as slowly as he can.
Bites the silences, chewing 100 times
as advised by the dentist.

A blind poet feels the light on his knees
and is not content with night.

He smells the pages of the books
and opens his ears excessively.

I imagine the width of his palms
the enormous length of his fingers.

He will not write a single verse
with ink.
He takes an unpolished stone
but from a good vein,
a fragrant piece of wood
or a piece of clay
well kneaded.
Takes his grand twilight
and opens an outlet
with surgeon hands.
He eats up the colors
with his long fingers.
A blind poet possibly
gets on the first dulzaina harmonica or guitar that passes
without a fuss or aspirations of greatness,
unfolds leaves and when they call him a poet
asks amazed, And what is that?

Love Poem

A glimpse of light in blindness,
some good corrective lenses.
Peer through the Kepler telescope and see galaxies in some simple hands,
in a tiny miniature leg, in a tail, or in the nervations of mint.
A piece of land to make corn flourish,

una selva húmeda y prodigiosa, plena de pájaros, abejas y seres invisibles.
Asomarse a unos ojos: los tuyos
como si fueran los ojos de todos los seres y llenarse de júbilo, expandirse.
Recaer en la dulzura infinitas veces.

Retrato tardío (de mis padres)

Ella se mira las manos como si fuera lo único que le queda,
como si buscara en ellas algo que no reconoce.
Sus manos son un pétalo delgado que deja ver las falanges,
apenas piel, poquita cosa,
apenas catadura de la fuerza que tuvieron.
Arruga sobre arruga, ríos azules y mansos de tibiezas las cruzan,
a impulso cansado.
Se mira sin reconocerse, sin fuerzas para recordar.
Los ojos no saben lo que ven, van del pasado al instante
en su danza de viento en bucles.
Él la contempla y la besa como si se quisiera ir con ella,
y eso quiere con certeza,
entre estar y no estar, ellos están en un cuerpo que los sostiene mal.
Él la besa, eso basta para pasar la noche, para aguantar el día,
y sostener del reloj algunos granos de arena más.

Elecciones naturales

Una elige
abrazar la piel y perdonar los espejos.

Una elige
sembrar sombras en el jardín
y cosechar geranios
dejar ir lo que no fue
aceptar que las cosas siempre están incompletas.

Una elige tenerse compasión
y parar con la batalla de la culpa.

Una elige amar
cuantas veces sea necesario.

a humid and prodigious jungle, full of birds, bees and invisible beings.
Peeking into some eyes: yours
as if they were the eyes of all beings and filling with joy, expanding.
Falling back into sweetness endless times.

Late Portrait (Of My Parents)

She looks at her hands as if they were all she has left,
as if seeking in them something she does not recognize.
Her hands are a thin petal revealing the phalanges,
barely skin, a little bit of nothing,
hardly a sign of the strength they once had.
Wrinkle on wrinkle, tame blue rivers of warmth cross them,
on tired impulse.
She looks at herself not recognizing, no strength to remember.
The eyes don't know what they see, going from past to present
in a dance of curling wind.
He looks at her and kisses her as if he wants to go with her,
and he wants that for sure,
between being and not being, in a body that sustains them poorly.
He kisses her, that is enough to pass the night, endure the day,
and hold a few more grains of sand in the hourglass.

Natural Choices

She chooses
to embrace her skin and forgive mirrors.

She chooses
to sow shadows in the garden
and harvest geraniums
let go of what never was
accept that things are always incomplete.

She chooses to feel self-compassion
and stop the guilt trip.

She chooses to love
as many times as necessary.

Shirley CAMPBELL BARR
Costa Rica, 1965

Es antropóloga con estudios en Feminismo Africano y experta en Cooperación Internacional. Ha vivido en Zimbabue, El Salvador, Honduras, Jamaica, USA y Brasil. Ha sido actriz, maestra, consultora en derechos humanos, género y salud y una activista permanente de la causa afrodescendiente. Cuenta con cinco poemarios y decenas de poesías y artículos publicados. Sus trabajos han sido traducidos y difundidos por organizaciones negras y de mujeres en América Latina, el Caribe, España y algunos países africanos. Ha recibido reconocimientos y sus poemas aparecen en libros didácticos, radionovelas, piezas teatrales, canciones y representaciones folclóricas. Su poema "Rotundamente negra" ya es emblemático de varias organizaciones de mujeres negras y es reconocido como un himno por el movimiento de mujeres negras en la región. rotundamentenegra@yahoo.com

Regresar

A veces temo morir por estas tierras.
Temo morir antes de que llegue
el tiempo del regreso
y entonces mi alma no
encuentre descanso.

Por eso a veces despierto
con un deseo enorme de volver.
Y me desespero y sueño por las noches
que tomo un tren largo e iluminado
que me lleva para casa.

Llego a una estación enorme
y están ahí, esperándome
para darme la bienvenida.
A veces me da miedo morir
y que me entierren en el lugar errado
al lado de los muertos equivocados

Anthropologist with a focus on African feminism and expert in international cooperation. She has lived in Zimbabwe, El Salvador, Honduras, Jamaica, USA, Brazil. She has been an actress, teacher, consultant on human rights, race and health and is a permanent activist for the cause of African descended people. She has five poetry collections and dozens of published poems and articles. Her work has been translated and disseminated by Black and women's organizations in Latin America, the Caribbean, Spain, and African countries. She has received recognitions, and her poems appear in educational texts, radio series, theater productions, songs, and folkloric performances. Her poem "Rotundamente negra" ("Unequivocally Black") is emblematic for many organizations of Black women and is recognized as an anthem for the Black women's movement in the region. rotundamentenegra@yahoo.com

Translations by Mesi Walton, © Shirley Campbell Barr

Return

Sometimes I fear dying in these lands.
I fear dying before
it's time to return
and then my soul will not
find rest.

That's why I awake sometimes
with an immense desire to go back.
And I grow hopeless and dream at night
that I am on a long, bright train
that is taking me home.

I arrive at an enormous station
and there they are, waiting for me
to welcome me.
Sometimes I'm afraid that I'll die
and they'll bury me in the mistaken place
next to the wrong corpses

cubierta por una tierra extraña
rodeada de olores distintos
de los que siempre conocí.

Por eso escribo estas notas
como un amuleto
contra la incertidumbre

Por eso quiero volver
a vivir con los míos
para no morir con los ajenos.

Soñé

Soñé
que tenía los ojos,
y las manos
y los senos de un pájaro
que tenía la voz
y la mirada
y las alas del mismo pájaro.
Que tenía las memorias
y los kilómetros
y la libertad
de muchos pájaros.

Soñé
que tenía la luz
y la sencillez de un pájaro.
Que vivía en los árboles
y miraba hacia delante
y hacia abajo
y podía divisar el futuro
y los kilómetros y el mar.

Yo soñé que era un pájaro
y en la mañana cuando desperté
solo era yo
con la misma soledad
y sin las alas
como siempre.

covered by strange earth
surrounded by different smells
from those I always knew.

That's why I write these notes
as an amulet
against uncertainty

That's why I want to go back
and live with my people
so I don't die among strangers.

I Dreamt

I dreamt
that I had the eyes,
and the hands
and the breasts of a bird
that I had the voice
and the gaze
and the wings of that bird.
That I had the memories
and the kilometers
and the freedom
of many birds.

I dreamt
that I had the light
and the simplicity of a bird.
That I lived in trees
and looked forward
and downward
and could see the future
and the kilometers and the sea.

I dreamt that I was a bird
and in the morning when I awoke
I was just me
with the same loneliness
and without wings
as always.

Un mundo sin miedo

Me resisto a creer
en presagios y anuncios del Apocalipsis
me niego a recibir sin resistencia
esas voces que anuncian
señales de muerte
de nuestros tiempos…

No estoy dispuesta a morir
bajo la bandera de estos hermosos sueños
que son justamente
los que quiero vivir
suficientes antepasados reposan
por la defensa de los mismos principios
suficientes ausencias
tengo impresas en el ayer.

Sucede que estamos arribando
a la era de la vida y la verdad
sucede que se acerca
el fin de los finales tristes
y de las guerras perdidas
sucede que tengo una niña en casa
que está decidida
a llegar a grande
y sucede que le prometí
un mundo sin miedo
por eso
me resisto a ser parte
del odio y del terror
y me niego a morir
en la siguiente batalla
me niego a recibir llorando el día nuevo
sucede que en casa tengo
una brillante sonrisa sin dientes
que me ha cambiado la vida
y la muerte
y el libro del Apocalipsis
fue desterrado de mi biblioteca
y las noches de lluvia se convirtieron
no sé por qué mágico encanto
en hermosas canciones de cuna.

A World without Fear

I resist believing
in omens and warnings of the Apocalypse
I refuse to accept without resistance
those voices that announce
signs of the death
of our times…

I am not willing to die
under the flag of these beautiful dreams
that are exactly
the ones that I want to live for
enough ancestors have been laid to rest
in defense of the same principles
I have enough absences
imprinted on yesterday.

It happens that we are arriving
at the era of life and truth
it happens that nearing is
the end of sad endings
and of lost wars
it happens that I have a girl at home
who is determined
to grow up
and it happens that I promised her
a world without fear
therefore
I resist being a part
of hate and terror
I refuse to die
in the next battle
I refuse to meet the new day crying
it happens that at home I have
a brilliant toothless smile
that has changed my life
and death
and the book of the Apocalypse
was banished from my library
and rainy nights changed
I don't know by what magic charm
into beautiful lullabies.

Mi abuela a mí no me habló

Mi abuela a mí no me habló
no me peinó de trenzas
no me cargó en su regazo
ni calmó mi llanto
no enseñó a mi madre el oficio de serlo.
No me cantó canciones
ni me llenó el rostro con besos de abuela.
No le alcanzó la vida
para preparar guisos de abuela
en ollas ennegrecidas de tanto uso y de tanto amor
guisos con sabor a manos de abuela
arrugadas y llenas de historias.

Mi abuela a mí no me habló
no tomó la mano de mi madre
cuando nací
ni la reprendió con voz de abuela
cuando fue dura conmigo.

Es que ella no estaba
no alcanzó llegar
muy a pesar de sus intentos por mantenerse viva
solo consigo verla
de vez en cuando,
en la tímida sonrisa de mi madre
o en los ojos grandes y brillantes de mi padre.

My Grandmother Didn't Talk to Me

My grandmother didn't talk to me
didn't braid my hair
didn't sit me in her lap
or calm my cries
didn't teach my mother how to be one.
Didn't sing me songs
or cover my face with grandmother kisses.
Life didn't let her
prepare grandmother stews
in pots darkened from so much use and so much love
stews with flavor from grandmother hands
wrinkled and full of stories.

My grandmother didn't talk to me
didn't take my mother's hand
when I was born
or reprimand her with a grandmother voice
when she was hard on me.

It's that she wasn't there
she didn't make it
despite her intentions to stay alive
I'm only able to see her
from time to time,
in the timid smile of my mother
or in the big bright eyes of my father.

Dlia Adassa MCDONALD WOOLERY
Costa Rica, 1965

Nacida en Colón, Panamá. Crítica literaria, ensayista, cuentista, poeta y primera mujer novelista de la etnia afrocostarricense y afropanameña. Tallerista de Creación Literaria. Fundadora y articulista del blog de arte y crítica literaria "The Mirror Collector". Articulista de *CasiLiteral* y otros. Publicaciones: *El séptimo círculo del obelisco* (1993); *Sangre de madera* (1994); *…La lluvia es una piel* (2000); *Instinto tribal. Antología poética personal* (2004); *Pregoneros de la memoria* (2007); *Todas las voces que canta el mar* (2012); *La Cofradía Cimarrona* (2018, editada 2019). Antologada en: *Trilogía poética de las mujeres en Hispanoamérica: pícaras, místicas y rebeldes* (2004); *Antología de poetas colonenses* (2004); *Palabras indelebles de poetas negras* con Shirley Campbell Barr (2018); entre otros. http://themirrorcollector.blogspot.com/

La madre de la niña

La madre de la niña,
es una negra,
con la piel como lluvia nocturna
de aguardiente y canela.

Vino hoy y la dejó,
¡como si no existieran lugares para esa gente!
Nací negra,
porque soy el sol.

Nací de agua negra

Nací de agua negra,
mar tranquila,
brujería de huesos en el andar.
Y como el berimbao,
soy leyenda,
    y como el silencio, el cantar de los cantares…

Born in Colón, Panama. Literary critic, essayist, story writer, first woman novelist of Afro-Costa Rican and Afro-Panamanian descent. Workshop leader in literary creation. Founder and blogger on arts and literary criticism at "The Mirror Collector." Contributor to *CasiLiteral* and other sites. Publications: *El séptimo círculo del obelisco* (*Seventh Circle of the Obelisk*, 1993); *Sangre de madera* (*Blood of Wood*, 1994); *…La lluvia es una piel* (*…Rain Is A Skin*, 2000); *Instinto tribal. Antología poética personal* (*Tribal Instinct. Personal Poetry Anthology*, 2004); *Pregoneros de la memoria* (*Heralds of Memory*, 2007); *Todas las voces que canta el mar* (*All the Voices the Sea Sings*, 2012); *La Cofradía Cimarrona* (*The Cimarron Brotherhood*, 2018, 2019). Included in anthologies: *Trilogía poética de las mujeres en Hispanoamérica: pícaras, místicas y rebeldes* (*Poetic Trilogy of Women in Hispanic America: Scamps, Mystics and Rebels*, 2004); *Antología de poetas colonenses* (*Anthology of Poets from Colón*, 2004); with Shirley Campbell Barr, *Palabras indelebles de poetas negras* (*Indelible Words of Black Women Poets*, 2018), and others. http://themirrorcollector.blogspot.com/

Translations by María Roof, © Dlia McDonald Woolery

The Mother of the Child

The mother of the child,
is a black woman,
with her skin as nighttime rain
of spirits and cinnamon.

She came today and left her,
like there weren't places for those people!
I was born black,
because I am the sun.

I Was Born of Black Water

I was born of black water,
peaceful sea,
witchcraft bones in my walk.
And like the berimbau,
I am legend,
    and like silence, the song of songs…

...El mar

...el mar no tiene color, es el cielo al revés.

(...*La lluvia es una piel*, 1ª ed.)

Iniciaba el camino

Iniciaba el camino con las manos llenas,
Y me gustaba cuando se iba la luz:
Mi sombra sabía bailar...

La azucarera era mágica en casa

La azucarera era mágica en casa:
Siempre desaparecía cuando estaba llena...

(...*La lluvia es una piel*, 2ª ed.)

Línea de tiempo...

No puedo continuar así para siempre.
No quiero continuar así para siempre.
No debo continuar así para siempre.
Ahora, solo quiero dormir y no estoy segura de qué forma lo haré.
Por tanto, no es necesario mucha maleta ni más decisión.
     Hoy 18 de junio, en apariencia, uno de los cumpleaños inciertos de mi madre, en pleno uso de mis facultades y atribuciones, cansada de este
                                                                                    /cuerpo
        sentado en esta silla.
Cansada del dolor de cabeza,
migraña crónica que le llaman al desvencijado roer de los años sobre uno,
he decidido terminar con mis recuerdos, mis deseos y memorias.
Que nada le sea entregado a mi familia más que esto:
la patética imagen de este cuerpo muerto que no olvida preguntarles por qué.

Lego,
A mi hermana, los años de ausencia, siempre supe que no seríamos amigas
A mi hermano, los años de duda, porque también, siempre supe
       que no era nada mío
A mi madre, el recuerdo que me hizo ser
A mi padre, el polvo que me dejó ser.
A mis tíos y prim@s el BAH del no me interesa lo que hagan

...The Sea

...the sea has no color, it's the sky inside out.

(...The Rain Is A Skin, 1st ed.)

I Began the Walk

I began the walk with my hands full,
And I liked it when the light faded:
My shadow knew how to dance…

The Sugar Bowl was Magic at Home

The sugar bowl was magic at home:
Always disappearing when it was full…

(...The Rain Is A Skin, 2nd ed.)

Time Line…

I can't continue like this forever.
I don't want to continue like this forever.
I shouldn't continue like this forever.
Right now, I just want to sleep and am not sure how I'll do it.
Therefore, not much luggage is needed or more decisions.
      Today June 18th, apparently one of the uncertain birthdays of my
mother, in full possession of my faculties and senses, tired of this body
      seated on this chair.
Tired of the headache,
chronic migraine, as they call this decrepit gnawing of years on you,
I have decided to put an end to my remembrances, my desires and
                                                /memories.
Let nothing be turned over to my family but this:
the pathetic image of this dead body that does not forget to ask them why.

I bequeath,
To my sister, the years of absence, I always knew we wouldn't be friends
To my brother, the years of doubt, because again, I always knew
      that he was nothing of mine
To my mother, the remembrance that made me be
To my father, the dust that let me be.
To uncles, aunts, cousins, "BAH"–not interested in what you do

Con sinceridad les dejo mi corazón, pobre y defectuoso a mis
        cercanos, a los amigos, los llamados fantasmas, invento de
        otros que me acompañan, y cuya eterna presencia fue la
        vida que me consoló cuando tuve y no tuve dolor y miedo.
(...mi nariz, mis ojos, boca y sentidos, cuatro y medio para ser
        precisos, porque estoy resfriada y desconfío de lo que
        siento, son un simple complemento de eso y todo lo demás
        se esconde en lo que les doy...)

Sin despecho, les lego a los enemigos su gusto por que sus ojos no dejen de mirarme, ahora su verdad podrá fructificar entre el sendero de sus amados y conocidos, y florezca como lo hace el diente de león sobre el aliento del cielo.

Con premeditación, ventaja y alevosía, lego este cerebro, tan acostumbrado a mirar los destellos de la muerte y los milagros de la vida, con la misma facilidad que no entiende las mezquindades de otros a Lauco, Kyria, Marilyn, Kat, y a Syl, que su albacea sea Teacher Franklyn, porque él sabrá ministrar en la bondad de sus corazones, ese que fue mi bien más preciado: creer en los demás... hasta ahora.

Finalmente y como lo material es lo que queda siempre, materialmente hablando lego casas y propiedades al tiempo para que haga la subasta de rigor: nada más queda por decir, salvo... ¿Me llamaste, amor?...

                                                                   (Inédito)

Me iré en abril...

Me iré en abril como una sombra que se come ella misma su ausencia.
En abril.
Empacaré mis ruidos y dolores y simplemente colgaré las cartas y los
diarios como el testamento de tierra y sangre que soy.
En abril.
Porque me gusta la serena secuencia de las nubes
hilando escobas de hierba fresca.
Pondré sobre mis ojos el dedo dulce de las memorias
para que el barquero sepa que voy buscando
porque hace falta respirar y no llorar; que la muerte es la manta
                /que cubre mi mirada sin decir a dónde vamos...
Me iré en abril, y no se diga más al respecto...

                                        (*San José, ciudad in-posible*)

With sincerity I leave my heart, poor and defective, to my
>close ones, my friends, the ones called phantoms, an invention by
>others who are with me, and whose eternal presence was the
>life that consoled me when I did or didn't feel pain and fear.
(...my nose, my eyes, mouth and senses, four and a half to be
>precise, because I have a cold and distrust what I
>feel, are a simple complement of that and everything else
>is hidden in what I am giving to them...)

Without spite, I bequeath to my enemies their pleasure since their eyes can't stop looking at me, now their truth can bear fruit along the path of their friends and loved ones, and blossom like the dandelion on the sky breath.

With premeditation, prejudice, and malice aforethought, I bequeath this brain, so used to looking at the glitters of death and life's miracles, with the same ability that fails to understand the malicious acts of others, to Lauco, Kyria, Marilyn, Kat, and to Syl, may their executor be Teacher Franklyn, because he will know how to administer in the goodness of their hearts what was my most precious gift: to believe in others... until now.

Finally, and since material substance is what is always left, materially speaking, I bequeath houses and properties to time so that the customary auction can be held: nothing else left to say, except... Did you call me, love?

>(Unpublished)

I Will Leave in April...

I will leave in April like a shadow that gobbles up her own absence.
In April.
I'll pack up my noises and pains and will simply hang the letters and the diaries as a testament of the earth and blood that I am.
In April.
Because I like the serene sequence of clouds
weaving brooms of fresh herbs.
I'll place on my eyes the sweet finger of memories
so the boatman knows that I am searching
because you must breathe and not cry; death is the blanket that
>/covers my gaze without saying where we are heading...
I will leave in April, and there's nothing more to say...

>(*San José, In-Possible City*)

Canto 15, Corifeo de Laquesis

Toma tu velo y tus sandalias;
Viste túnicas ligeras y al guardar la copa
Con la fragancia del gineceo que dejas atrás
Conjura el recuerdo de las semillas
Para que la pesadez del camino
No agobie tus pasos…

Canto 16, Corifeo de Átropos

En silencio, quema el reflujo del cortesano para que vea lo insoluble de tu ausencia cautiva por tu inexperiencia de mujer no habitada por hombre alguno,
degüella las flores del jardín para que solo ellas lloren tu ausencia…

Canto 17, Corifeo de Cloto

Cuando cierres la puerta amada tras tu sombra, que el rumor de las cortinas del mar barra el agua de tu ausencia, que sepa –el desgraciado– por el inconcluso desorden de las telas de araña, que el espejo tiene más dolor del que cuentan las profecías…

Canto 30, Corifeo de Circe

¡Ulises!,
te convertiría en cerdo ¿sino?... si no tuviese que romper el hechizo para volverte a besar…

(Todas las voces que canta el mar…)

Canticle 15, Lachesis, Director

Take your veil and your sandals;
Wear light tunics and when you put away the goblet
With the gynecium fragrance you leave behind
Conjure the remembrance of seeds
So that the weariness of the road
Does not weigh on your steps...

Canticle 16, Atropos, Director

In silence, burn the courtier's flow so that he can see the
insolvable essence of your captive absence due to your inexperience as a
woman not inhabited by any man,
slit the garden flowers so that only they will cry over your absence...

Canticle 17, Clotho, Director

When you close the beloved door behind your shadow, may the sound of
the sea's curtains sweep the water of your absence, may he learn–wretched
man–from the inconclusive disorder of spider webs that the mirror has
more pain than the prophesies say...

Canticle 30, Circe, Director

Ulysses!
I would turn you into swine if only?... if only I didn't have to break the spell
to kiss you again...

(All the Voices the Sea Sings)

Luissiana NARANJO
Costa Rica, 1968

Poeta, editora, promotora cultural, tallerista y crítica literaria. Posee una maestría en Administración Educativa; concluye su doctorado en Educación. Ha realizado estudios de Periodismo, Lingüística y Arte. Fundadora del proyecto Palabras Libres para enseñar poesía a las privadas y exprivadas de libertad. Editora de publicaciones literarias para pacientes con cáncer, la conservación ambiental, el mestizaje y niños de alto riesgo social promovida por PANIAMOR y la UNESCO en el año internacional de la paz. Escribe textos para escolares para la editorial Eduvisión y literatura infantil con su poema "Canica Azul" de la serie Mapachín de la EUNED. Ha publicado cinco libros de poesía y ha sido traducida e incluida en diversas antologías latinoamericanas.

Almohada de Budapest

Es la anécdota de minuto. Mi pereza y la computadora.
La lluvia se entremezcla con los olores de mi té de canela.
Hay suavidad en el dorso de mi espalda.
Es por la almohada color sol que me trajo mi madre de Budapest.
    Afuera, los damnificados escurren sus cojines color barro y la
    tormenta se disipa en sus jarras de ajenjo.

Desaparecen cuerpos por el momento inoportuno donde la muerte
    nada tiene que hacer.
Y hoy por casualidad tampoco tengo nada que hacer.
No es como ese día de todos los días donde muerdo la rabia de
    respirar.
Suena un trueno de repente, y sigo alarmando mi desazón de estar
    reposando sobre la almohada color sol que me trajo mi madre de
    Budapest.

Es el cuento de los desposeídos.
Se abren los refugios y una de mis congojas es que debo recalentar
    mi té de canela.
Desenchufo la idea de que, si hubiese nacido de otros padres, quizás
    estuviese viviendo a la par de un río y mirando a lo lejos la huida
    de todos mis ensueños.
Al fin deja de llover y mi taza de té, ya está vacía.

Poet, editor, cultural promoter, workshop leader, literary critic. Master's in Educational Administration; doctoral courses in education. Studies in journalism, linguistics, and art. Founder of the Free Words project to teach poetry to prisoners and former prisoners. Editor of literary publications for patients with cancer and children at high risk, on environmental conservation and mestization, promoted by PANIAMOR and UNESCO in the international year of peace. Author of educational texts for Eduvisión Publishing and children's literature, with her poem "Blue Marble" for the EUNED Mapachín series. She has published five poetry books and has been translated and included in several Latin American anthologies.

Translations by Marie Pfaff, © Luissiana Naranjo

Pillow from Budapest

It is the current anecdote. My laziness and the computer.
Rain mingles with the smells of my cinnamon tea.
There is softness behind my back.
It's because of the sun-colored pillow my mother brought me from Budapest.
    Outside, victims squeeze their mud-colored cushions and the
    storm dissipates in their wormwood jars.

Bodies disappear for the inopportune moment where death
    has nothing to do.
And today by chance I have nothing to do either.
It is not like that day of every day where I bite the rage of
    breathing.
Suddenly a thunderclap sounds, and I continue to alarm my discomfort at
    resting on the sun-colored pillow my mother brought me from
    Budapest.

It is the tale of the dispossessed.
Shelters are opening and one of my sorrows is that I must reheat
    my cinnamon tea.
I unplug the idea that, if I had been born to other parents, perhaps
    I would be living next to a river and watching in the distance the flight
    of all my daydreams.
At last the rain stops and my cup of tea, it's empty.

¿Cuál es mi oficio?

Después de todo, la lluvia sigue y yo, me escondo.
La celosía se abre como abrirme desde muy adentro
y busco soles, cuerdas o barcos para no ahogarme.
Atraco en mi cama, y no es un puerto para dormir.
Me siento
como si las sábanas me dijeran
que el mar existe donde uno quiere.

Desde allí miro peces y corales.
No hay hora para la búsqueda.
Solo frío y algún vendaval.
Desde lejos, desde esta isla y sus miramientos,
se ve el bosque…va a mi encuentro con el silbido de la monotonía,
todo se vuelve verano en mis palabras
y en los pedacitos de alas de las mariposas morfo.

La otra noche, alguien me preguntó: - ¿cuál es su oficio?
Le dije: -déjeme pensarlo, sigo en el agua hasta la otra arista, cuando
despierte, le aviso.

Humanúmero

La vida se endurece como el pan de hace tres días, uno no sabe si
 botarlo o hacerlo migas para los pájaros que nos recorren el
 abandono, porque todos tenemos algo que ya no sirve:
las recetas de nuestros propios vicios,
los amores que se alargan sin desearse más por ser rutina y rastrojo,
los armarios llenos de inconsistencia,
los miles de preguntas que me resumen la actualidad.

¿Si mi hija hubiera nacido en Ayotzinapa y la sintiera perdida?
¿Correría por las calles como loca inventando oraciones de
 sacrificio a todos los dioses?
¿Si compro peluches del ébola virus como si todo fuera un
 juego de espacios geográficos?
¿Si hubiese sido mujer en Irán y alguno de todos me
 agrediera, iría ya con la soga de la indefensión?
¿Si digo patria por decirlo en el cementerio, desde un púlpito o en una
asamblea general, dormiría para siempre en los rostros de los minoritarios?
La poesía me resuelve todo,
-migas de pan que debo recoger-
o panadera de universos.

What is My Job?

After all, the rain continues and me, I hide.
The lattice opens like opening me from deep inside
and I look for suns, ropes or ships so as not to drown.
I dock in my bed, and it's not a port for sleep.
I feel
as if the sheets tell me
that the sea exists where one wants.

From there I look at fish and corals.
There is no time for the search.
Just cold and some windstorm.
From afar, from this island and its views,
you see the forest... it goes to meet me with a whistle of monotony,
everything becomes summer in my words
and in the bits of wings of the morpho butterflies.

The other night, someone asked me: "What's your job?"
I said: "Let me think about it, I'm still in the water until the other edge,
when I wake up, I'll tell you."

Humanumber

Life hardens like three-day-old bread, you don't know whether to
 throw it out or make crumbs for the birds that run through our
 abandonment, because we all have something no longer useful:
recipes of our own vices,
loves that linger without desire thanks to routine and leftovers,
armoires full of inconsistency,
thousands of questions that summarize the present.

If my daughter had been born in Ayotzinapa and I felt her lost?
Would I run through the streets like a crazy woman inventing
 sacrificial prayers to all the gods?
If I buy stuffed toys of the Ebola virus as if everything were
 a game of geographical spaces?
If I had been a woman in Iran and any of the men
 attacked me, would I already go with the rope of helplessness?
If I say homeland just to say it at the cemetery, from a pulpit or in a general
assembly, would I sleep forever in the faces of minorities?
Poetry solves everything for me,
–crumbs of bread that I must collect–
or baker of universes.

Anarquismo poético

El poema es un baladro antiguo.
Me tienta decirlo como un rugido desesperante,
como si fuera una presa selvática de las circunstancias.
Es el silbo de la suciedad,
el abandono del viento,
la construcción subyugada del nosotros
hacia ese imperio de los egos y los subterfugios.
Hay cada curva que libera pulsaciones,
metros cuadrados de insomnio,
una palabra encontrada en la evasión,
en el reproche amoroso,
en el capítulo finito de la hendidura emocional.
Un poema es una molestia, un encantamiento,
un acto pusilánime, la mancha que no se quita,
el purista del lenguaje donde la flor ya no es flor sencilla.
A veces se sostiene de ñoñerías,
de vulgos negados y preciosistas.
A veces es candelilla,
un dolor estomacal, un ajuste de cuentas,
una suma de alejandrinos, o una estirada rima de constipación.
La poesía tiene todas las licencias que me da el invierno,
el diccionario, los signos cultos y excesivos, las diatribas, el silencio,
el desorden conjunto a mi total anarquía.

Mi hija ante la pantalla del computador

Ella tiene el marco donde juega la exactitud.
Corre la silla, atraviesa recurrente con sus olominas entre sus
      manos y el teclado,
dice que ese es también su invierno compartido con el mío,
donde no es suficiente uno propio,
porque somos planetarias de ese mismo hoyo donde nos nace el
      poema,
la forma, y una letra suelta y despeinada.

Poetic Anarchism

The poem is an ancient scream.
I am tempted to say it like a desperate roar,
as if I were a jungle prey of circumstances.
It's the whistle of filth,
the abandonment of the wind,
the subjugated construction of us
toward that empire of egos and subterfuges.
There is every curve that releases pulsations,
square meters of insomnia,
a word found within evasion,
in loving reproach,
in the finite chapter of the emotional cleft.
A poem is a nuisance, an enchantment,
a pusillanimous act, the stain that can't be erased,
the language purist where the flower is no longer a simple flower.
Sometimes it is based on nonsense,
on denied and fastidious masses.
Sometimes it is tiny candle,
a stomach ache, a reckoning,
a sum of alexandrines, or a stretched rhyme of constipation.
Poetry has all the licenses that winter gives me,
the dictionary, cultured and excessive signs, tirades, silence,
disorder along with my total anarchy.

My Daughter in front of the Computer Screen

She has the framework where accuracy is in play.
She moves the chair, she goes back and forth with her guppies between her
    hands and the keyboard,
says that this is also her winter shared with mine,
where one's own is not enough,
because we are planetary from that same hole where the poem
    is born to us,
the shape, and a loose, tousled letter.

Bipolar

Resulta que ahora soy un síndrome,
una similitud de lo que no es,
un camaleón de bilis negra,
una diagnosis de perra moribunda,
un trastorno elevado a la enésima potencia,
una mujer de agitadas pulsaciones,
un expediente hereditario de revolución,
una qué... ¿qué sigue?

¿Mi propia alevosía?
¿Ser un labio fragmentado?
¿Una línea sin nostalgia?
¿Una dosis subordinada?
¿Un crepúsculo sin musa?

Jamás...
hay hollejos que se desprenden de su semilla,
hay arena que destila sales,
hay perpetuidades que predicen lo final,
hay cuerpos que mutilan su hálito,
pero hay tantos inopinados,
vivientes que descifran crucigramas,
que juegan de casita con sus hijos
y se deshojan –como yo–
a puras zancadillas.

Bipolar

It turns out that now I'm a syndrome,
a likeness of what it is not,
a black bile chameleon,
a dying bitch diagnosis,
a disorder raised to the nth power,
a woman of agitated pulsations,
a hereditary record of revolution,
a what ... what's next?

My own treachery?
Be a broken lip?
A line without nostalgia?
A subordinated dose?
A twilight without a muse?

Never…
there are skins that detach from their seed,
there is sand that distills salts,
there are perpetuities that predict the end,
there are bodies that mutilate their breath,
but there are so many unexpected things,
living people who do crossword puzzles,
play house with their children
and lose their leaves –like me–
getting tripped up.

Marianella SÁENZ MORA
Costa Rica, 1968

Graduada de la carrera de Turismo de la Universidad Metropolitana Castro Carazo y la Universidad Latinoamericana de Ciencia y Tecnología. Jurado del Festival Estudiantil de las Artes del Ministerio de Educación Pública de Costa Rica y del Festival Moravia Arte y Cultura 2016. Antologada en varios países y traducida a otras lenguas, incluso el braille. Recientemente se generó una propuesta plástica en collage del poemario de próxima publicación, *Transgredir(se)*. Escribe también microrrelato, haiku y cuentos para niños y practica la fotografía. Poemarios: *Migración a la esperanza* (2015) y *Perspectiva de la ausencia* (2017).

Aceptarme poeta

Compartir este rojo renglón de mi noche
el más intenso de este lienzo beligerante que es el alma
que me atrape y me marque este pincel de olvido
incapaz de sobrevivir
en la indiferente palidez de los otros.

Repartir alas de sal
posar mi corazón entre los astros
vivir la osadía irreverente del artista
que las palabras agrieten el ocre
y hagan surcos al aire
que manchen cada gota de lluvia
al caminar contigo otra vez
descalzos sobre el absurdo gris
de esta ciudad tan indolente
para llamarme poeta
bajo la piel de estos signos
que aún se desangran vibrando
en la agridulce trampa
de una inédita posibilidad.

Degree in tourism from the Castro Carazo Metropolitan University and the Latin American University of Science and Technology. Judge for the Costa Rica Ministry of Education Student Art Festival and the Moravian Art and Cultural Festival in 2016. Selected for anthologies and translated into other languages, including Braille. A plastic art collage piece grew out of her future poetry collection, *Transgredir(se)* (*Violating [Yourself]*). She also writes microstories, haikus, and children's stories and does photography. Publications: *Migración a la esperanza* (*Migration toward Hope*, 2015) and *Perspectiva de la ausencia* (*Perspective of Absence*, 2017).

Translations by Kailyn Stuckey, © Marianella Sáenz Mora

Accept Myself As A Poet

Sharing this red line of my night
the most intense on this belligerent canvas that is the soul
may this brush of forgetting trap me and mark me
incapable of survival
in the indifferent paleness of others.

Handing out salt wings
situating my heart among the stars
living the artist's irreverent audacity
may words crack the ochre
and make grooves in the air
that stain every drop of rain
walking with you again
barefoot on the absurd grey
of this very indolent city
to call myself poet
under the skin of these signs
that still bleed out vibrating
in the bittersweet trap
of our unique possibility.

Alegoría del pleamar

Como tú, nadie ha jugado
con los tímidos maderos
de mi noche
y sus abismales lunas.

Porque tú
has invadido los predios sordos
de mi soledad
y dejas ahora que te marchas
las figuras ondulantes del agua
entre las piedras.

Nadie ha desplegado la magia incrédula de mi tacto
tiñendo de escarcha la sal de sus bordes
ni el híbrido oleaje del laberinto
de mi pecho inflamable.

Desaciertos

Contigo se resquebrajan
todas mis pieles
y sus intentos de hacer caer el muro
que oculta los espejos
donde brilla el reflejo de otra.

La falacia insalvable
otorgada a la madurez de mi piel
se rebela
como el poste intermitente
en la callejuela de la cordura.

Me descubro una vez más
esperando la llegada de tus aves migratorias.

Invernaria

De otro modo
la lluvia habría venido a darte su mano
de fríos elogios cardinales
para acortar la lejanía

High-Tide Allegory

Like you, no one has played
with the timid lumbers
of my night
and its abysmal moons.

Because you
invaded the deaf lands
of my solitude
and leave now that you go
wavy figures of water
between the stones.

No one has unfurled the incredulous magic of my touch
tinting with frost the salt of its edges
or the hybrid wave surge of the maze
of my flammable chest.

Untruths

With you all my
skins crack
and their attempts to make the wall fall
that hides the mirrors
where the reflection of another woman shines.

The insurmountable fallacy
granted to the aging of my skin
rebels
like the flickering post
in the alley of sanity.

I discover myself one more time
awaiting the arrival of your migratory birds.

Wintering

Otherwise
the rain would have come to shake your hand
with cold cardinal praises
to cut the distance

en un susurro de trescientos metros
y entonces no habría tenido más ternura
que tus gestos indómitos
ondeando inertes sobre los hilos
suspendidos en la fría llovizna.

Porque este oficio de tomarte,
liebre de nieve
de entre el hielo y el agua
con la prímula desnuda de mis manos
para llevar hasta mis labios
su soledad y consecuencias.

Ansias de escarcha
revejidos frutos de invierno
alojados en tu abrigo
cuando me percato que no me queda nada más
que esta densa neblina
dibujo falaz de mi aliento en la brisa.

Nos hemos adormecido convertidos en metáfora
blancos en un invierno sedentario del alma.

Confieso

Persigo tu recuerdo
que revolotea por la casa herido
quebrando los espejos
mientras divago por esta eternidad
de hambre lesionada
con el cuerpo sin ignorar tu ausencia
y sus huellas esparcidas en la brisa.

Vivo la esperanza a toda prueba
del refugiado y sus anhelos de patria
exilada de un amor que no es tan mío,
indolente e infinito en la vivencia paralela
de latitudes trastocadas.

Aquí en el confesionario de mis silencios
indómito y falaz, como mi miedo.

in a 300-meter whisper
and so it wouldn't have been more tender
than your untamed gestures
inertly waving over the threads
suspended in the cold drizzle.

Because this job of taking you,
snowy hare
from between ice and water
with the bare primrose of my hands
to take to my lips
its loneliness and consequences.

Cravings for frost
spoiled winter fruits
housed in your coat
when I realize that I have nothing more
than this dense fog
false shape of my breath on the breeze.

We've grown numb turned into metaphor
white in a sedentary winter of the soul.

I Confess

I pursue your memory
that flutters damaged around the house
cracking the mirrors
while I wander for this eternity
of wounded hunger
in a body not ignoring your absence
and its prints scattered in the breeze.

I live the hope fully
of the refugee and his longings for a homeland
exiled from a love that isn't really mine,
indolent and infinite in the parallel experience
of shifted latitudes.

Here in the confessional of my silences
unconquerable and false, like my fear.

Danza en el desvelo

Te llamo en el tiempo de mis desvelos, aquí
donde tu sombra infecunda
se esconde sigilosa entre las hojas aletargadas
en el lecho de mi piel en calma.

Porque te encuentro desyerbando soles,
crecidos en los páramos ocultos del deseo.

Amparado eternamente en el silencio
me sonríes con tus ojos émulos de cielo
donde recojo los recodos de ternura
que han caído en el pasado de tus manos.

Es allí también, donde nuestros zapatos
vencidos y sin melodía
dan un solo paso al acordeón del abandono
y su inmortal elegía.

Reconocer

Aceptar que estoy herida
solo un poco
y que no depende de mí
más que tomar el brote incipiente
que se protege cauto de la duda.

Guarecerme en la introspección,
en el acto revolucionario
que me permita ver la luz,
cuando otra vez sea mayo
y tierra y piel despierten
sus esperanzas de agua.

Reconocerse uno más
adherido a la esperanza anónima
y dogmática de las estadísticas.

Dance in Restlessness

I call you in the time of my restlessness, here
where your infertile shadow
hides secretly between the lethargic leaves
in the bedding of my calm skin.

Because I find you weeding out suns,
grown in the hidden wastelands of desire.

Forever protected in silence
you smile at me with your sky-imitating eyes
where I collect the curves of tenderness
that have fallen into your hands' past.

It's there too, where our shoes
defeated and without melody
dance just one step to the accordion of abandonment
and its immortal elegy.

Recognize

Accept that I am hurt
just a little
and that it doesn't depend on me
except to take the budding start
that cautiously protects itself from doubt.

Take refuge in introspection,
in the revolutionary act
that allows me to see the light,
when it's May again
and earth and skin awaken
their hopes of water.

Recognize yourself as another one
attached to the anonymous, dogmatic
hope of statistics.

Monthia SANCHO
Costa Rica, 1968

Estudió Periodismo y Educación Preescolar en Costa Rica. Trabajó en el diario *La República* como Editora Comercial, y publicó artículos, columnas y editoriales sobre múltiples temas. Colaboró con artículos en el suplemento cultural de dicho periódico. También laboró en diferentes periódicos alternativos y revistas. Fue directora de la revista internacional de a bordo *Join Us*. Fundadora de Estucurú Editorial en el año 2017. Ha publicado los libros de poesía: *Palomas de grafito* (2015), *Trance* (2017) y *El rastro de la grulla: The Crane's Trail* (2019).

Fragancias del pasto
A la poeta Lina de Feria

Silencio mis pasos,
detengo su marcha
mientras avistamos cuatro vacas
que comen del pasto de Dios.
Al fondo,
en el bosque,
miro dos árboles ancianos columpiar sus barbas,
se alimentan del aire.

La mirada opaca de aquella peregrina
detiene su muerte ante tal sencillez,
aparta su bufanda
de ese charco maldito,
sostén de sombras
de una aldea de raíces sin memorias.
Cuerpo seco
sin salida.

(Inédito)

Studied journalism and early childhood education in Costa Rica. Commercial editor at *La República* newspaper, where she published articles, columns, and editorials, also in its cultural supplement. Worked for different alternative newspapers and magazines. Director of the international inflight magazine *Join Us*. Founder of Estucurú Publishers in 2017. Poetry books: *Palomas de grafito* (*Graphite Doves*, 2015), *Trance* (2017), and *El rastro de la grulla: The Crane's Trail* (2019, bilingual).

Translations by Marie Pfaff, © Monthia Sancho

Fragrances of Grass
To the poet Lina de Feria

I silence my steps,
halt their march
while we sight four cows
grazing on God's grass.
At a distance,
in the woods,
I watch two old trees swing their beards,
feeding on air.

The dim gaze of that pilgrim
stops her death before such simplicity,
pulls her scarf away
from that cursed puddle,
shadow holder
of a village of roots without memories.
Dry body
no outlet.

(Unpublished)

Ofrendas

Tengo entre mis manos
un zoológico de sombras para darte,
media luna perfumada
y una dalia que se asoma
por encima de mi oreja.

También tengo
una iguana de colores,
un duende por cordura
y la queja de rutina.

Si eso no bastara,
date cuenta que
cargo entre el cielo y mis canciones,
una tormenta revuelta y majadera
como un timbal que retumba,
nunca para
ni deja de soñarte…

(Inédito)

Sin puerto

Estoy sin puerto,
se me ha perdido
en esta intersección
de desconsuelos.

Lo he visto lanzarse
tras el paso apresurado
de cinco golondrinas.

Empino el lápiz sobre estas lágrimas
que inundan mis dedos,
mientras tratan de sostener el tiempo
a pesar de sus hurtos y coartadas.

Estoy sin puerto
en el contorno de todo,
bajo las faldas de la noche,
abrazada al vientre del aire
y no quiero que nadie,
nadie
acuda a mi rescate.

(*Palomas de grafito*)

Offerings

I have in my hands
a zoo of shadows to give you,
perfumed half moon
and a dahlia that peeks out
above my ear.

I also have
a colorful iguana,
an elf for sanity
and the routine complaint.

If that weren't enough,
realize that
I carry between heaven and my songs,
a furious, idiotic storm
like a booming kettledrum,
that never stops
or ceases to dream of you...
                       (Unpublished)

Without A Port

I am without a port,
I have lost it
in this intersection
of grieving.

I saw it throw itself
after the hurried flight
of five swallows.

I raise my pencil over these tears
that flood my fingers,
while they try to uphold time
despite its thefts and alibis.

I am without a port
in the midst of everything,
under the night's skirts,
clinging to the air's belly
and I want no one,
no one
to come to my rescue.
                    (*Graphite Doves*)

Hojas paralelas

Te busco en esta tarde inexacta de agosto
por debajo de mis manos
ansiosas de arrullarte ya vencido,
a través del beso
que imagino extraviado detrás del miedo.

Te busco para mostrarte
esta nueva forma de amarnos
sin importar el tiempo
y sus cenizas,
donde seamos
un par de hojas
que esconden sus pupilas.

Por eso me abandono en el recuerdo
que aún niega el vuelo inesperado de tu cuerpo,
porque ahí te encuentro
en el áspero rincón
de esta lágrima.
(*Palomas de grafito*)

Frente a la locura
A ellas:
poetas suicidas inconclusas
El suicidio
es el sublime valor
de los vencidos.
–Maupassant

En mi partir
no llevaré los bolsillos
hinchados con piedras
ni he de regresar
al olmo como ceniza del verbo.
No deslizaré por mi garganta
cincuenta lágrimas de seconal
para sedar los duelos en mis sombras.

Parallel Leaves

I look for you on this inexact August afternoon
under my hands
eager to comfort the beaten you,
through the kiss
that I imagine lost behind fear.

I look for you to show you
this new way of our loving
no matter the time
and its ashes,
where we are
a pair of leaves
that hide their pupils.

So I abandon myself in the memory
that still denies the unexpected flight of your body,
because there I find you
in the rough corner
of this tear.
    (*Graphite Doves*)

    Facing Madness
    To them:
    inconclusive suicidal poets
     Suicide
    is the divine value
    of the vanquished.
    –Maupassant

   In my departure
   I will not have my pockets
   swollen with stones
   nor shall I return
   to the elm as ash of the verb.
   I won't slide down my throat
   fifty tears of seconal
   to sedate duels in my shadows.

Ni caminaré
sobre la espuma salada
a la espera de la ronda luminiscente,
entre hipocampos y sirenas
que desdibujan el sendero al retorno.

Tampoco tendré el brío
para lanzarme al abrazo constringente
y arrullador del butano.

He de suicidarme, sí,
con el juego bucólico
de las letras,
con los puntos y las comas
y me pintaré suicida
con el arma oculta
del poema.

(*Palomas de grafito*)

Contra el tiempo

Es urgente apilar nuestros soles.
Es urgente que tus diques
se desmoronen en mi almohada
y en el ocio de tus sábanas
liberes la ficción de esos minúsculos latidos
que buscan los abrazos.

Es urgente
que me dejes habitar en tus zapatos,
acompañarte a poner el picaporte
y abrir con versos tus cortinas.

No distraigas más tus pasos
que el otoño nos circunda.
Quizá mañana los relojes
declinen su música
y entonces
los besos se quiebren
contra la cantera tortuosa del olvido.

(*Trance*)

I will not walk
on the salty foam
waiting for the luminescent round,
between seahorses and mermaids
that blur the path to return.

Neither will I have the verve
to throw myself into the constricting, lulling
embrace of butane.

I'll commit suicide, yes,
with the bucolic game
of letters,
with periods and commas
and I will paint myself as a suicide
with the hidden weapon
of the poem.

(Graphite Doves)

Against Time

It is urgent to stack our suns.
It is urgent that your dikes
crumble on my pillow
and in the leisure of your sheets
you free the fiction of those tiny heartbeats
looking for embraces.

It is urgent
that you let me live in your shoes,
accompany you to place the door knocker
and open your curtains with verses.

Don't distract your steps anymore
autumn surrounds us.
Maybe tomorrow the clocks
will decline their music
and then
kisses will fracture
against the tortuous quarry of oblivion.

(Trance)

María MONTERO
Costa Rica, 1970

Costarricense, nacida en Burdeos, Francia. Poeta y periodista. Realizó talleres de escritura teatral y cinematográfica con Guillermo Gentile, Roberto Cossa, Jorge Goldenberg y José Sanchis Sinisterra. Comparte la autoría de los proyectos de poesía y artes visuales "In Dubia Tempora" (2004) y "Vanguardia Popular" (2012). En 2018 lanzó la Biblioteca Textil Centroamericana, plataforma editorial para promover autores, literaturas e ideas en formatos no tradicionales, con el fin de provocar lectores de cualquier edad, sin importar su grado de analfabetismo. *Grandes sobras del feminismo sucio* es su primera colección, seguida por *Oye Salomé*, cuyos dos tomos fueron revelados durante la Feria Internacional del Libro en Costa Rica 2019. Publicó *El juego conquistado* (1995), *La mano suicida* (2000) y *Fieras domésticas* (2019). Todos estos poemas pertenecen a *La mano suicida*. mmonteromaria@gmail.com.

Canto a mí misma

Un arrullo insoportable
pesa en mis oídos todas las noches:
El zumbido del refrigerador
la respiración de mi vecino más cercano.

He hecho todo lo que dije
que nunca haría.

Aceleración de los cuerpos

Durante el camino, ella piensa que no llegará a tiempo. La distancia y la soledad de su prisa son más que un anticipo. Al llegar, no escucha sino el murmullo de la sangre y el deseo, por eso no tarda en adentrarse por el ancho corredor.

Luego está sentada, desnuda de la cintura para abajo. Todo está limpio,

Costa Rican poet and journalist, born in Bordeaux, France. Theater and filmscript writing workshops with Guillermo Gentile, Roberto Cossa, Jorge Goldenberg, and José Sanchis Sinisterra. Coauthor of poetry and visual arts projects: "In Dubia Tempora" (2004) and "Vanguardia Popular" ("Popular Vanguard," 2012). In 2018 she launched the Central American Textile Library, an editorial platform to promote authors, literatures, and ideas in nontraditional formats, with the goal of enticing readers of any age, regardless of their literacy level. Their first collection, *Grandes sobras del feminismo sucio* (*Great Leftovers from Dirty Feminism*), followed by *Oye Salomé* (*Hey, Salome*), were presented at the 2019 International Book Fair in Costa Rica. She published: *El juego conquistado* (*Conquered Game*, 1995), *La mano suicida* (*Suicidal Hand*, 2000), and *Fieras domésticas* (*Domestic Beasts*, 2019). The poems here belong to *La mano suicida*. mmonteromaria@gmail.com

Translations by Kathleen Cunniffe-Peña, © María Montero

Song to Myself

An unbearable murmur
weighs in my ears each night:
The buzzing of the refrigerator
the breath of my closest neighbor.

I have done everything that I said
I would never do.

Hastening of Bodies

On the way, she thinks she won't arrive in time. The distance and the solitude of her haste are more than foresight. On arrival, she hears nothing but the murmur of blood and desire, so she doesn't waste time before entering the wide corridor.

Later she's seated, naked from the waist down. Everything is clean, warm,

tibio y en penumbra. Es el 13 de febrero de 1970 y es una perfecta mañana de invierno. Mi madre tiene dolor, tal es la naturaleza de un parto, y por eso su destino es el coraje, un coraje donde el dolor es la única salida.

Después de la última contracción comienzan las revelaciones: el dolor se convierte en destino de la cintura para abajo; el coraje, en una penumbra de invierno; mi madre se congela en el amplio corredor y yo me convierto en el deseo que nunca llega a tiempo.

Soy

Soy la gran Virginia Grütter, ¿la recuerdas?
la que escupe tabaco en las esquinas
y está ronca de pegar gritos
y camina como una estela pintarrajeada y tambaleante

Soy Marguerite Duras con su joven amante
y su vida refinada y alcohólica

Soy Simone de Beauvoir con todo y su Jean-Paul Sartre
y su intelecto y su feminismo y su academia

Soy la imbécil "femme" que desde este pueblo polvoriento
habla del erotismo francés
frente a un auditorio de subnormales

Soy la puta más puta que arrastran de los pelos
asquerosa y desnuda

Soy la pobre infeliz
que no tiene un centímetro de cerebro
hipocondríaca
que camina como idiota esperando que el padre de sus hijos
o el cura
le dé una limosna.

Soy yo
la del cuerpo grabado en la piedra
la que consume sus ojos en la arena
la que ya no puede hablar de amor tan fácilmente.

and shadowy. It is the 13th of February, 1970, and a perfect winter morning. My mother is in pain, such is the nature of childbirth, and that's why her destiny is courage, a courage where pain is the only way out.

After the last contraction the revelations begin: the pain turns into destiny from the waist down; courage, in a winter shadow; my mother freezes in the wide corridor and I turn into the wish that never arrives on time.

I Am

I am the great Virginia Grütter, do you remember her?
the one who spits tobacco in corners
and is hoarse from shouting
and walks like a staggering, paint-smeared stele

I am Marguerite Duras with her young lover
and her refined, alcoholic life

I am Simone de Beauvoir with it all and her Jean-Paul Sartre
and her intellect and her feminism and her academia

I am the imbecile "femme" who from this dusty town
speaks of French eroticism
to an auditorium full of morons

I am the whore of whores they drag by the hair
disgusting and naked

I am the poor thing
who doesn't have an inch of brain
hypochondriac
who walks like an idiot waiting for the father of her children
or the priest
to give her a handout.

I am
the one with the body carved in stone
the one who consumes her eyes in the sand
the one who can't talk about love so easily anymore.

Itinerario

Iba hacia España
y llegué a Cuba.

Iba hacia Jorge
y llegué a Juan.

Iba hacia las letras
y llegué al embarazo.

Iba a dormir
pero aquí estoy.

Reconozco que entre mis virtudes
nunca se destacó la puntería.

Autorretrato cubista

Mi soledad es una puerta abierta
el ojo marcado de un corazón vacío

Mi espera es un vidrio roto
que atraviesa la ciudad para que alguien
lo persiga

Mi cuerpo es un recuerdo en la garganta del otro

Mi palabra el perro de la calle

Mi amor el vicio de un viejo

Mi vida la mano que se da por nada.

Itinerary

I was going toward Spain
and arrived at Cuba.

I was going toward George
and arrived at John.

I was going toward literature
and arrived at pregnancy.

I was going to sleep
but here I am.

I recognize that among my virtues
aim was never a strong point.

Cubist Self-Portrait

My solitude is an open door
the black eye of an empty heart

My waiting is a broken glass
that crosses the city so that someone
might pursue it

My body is a memory in the throat of another

My word the dog on the street

My love the bad habit of an old man

My life the handshake that is given for nothing.

Leyendo a Ferlinghetti gracias a E. Moore

La poesía no me interesa más
que el hecho de enamorar a un hombre
o dos.

Ni más que hacer una buena salsa,
mejor si es de tomate natural.

Ni más que secar
los cuerpos desnudos de mis hijas.

Luz roja

Si mis hijas no estuvieran
pondría boleros
y una luz roja en la puerta.
Pero qué va, ya no me queda ese vestido.

El Gran Hotel de Medellín y otras leyes físicas

En la habitación 905 del Gran Hotel de Medellín, sucede lo mismo que en el resto de las habitaciones. Todos lo saben y es lo único que nadie comenta: después de las bombas, los vivos se refugian en otros vivos y se aman de pie sobre las puertas y frente a las ventanas que le abren paso a la ciudad.

El Gran Hotel arde sobre la explosión.

Durante la noche, dos caras contrarias de una misma ceniza se elevan para morder la asfixia y así reconstruir el cuerpo moribundo, desbaratado y tendido.

Después de las bombas solo quedan fragmentos: intacta una mano, un beso, las piernas, el abrazo; el trance indestructible que va del placer hacia el horror.

Reading Ferlinghetti Thanks to E. Moore

Poetry doesn't interest me more
than the act of enamoring a man
or two.

No more than making a good salsa,
better if it's from fresh tomatoes.

No more than drying
the naked bodies of my daughters.

Red Light

If my daughters weren't here
I would put on boleros
and a red light at the door.
But no way, that dress doesn't fit me anymore.

The Grand Hotel Medellín and Other Laws of Physics

In room 905 of the Grand Hotel Medellín, the same thing happens as in the rest of the rooms. Everyone knows and it's the only thing no one mentions: after the bombs, the living take refuge in others living too and make love standing atop doors and in front of windows that face the city.

The Grand Hotel smolders above the explosion.

During the night, two opposite faces from the same ash rise to bite the asphyxia and thus rebuild the body moribund, ruined, laid out.

After the bombs only fragments are left: a hand intact, a kiss, legs, an embrace; the indestructible moment that goes from pleasure to horror.

Queen Nzinga MAXWELL
Costa Rica, 1971

Queen Nzinga Maxwell es una guerrera del vientre y de la palabra, que honra la realeza en sus venas y sus raíces ancestrales. Empíricamente re-clama la pintura, el canto, la escritura, la poesía Dub y el Spoken Word como opciones de expresión artística. Siendo fiel a su esencia caribeña, escribe en español, inglés, spanglish y creole. Tanto su obra como ensayos críticos sobre la misma, se han publicado en Canadá, Cuba, Brasil, Alemania y España, y sus poemas han sido traducidos al inglés, portugués y alemán. Es gestora cultural y promotora de la poesía oral. Organiza eventos e imparte talleres de poesía oral. Es fundadora de Oralidad Poética, un espacio dedicado a la oralización de la palabra. Es, además, la gestora del Poetry Slam Costa Rica (competencia nacional de poesía oral). En 2009 publicó su primer CD de poemas "Ideas & Conformismos". En 2012 publicó en CD "WombVoliushan Demo", además del libro y CD "AfroKon: WombVoliushan Poetry" en 2013. (Fotografía de Fabián Moreaux) afrokon@gmail.com

Declaro esta tierra mía

yo Declaro esta tierra mía

caña de azúcar mi mano alzada cortó
arroz, cacao, tabaco y algodón…
estos imperios edificados con mi sangre,
para mí decirlo, no es alarde
que el ardor de mi frente
y la sangre de mi familia y de mi gente
bailan en el bolsillo
de sus descendientes
por esto
yo Declaro esta tierra mía

llegamos aquí no por encanto
fueron sombras de espanto
las que labraron un camino

Queen Nzinga Maxwell is a warrior of the word and of the womb, who honors the royalty in her blood and her ancestral roots. Empirically she reclaims painting, singing, writing, Dub Poetry and Spoken Word as options of artistic expression. Being faithful to her Caribbean essence, she writes in Spanish, English, Spanglish and Creole. Both her work and critical articles on her work have been published in Costa Rica, Canada, Cuba, Brazil, Germany and Spain, and her poems have been translated to English, Portuguese, and German. Cultural organizer and promoter of Oral Poetry, she organizes oral poetry events and facilitates workshops. She is founder of Oralidad Poética (Poetic Orality), a space dedicated to the oralization of the word, and organizer of Poetry Slam Costa Rica (a national oral poetry competition). In 2009 she published her first CD, "Ideas & Conformismos." In 2012 she published the CD "WombVoliushan Demo," and in 2013 the book & CD "AfroKon: WombVoliushan Poetry."
(Photograph by Fabián Moreaux) afrokon@gmail.com

Translations by the author, © Queen Nzinga Maxwell

I Declare This Land to Be Mine

I Declare this land to be mine

sugar cane my raised hand chopped
rice, cocoa, tobacco and cotton…
these empires edified with my blood,
for me to say it, it's not a boast
that the ardor of my brow
and the blood of my family and my people
dance in the pockets
of their descendants
for this
I Declare this land to be mine

we arrived here not by magic
those were shadows of horror
that built a road

con los huesos de mi rapto
cientos de miles de muertes
a través del Atlántico
de aquí hasta el Continente
en mi vientre siguen ardiente

y es evidente
que yo Declaro esta tierra mía

Misioneros, visioneros
inhumanos empresarios,
"descubrieron" un patio ajeno
El Nuevo Mundo lo llamaron

si por muchos milenios
de amistad y de comercio
Abya Yala[1] y Alkebulan[2]
en armonía compartieron

irrumpieron manos blancas
entre culturas hermanas
la avaricia y la codicia
y solo porque les dio la gana…

millones de indígenas
masacradxs
torturadxs
ultrajadxs
despojadxs
por manos blancas con sangre de rana

¿Por qué Declaro esta tierra mía?
por todo el trabajo forzado
por comer y dormir poco,
por morir de agotamiento
por 500 años
con el látigo del mayoral en el lomo

---

1 Abya Yala: significa "Continente de Vida, nombre original de las Américas. (Notas de la poeta.)
2 Alkebulan: significa "Madre de la Humanidad", "Jardín del Edén". Alkebulan es el nombre más antiguo y el único de origen endógeno.

with the bones of my kidnap
hundreds of thousands of deaths
across the Atlantic
from here to the Continent
in my womb keep burning

it's evident
that I Declare this land to be mine

Missionaries, visionaries,
inhumane businessmen,
"discovered" a back yard
The New World they called it

but for many millennia
of friendship and commerce
Abya Yala[1] and Alkebulan[2]
in harmony they shared

white hands interrupted
sister cultures
avariciousness and greed
and just on their whim…

millions of indigenous peoples
massacred
tortured
abused
stripped
by white hands with blood of a frog

Why do I Declare this land to be mine?
for all the forced work
for eating and sleeping little
for dying of exhaustion
due to 500 years
with the foreman's whip on our backs

---

[1] Abya Yala: "Continent of Life," the original name of the Americas. (Notes by the poet.)
[2] Alkebulan: "Mother of Humanity," "Garden of Eden." Alkebulan is the oldest name and the only one of endogenous origin.

violación tras violación
servir de puta por un rato
generación tras generación
para parirle mulas al amo

podría pararme aquí
a describir la vida de una esclava,
sin memoria de vidas pasadas
la historia a mí me la relata

la misma historia no relata
injusticia más atroz
que el Maafa[3] Afrikano,
por mí mis ancestras tienen voz

¿Que por qué yo Declaro esta tierra mía?

Porque la condición "Negra" actual,
es más, el Maafa Negro global
es resultado directo de la esclavitud
y de la explotación continua de Áfrika y sus recursos
por el mundo Occidental.

Por esto no, no podemos olvidar

pues hay balas en las calles
drogas y asesinatos
y políticos corruptos
negociando sus tratados

mis hermanxs en el gueto
sufren más de lo que pensamos
mueren miles cada año
a manos de mercenarios
en Estados Unidos, en Jamaica,
en el Kongo, en Libia,
en Egipto, en Níger,
en Mali y Nigeria

---

3 Maafa es un término del Oeste de Áfrika que significa "El Gran Desastre" y se refiere a la situación Afrikana desde que la primera persona fue raptada y esclavizada, hasta la actualidad.

rape after rape
serve as a whore for a while
generation after generation
to breed mules for massa

I could stand here
to describe the life of a slave
without memory of past lives
history relates it to me

the same history doesn't relate
more atrocious injustice
than the Afrikan Maafa,[3]
through me my ancestors have a voice

Say, why do I Declare this land to be mine?

Because the current "Black" condition,
in fact, the global Black Maafa
is a direct result of slavery and
the continuous exploitation of Afrika and its resources
by the Western world.

For this no, we cannot forget

cause there are bullets in the streets
drugs and murders
and corrupt politicians
negotiating their treaties

my brothers and sisters in the ghetto
suffer more than we think
thousands die each year
at the hands of mercenaries
in USA, in Jamaica,
in Kongo, in Libya,
in Egypt, in Niger
in Mali and Nigeria

---

3 Maafa: "The Great Disaster" is a West Afrikan term that refers to the Afrikan situation, from the kidnapping and enslavement of the first person, to the current date.

Sudan, Camerún, Chad y Somalia,
y el terror en nuestras comunidades
la muerte nos declara

pero la realidad es clara
pido la verdad
y me cubren de mentira
pido resarcimiento
y me criminalizan
pido reparaciones
y me pagan con el SIDA,
y poco a poco
a nuestra nación aniquilan

Yo camino firme en esta tierra

pues a pesar de todo
la sangre de mis caudillos la riega
fertiliza mis simientes
me sube por las venas
y la enseñanza de sus vidas
nutre el fruto de mi quimera
Nayabingui, Marcus Garvey, Harriet Tubman
Sojourner Truth, Antonio Maceo
Zumbí, Ganga Zumba
Vicente Guerrero, Toussaint Louverture
y muchas mujeres y hombres
cuyos nombres
la historia olvidó
con nuestras vidas demos honra
¡RECLAMEMOS REPARACIONES HOY!!!
Entre tanto…
Yo Declaro esta tierra Mía

Sudan, Cameroon, Chad and Somalia,
and terror in our communities
declares death

but the reality is clear
I ask for the truth
and they cover me with lies
I ask for restauration
and I get criminalized
I ask for reparations
they pay me with AIDS,
and little by little
our nation they annihilate

I shall walk firm on this land

cause in spite of everything
the blood of my leaders waters it
fertilizes my bones
runs up through my veins
and the teachings of their lives
nurtures the fruits of my chimera
Nayabingui, Marcus Garvey, Harriet Tubman
Sojourner Truth, Antonio Maceo
Zumbí, Ganga Zumba
Vicente Guerrero, Toussaint Louverture
and many women and men
whose names
history has forgotten
let us honor them with our lives
LET'S DEMAND REPARATIONS NOW!!!
Meanwhile…
I Declare this land to be Mine

Jeanette AMIT
Costa Rica, 1972

Nacida en Naharia, Israel. Formación multidisciplinaria en la Universidad de Costa Rica: Psicología, Literatura Latinoamericana y posgrado en Estudios sobre la sociedad y la cultura. Docente y editora en diversas universidades costarricenses. Autora de artículos académicos y un libro didáctico titulado *Lenguaje y realidad social* (2014). Su poesía ha sido publicada y reseñada en revistas y antologías nacionales y extranjeras. Sus tres poemarios: *Testigos del vértigo* (1997), *Asedios de la luz* (2001) y *La lucidez del cuerpo* (2008).

Santiago

Santiago me mintió.
Sí tuvo miedo cuando miró el silencio,
cuando tocó mis manos anudadas
y pasó lejos, lejos,
dejando en la distancia
los pliegues recortados por su sombra.

Santiago se estrelló contra sus ojos
cuando palpó mis pechos,
y dejó otra silla de sangre
justo ahí donde lo recuerdo,
y dejó su boca abierta anegándose
de esa honda oscuridad que nos vestía.
Santiago me mintió.
Sí vio mi miedo cuando tocó mi cuerpo,
cuando trepó por cada palabra de mis versos
y todo en mi silueta lo mordía,
colmillo tras colmillo de la muerte.

Born in Naharia, Israel. Multidisciplinary studies at the University of Costa Rica in psychology, Latin American literature, and postgraduate in social and cultural studies. Professor and editor at several Costa Rican universities. Author of academic articles and a book, *Lenguaje y realidad social* (*Language and Social Reality*, 2014). Poetry included and reviewed in national and international journals and anthologies. Published collections: *Testigos del vértigo* (*Witnesses to Vertigo*, 1997), *Asedios de la luz* (*Sieges of Light*, 2001), and *La lucidez del cuerpo* (*The Body's Lucidity*, 2008).

> Translations by María Roof, © Jeanette Amit

Santiago

Santiago lied to me.
Yes, he was afraid when he gazed upon silence,
when he touched my tied hands
and passed far, far away,
leaving in the distance
the pleats cut by his shadow.

Santiago crashed against his eyes
when he touched my breasts,
and left another chair of blood
right there where I remember,
and left his mouth open drowning
in that deep obscurity that cloaked us.
Santiago lied to me.
Yes, he saw my fear when he touched my body,
when he climbed up each word of my verses
and everything in my silhouette bit him,
fang upon fang of death.

Penélope no espera más

No esperaré ya más. Me voy.
Cruzaré el mar
haciendo de mi espalda otro navío
tejido por los hilos que me ataban a él.

¡*Lo olvidaré!* –lo olvido–,
aunque me cueste el sitio preciso de mi cuerpo.

Quemo mi piel
y el año de la espera me abandona.
Pongo mis brazos sobre el canto del agua
deslizando mi altura
a lo largo del negro perfil que hace la noche.

¡*Hacia Troya!* –grito–,
aunque nadie me escucha después de la marea.
Desato las amarras
y hundo el pecho entre las velas del aire.
¡*Hacia Troya!* –gritaré de nuevo–,
armada hasta el delirio de mi boca,
afilada la sangre como lanza de fuego.

Porque también sostengo mis batallas.
Yo que soy esa bestia innecesaria de las horas.
También celo mi trono de silencios
y calzo soledades en los ojos
triturando más hilos que la muerte.

Me hundo en el mar.
Desnuda como han de desnudarse
las mujeres para entrar a las aguas.

Me lanzo sin barcos de madera,
sin muchedumbres, dioses ni caballos,
a través de las islas que rompen la distancia.
Entonces me dirán "Penélope la sabia",
la marinera sola de su furia,
estratega de incendios,
vencedora con todos los conjuros
que se empozan clavados a la boca.

Penelope Is No Longer Waiting

I won't wait any longer. I'm leaving.
I'll cross the sea
turning my back into another ship
woven from the threads that tied me to him.

I'll forget him! I'm forgetting him,
though it costs me the exact site of my body.

I burn my skin
and the year of waiting abandons me.
I put my arms over the water's edge
sliding my height
all along the dark profile made by night.

To Troy! I shout,
though no one hears me after the tide.
I untie the ropes
and sink my chest into the sails of air.
To Troy! I'll shout again,
armed to the delirium of my mouth,
blood honed like a lance of fire.

Because I too fight my battles.
I who am that unnecessary beast of hours.
I too guard my throne of silences
and wear solitudes in my eyes
shredding more threads than death.

I sink into the sea.
Unclothed as women should be
to enter into waters.

I dive in without wooden ships,
without hordes, gods or horses,
across islands that break up the distance.
Then they'll call me "Penelope the Wise,"
the lone sailor woman of her fury,
strategist in setting fires,
conqueror with all the spells
that well up into her mouth.

Y cantarán mi nombre
cuando se reúnan en el centro del fuego,
escribiendo mi historia con cuchillos de oro:

> *"Penélope no regresará más,*
> *ya no puede esperar sobre sus huesos,*
> *no hay tejido tal para la ausencia*
> *y Troya es el destino de su cuerpo".*

Canción para una ronda

Descubrirme.
Tonta de malos pensamientos.
Mediocre que se mira de reojo y se señala
con mala educación la mancha en la camisa,
la palabra espontáneamente peligrosa,
la idea ensimismada que repasa
los bordes de su historia.

Inventarme.
Travestirme.
De ave roja.
De niña inadecuada.
De santa que ha subido a los infiernos.
De máscara que no sabe del engaño.
De boca enmudecida para el canto
por tanta espina y gritos en la oreja.

Impacientarme.
Desarmarme.
Reanudarme.
Con esta risa que se niega a ser sincera.
Un cuerpo hecho de sal endurecida
que se pierde con la lluvia.
Posición del caballo que abandona la batalla.
Hoy y mañana mientras se consumen
las dos partes del mal que me merezco.

And they will sing my name
when they gather in the midst of fire,
writing my history with knives of gold:

> *Penelope will no longer return,*
> *she can no longer wait on her bones,*
> *no weaving is enough for such absence*
> *and Troy is the destination of her body.*

Song for A Round

Discovering me.
Silly woman with bad thoughts.
Mediocre one who looks at herself sideways and derides
impolitely the stain on the shirt,
the spontaneously dangerous word,
the self-involved idea that surpasses
the borders of her history.

Inventing me.
Transvesting myself.
As a red bird.
As an inadequate girl.
As a saint who has risen to infernos.
As a mask that doesn't understand the trick.
As a silenced mouth for the song
for so many thorns and shouts in the ear.

Getting impatient.
Dismantling myself.
Renewing myself.
With that laugh that refuses to be sincere.
A body made of hardened salt
that is lost with the rain.
Position of the horse that runs away from battle.
Today and tomorrow while consumed are
both parts of the evil that I deserve.

Desátame

El aire es como un nudo
que columpia en la noche sus garras de silencio.
Mis manos son arañas de cobre que se queman
clavadas en el filo de la puerta.
Mi boca es una lanza atravesando las cenizas
que ocultan esta herencia de olvidos que nos muerde.

Escucha mi susurro de espada deshojándose.
Escucha este silbido
de barcos que se marchan
a repetir su muerte,
a conquistar su herida.
Y entiéndelo,
la sangre no se pesa con las copas del vino,
la piel es el alcázar que esconde nuestra furia
como un cántaro hecho de arcillas sorprendidas.

Ven ya y desátame.
Mis piernas no terminan de adivinar las huellas
que dios grabó en el lomo de la noche.
Mi boca está incendiada de cantos y de espuma.
Pero estas sogas clavan
su traición de sirenas
en mi cuerpo cerrado.

Desátame y huyamos
de esta ciudad absurda
que ha quebrado las casas
que un día fueron caminos.
Tomemos nuestro reino de ríos y poemas
y escapemos del tiempo
que inventó las distancias
cual tercas cicatrices que partieran los brazos.

Pero escúchame, ya no esperes,
que mi piel se hace fruta
de barro mientras te hablo.

Untie Me

The air is like a knot
that swings in the night its claws of silence.
My hands are copper spiders that burn
nailed to the edge of the door.
My mouth is a lance spearing ashes
that hide this legacy of forgetting that bites us.

Listen to my sword's whisper peeling itself.
Listen to this horn blast
of ships that set sail
to repeat their death,
to conquer the wound.
And understand it,
blood is not weighed with goblets of wine,
skin is the fortress that hides our fury
like a jug made of surprised clays.

Come now and untie me.
My legs cannot quite figure out the traces
that god engraved on the back of the night.
My mouth is inflamed with songs and foam.
But these ropes nail
their siren betrayal
in my closed body.

Untie me and let's flee
from this absurd city
that crumbled houses
that one day were paths.
Let's take our kingdom of rivers and poems
and escape from time
which invited distances
like stubborn scars that arms split.

But listen to me, don't wait,
my skin is turning into an earthen
fruit even as I speak to you.

Seidy SALAS VÍQUEZ
Costa Rica, 1973

Comunicadora social, guionista, productora de radio y facilitadora de procesos de escritura creativa. Sobre estas experiencias ha impartido charlas y talleres en el ámbito nacional e internacional. Desde 2013 es cogestora del Taller Palabras Libres que se desarrolla con mujeres privadas y exprivadas de libertad, y editora de las resultantes antologías, *Soles para un largo invierno* (2016) y *Después del invierno* (2017). En 2018 facilitó para el Alto Comisionado de las Naciones Unidas para los Refugiados (ACNUR) un proceso de escritura de historias de vida con mujeres refugiadas que culminó en la publicación del libro *Las ganas de vivir*. Sus poemas han aparecido en revistas universitarias y en las antologías *Noches del Farolito* (2007) y *Letras sin fronteras III* (2018). En 2009 publicó su poemario *Pies de tinta* y en la actualidad tiene varios libros de poesía, cuento y cuento infantil sin publicar. seidy.salas@gmail.com

Bromelia

Bajar al fondo
de una bromelia
donde el agua profunda
vibra
viva de alas de mosca
y huevecillos

Deslizarse por la hoja lisa y brillante
dejar que la piel se cubra de hilachas
verdes, viscosas
y mirar desde el fondo
la burbuja de cristal del cielo.

Social communicator, screenwriter, radio producer, and creative writing process facilitator. She has given talks and led workshops on these topics in national and international settings. Since 2013 she is the cocoordinator of the Taller Palabras Libres (Free Words Workshop) for currently and formerly incarcerated women, and editor of their anthologies, *Soles para un largo invierno* (*Suns for A Long Winter,* 2016) and *Después del invierno* (*After the Winter,* 2017). In 2018 she facilitated the writing of stories by women refugees for the United Nations High Commissioner for Refugees (UNHCR) that culminated in the publication of *Las ganas de vivir* (*The Will to Live*). Her poems appear in university journals and the anthologies *Noches del Farolito* (*El Farolito Nights,* 2007) and *Letras sin fronteras III* (*Letters without Borders III,* 2018). In 2009 she published a poetry collection, *Pies de tinta* (*Ink Feet*) and has several unpublished poetry, short story, and children's story books. seidy.salas@gmail.com.

Translations by Mirna Trauger, © Seidy Salas Víquez

Bromeliad

To drop to the bottom
of a bromeliad
where the deep water
vibrates
alive with the wings of flies
and eggs

To slide on the smooth, shiny leaf
allow your skin to get covered in
green, viscous shreds
and look from the depths at
the crystal bubble of the sky.

Canción de cuna para Natalia
　(Una niña VIH positiva)

　　Y entonces será como si
　　todas las estrellas rieran.
　　–Antoine de Saint Exupery

¿Me prestás tu sonrisa Natalia?
No me mirés con tanta desconfianza
prometo devolvértela después.

Dejá que tu sonrisa salga
en medio de tu cara pajarita
que espante fantasmas
de esos que se nos meten en los rincones del alma.

Dejame que yo te cante
alguna canción de cuna

¿Qué hacemos con historias como la tuya?
¿Qué hacemos cuando duele tanto sonreír?
Vení,
dormite,
te presto mis sueños
de mares y estrellas

Hay un planeta pequeño
donde un principito te espera
–Allá habrá rosas y ovejas
y más chicos como vos–

Aquí en mi pecho
dormite
que el tiempo es animal lento

–Dejate la sonrisa puesta… vieras qué linda te ves–
Y yo entre tanto,
Natalia,
miraré al cielo por vos.

Lullaby for Natalia
    (A little girl who is HIV positive)

> *And so it will be as if*
> *all the stars were laughing.*
> –Antoine de Saint Exupery

Will you lend me your smile Natalia?
Don't look at me with such distrust
I promise to give it back to you later.

Let your smile come out
in the middle of your cute bird face
to scare off ghosts
like those that sneak into the corners of our soul.

Let me sing to you
a lullaby

What do we do with stories like yours?
What do we do when it hurts so much to smile?
Come,
sleep,
I will lend you my dreams
of seas and stars

There is a small planet
where a little prince awaits you
–Over there will be roses and sheep
and other little kids like you–

Here on my breast
sleep
time is a slow animal

–Keep that smile on… see how pretty you look–
and I in the meantime,
Natalia,
will look at the sky for you.

Malos tiempos

Se derriten los hielos en el Ártico,
las lluvias anegan Alabama,

y un viejo muere de frío en Uttar Pradesh.

Olas de tres metros amenazan Guanacaste,
las vacas flacas anuncian la sed.

El trabajo apesta
Me pesan las piernas
La esperanza, en deuda, no me alcanza más.

El futuro es un volcán
que no termina de estallar.

La ley de lo inamovible

Hoy decreto que siempre
tendré siete años.
Siempre será el final de la tarde
y los barquitos estarán
-por siempre-
haciendo fila a las puertas del Canal de Panamá.

Declaro que no se ha caído
la casa de las muñecas
y que la felicidad tendrá por siempre
olor a mirto
sabor a maracuyá.

Impongo prohibición absoluta
a la demolición de la infancia
y escribo en piedra el nombre
del edificio más alto de la ciudad.

Hoy decreto que siempre tendré siete años
y un vestido de vuelos
y que es eterno en el tiempo
el abrazo de papá.

Bad Times

The Arctic ice melts,
rains flood Alabama,

and an old man freezes to death in Uttar Pradesh.

Three-meter waves threaten Guanacaste,
scrawny cows announce their thirst.

The work stinks
My legs feel heavy
Hope, in debt, is no longer enough.

The future is a volcano
that does not stop erupting.

The Law of the Unmovable

Today I decree that I will always
be seven years old.
It will always be the end of the afternoon
and the little boats will be
–forever–
lining up at the gateway to the Panama Canal.

I declare that the dollhouse
has not fallen
and that happiness will forever
smell like myrtle
taste like passion fruit.

I impose an absolute prohibition
on the demolition of childhood
and I write in stone the name
of the highest building in the city.

Today I decree that I will always be seven years old
and have a ruffled dress
and that eternal in time
is dad's embrace.

De day

I took the poison from the poison stream,
then I floated out of here singing ha la la la de day.
–U2

Johnny se despierta

bosteza, sonríe
¡Ah, el día!
se levanta del suelo
y pone la cobija rotosa al lado.
Deshace su almohada de camisetas
y las extiende sobre la acera:
Una verde
Una azul
Una negra

Hace calor
se quita entonces el suéter sucio que lleva puesto
y piensa: ¿la verde, la azul, la negra?
Johnny estudia sus posibilidades
y escoge el suéter sucio: hace calor.

Luego descubre que
desde mi asiento en el bus
yo lo estoy viendo.
Me mira y me guiña un ojo
se alisa el suéter sobre el pecho
y me sonríe
satisfecho con su elección.

Simples

La gente ¿se hará tantas bolas como nosotros?
-le pregunté-
No creo.
-me dijo-
Y entonces, nos hicimos un ovillo.

De Day

> *I took the poison from the poison stream,*
> *then I floated out of here singing ha la la la de day.*
> —U2

Johnny wakes up

yawns, smiles
Oh, the day!
he gets up off the ground
and puts his ragged cover aside.
He undoes his pillow of tee shirts
and lays them out on the sidewalk:
A green one
A blue one
A black one

It's hot
then he takes off the dirty sweater he's wearing
and thinks: the green one, the blue one, the black one?
Johnny considers the possibilities
and chooses the dirty sweater; it's hot.

Then he discovers that
from my seat on the bus
I am watching him.
He looks at me and winks
smoothes his sweater over his chest
and smiles at me
satisfied with his choice.

Simpletons

"Other people, do they get all balled up like us?"
I asked her.
"I don't think so,"
she said.
And then we curled up into a ball.

Karla STERLOFF
Costa Rica, 1975

Realizó estudios de Psicología, Educación y Ciencias de la Información. Distinciones: Primer Lugar del primer Premio Centroamericano de Cuento de la Asociación Costarricense de Escritoras (2008) y Mención de Honor en el segundo concurso (2009); Primer Premio del Concurso de Poesía de la Editorial UCR (2011); Premio Áncora de Cuento (2013–2014) otorgado por el Periódico *La Nación*; Premio Nacional de Cuento Aquileo J. Echeverría (2014). Autora de *Especies menores* (2011), *La respiración de las cosas* (2013) y *La Mordiente* (2014). (Fotografía de Carlos Álvarez Zúñiga)

Tijeras

Mi madre está partida.
Solo la mitad me ama.
La otra, mi madre,
el mismo día que me vio nacer
me cortó con tijeras.

A veces la miro
con ojos grandes y huérfanos.
Solo a veces la reconozco,
cuando me escucho cantando una canción de cuna.

Desinfecciones

Mis cuatro perros
ladran sobre la cama
siguiendo un punto azul en la montaña.
Son cuatro antenas
movidas por el portón del vecino.
Detonantes de la fiesta.
La casa ha dejado de verse pequeña
y crece como un ente orgánico entre la lluvia.
Si esto fuera poesía
diría que palpita.

Studies in psychology, education, and information science. Prizes: First place in the first Central American Short Story contest, Costa Rican Association of Women Writers (2008) and Honorable Mention in its second contest (2009); First place in the UCR Press poetry contest (2011); Áncora Short Story Prize (2013–2014) awarded by *La Nación* newspaper; Aquileo J. Echeverría National Story Prize (2014). Author of *Especies menores* (*Minor Species*, 2011), *La respiración de las cosas* (*The Breath of Things*, 2013), and *La Mordiente* (*The Caustic Woman*, 2014). (Photograph by Carlos Álvarez Zúñiga)

Translations by Mirna Trauger, © Karla Sterloff

Scissors

My mother is split.
Only one half loves me.
The other, my mother,
on the day she saw me born
cut me with scissors.

Sometimes I look at her
with big orphaned eyes.
Only sometimes do I recognize her,
when I hear myself singing a lullaby.

Disinfections

My four dogs
bark on the bed
following a blue dot on the mountain.
They are four antennas
activated by the neighbor's gate.
Party triggers.
The house no longer looks small
and grows like an organic being in the rain.
If this were poetry
I would say it pulsates.

Le han salido cuartos y ventanas
donde ningún ingeniero sospechó.
Obras de la fe de nuestros ojos,
viendo cuartos y techos nuevos
donde no cabían antes.

La limpieza diaria
se vuelve semanal.

Vamos devorando las capas de olor,
la sucesión de verdes raídos
las chapas de café en el mantel,
cada una,
huellas de inviernos distintos,
o de nuevas inundaciones,
de sillas sobre la mesa
y escobas queriendo arrancar la lluvia del suelo.

El nuevo desinfectante no pudo más.
Pero hay fracasos peores.

Al final del día,
cuando la cortina aruña la sala
y el viento se lleva nuestro aire enlatado,
parece que sobreviven las violetas.

Querer, quedar

Debo tener la hoja en blanco,
pronta,
a la mano.
Escribir que la refri respira entre soplidos

y que la mesa se va llenando de migajas.
Vale decir,
que la cama se aletarga
y las sábanas se cambian
aún sin querer cambiar
y el café

It grew rooms and windows
where no engineer suspected.
Works of faith by our eyes,
seeing new rooms and roofs
where they didn't fit before.

Daily cleaning
becomes weekly.

We slowly devour the layers of smells,
the succession of frayed greens
the coffee stains on the tablecloth,
each one,
traces of different winters,
or of new floods,
of chairs on the table
and brooms wanting to sweep the rain off the floor.

The new disinfectant gave out.
But there are worse failures.

At the end of the day,
when the curtain scratches the living room
and the wind carries away our canned air,
it seems that the violets survive.

To Want, to Remain

I must keep the sheet blank,
ready,
handy.
Write that the fridge breathes between puffs

and that the table is getting full of crumbs.
It's worth noting,
that the bed becomes sluggish
and the sheets are changed
even without wanting to change
and the coffee

-fuente de vida-
se me esparce debajo de la taza

esperando el sorbo de las hormigas.
La casa
es este monstruo
que se expande por mitosis.

Es fácil olvidar que el diccionario
apunta solo al infinitivo.

Escribir:
afuera sopla sobre otras orejas
/ el tiempo/
nos juega escondidas
y yo con la muerte por detrás:
querer, quedar.

Cangrejos

Lo vi llegar con la mochila en la espalda
como tantas veces llegó,
empapado de sudor o de lluvia.
Él se merece algo mejor que estas líneas
y eso es definitivo.
Es difícil hablar de él sin hablar de mí.
Es como tratar de desentrañar
una fibra vegetal sin romperla,
sin ensuciarse las manos de algo que podría ser
sangre latiendo bajo tierra.
Y no lo es.
Sé que no voy a ser justa.
Nada se reconstruye
de forma fiel y efectiva.
Esto es darse cuenta de las vueltas,
de las esquinas,
de la pobreza de la ruta bajo el lente
desenfocado del alcohol.
Encontrar el camino deshabitado.
Sudar la lluvia.

–source of life–
spills under my cup

awaiting ants' sips.
The house
is this monster
that expands by mitosis.

It is easy to forget that the dictionary
points only to the infinitive.

To write:
outside it blows on other ears
/ time/
plays hide and seek on us
and I with death behind me:
to want, to remain.

Crabs

I saw him arrive with his knapsack on his back
like so many times before,
drenched in sweat or rain.
He deserves something better than these lines
and that is definitive.
It's difficult to speak of him without speaking of myself.
It's like trying to disentangle
a plant fiber without breaking it,
without getting your hands dirty with something that could be
blood beating beneath the ground.
And it is not.
I know that I'm not going to be fair.
Nothing can be rebuilt
accurately or effectively.
This is to notice the turns,
the corners,
the path's roughness under the unfocused
lens of alcohol.
To find the empty road.
To sweat the rain.

Futuro

Este hijo mío no nace.
Lleva años atorado entre el corazón y la mente.

Kilómetros más

Apago el televisor
con rabia y resentimiento.
Nada me dicen las noticias
que yo quiera saber.
Hay demasiado ruido afuera
y adentro los ladridos de los perros me impiden
ver por las ventanas.
La rutina viene a ser
una conversación muda
sobre eventos que se rompen
como telarañas al pasarles el dedo.
Esto es escribir sobre el polvo
de los muebles rayados.
Los días,
caras de recién nacidos.
Indefinidos a pesar de que alguna tía
encontrará el parecido
en el blanco de los ojos,
o en la circunferencia de la cabeza chata.

Son no-días, te digo,
y vos desde mil kilómetros después
contestás que a tu regreso
trabajaremos en reconstrucciones.

Future

This son of mine isn't getting born.
He has been stuck for years between the heart and the mind.

Kilometers More

I turn off the television
with anger and resentment.
The news tells me nothing
I want to know.
There is too much noise outside
and inside dog barks keep me
from seeing through the windows.
Routine becomes
a silent conversation
about events that break
like cobwebs you drag your fingers through.
This is writing about the dust
on the scratched furniture.
The days,
faces of newborns.
Indefinite although some aunt
will find the resemblance
in the whites of their eyes,
or the circumference of their flat heads.

They are non-days, I tell you,
and you from a thousand kilometers later
answer that when you return
we will work on reconstructions.

Laura CASASA NÚÑEZ
Costa Rica, 1976

Escritora, filóloga y lingüista. Es bachiller en Filología Española y Máster en Lingüística por la Universidad de Costa Rica (UCR), donde es profesora de la Escuela de Filología, Lingüística y Literatura. Obtuvo una maestría en Lexicografía en la Real Academia Española. Ha publicado los libros *Los niños muertos* (2009) y *Parque de diversiones* (2009) en el género de cuento y participó con el cuento "Los túneles de la memoria" en la antología de ciencia ficción *Posibles futuros cuentos de ciencia ficción* (2009); de crítica literaria, *El disecador de abuelitas: cuentos costarricenses de la década de 1940* (2010). Su poesía aparece en la antología *Judas 12+1 poetas nacidos en Costa Rica después de 1970*. Tiene en prensa el poemario *Todas somos amigas* y prepara su primera novela. laura.casasa@gmail.com

Heidi 1

Desde las celosías: la montaña y los techos.
Es de madrugada.
Mi cabeza,
mi pequeña televisión portátil,
me devuelve a Heidi caminando,
la mariposa,
mientras la baña un confeti de colores.
Está la Heidi verde,
la Heidi serpiente,
sus siete manos de diosa hindú
y Seal cerca de ella.
Y luego su maldad de hada enfurecida
en este último juicio,
Project Runway,
siendo mala, muy mala,
o mostrando la indulgencia por la que yo suplico,
yo que soy esa muchacha juzgada,
la que llora en las cámaras por el destierro,
esa advenediza,

Writer, philologist, and linguist. University degree in Spanish philology and master's in linguistics from the University of Costa Rica (UCR); where she is a professor in the School of Language, Linguistics and Literature. Master's in lexicography from the Royal Spanish Academy. Publications: *Los niños muertos* (*The Dead Children,* 2009); *Parque de diversiones* (*Amusement Park,* 2009); the story "Los túneles de la memoria" ("Tunnels of Memory") published in the collection *Posibles futuros cuentos de ciencia ficción* (*Possible Future Stories in Science Fiction,* 2009); literary criticism: *El disecador de abuelitas: cuentos costarricenses de la década de 1940* (*The Stuffer of Grannies: Costa Rican Stories from the 1940s,* 2010). Her poetry appears in the anthology *Judas 12+1 poetas nacidos en Costa Rica después de 1970* (*Judas 12+1 Poets Born in Costa Rica after 1970*). In press: *Todas somos amigas* (*We Women Are All Friends*). She is working on her first novel. laura.casasa@gmail.com

Translations by Jonathan F. Arries, © Laura Casasa Núñez

Heidi 1

Looking through the lattices: the mountain and rooftops.
It's early morning.
My head,
my little portable television,
brings me back to Heidi walking,
the butterfly,
while a confetti of colors showers her.
It's the green Heidi,
the serpent Heidi,
her seven Hindu goddess hands
and Seal next to her.
And then her furious fairy evil
in this last challenge,
Project Runway,
being bad, very bad,
or bestowing indulgence on the one I'm rooting for,
I am that judged girl,
who cries on camera for being banished
that newcomer,

esa que tendrá que refugiarse afuera en una calle,
debajo de un techo que gotea,
siendo olida por los perros.
Esa que soy yo,
que he tenido que levantarme,
vestirme, vestir, cocinarme y cocinar,
coger todos mis chunches en carrera para ser,
para obtener mi título de humana funcional.
Esa que soy yo,
que fuera del paraíso
tendré que llorar reír gritar consolar
hacer ejercicio leer escribir publicar
pensar seguir ahogarme hundirme subir
flotar sacar la cabeza mover las manos en el agua.
Esa que soy yo,
frente a todos ustedes, los de ojos, todos los ojos que somos
y que vemos al mismo tiempo lo mismo cada día
en todos los lugares las mismas cosas:
a Heidi con su indulgencia magnánima
perdonándome a mí,
dejándome a mí que siga
en este concurso de mi vida.

Heidi 2

De repente mi hija de espaldas:
las manitas perpendiculares al suelo en intento de volar
y sus alas de mariposa transparentes
y muchos trastos de cocina.
El caos de la casa trastocado
con la vara mágica del hada de dos años
que levanta el vuelo en sus zapatos blancos.

De repente Heidi que camina:
las manos que se mueven como telas en el viento,
ya alcanzado el cielo prometido
y la angustia
y sus alas de ángel envuelta en una luz blanca
y los aplausos de la gente.
Heidi, el secreto de Victoria revelado.
¿Y su secreto?
¿Cuál es el secreto de mis niñas?

who will have to seek refuge outside in the street,
under a leaky roof
sniffed by dogs.
I'm that one,
who had to get up,
get dressed, dress others, cook for myself and cook for others
grab all my things on the run in order to be,
in order to earn my title of functional human being.
I am that one,
who outside paradise
will have to cry laugh scream console
exercise read write publish
think keep going drown sink rise
float lift up my head move my hands in the water.
I am that one,
in front of all of you, those with eyes, all of the eyes we are
and we see at the same time the same thing every day
everywhere the same things:
Heidi with her magnanimous indulgence
forgiving me,
letting me continue
in this contest that is my life.

Heidi 2

Suddenly my daughter, back turned:
her little hands perpendicular to the floor, trying to fly
and her transparent butterfly wings
and lots of kitchen things.
The chaotic disarray of the house
with the magic wand of the two-year-old fairy
who takes flight in her white shoes.

Suddenly Heidi walking:
hands that move like fabric in the breeze,
the promised heaven attained
and the anguish
and her angel wings bathed in a white light
and the audience's applause.
Heidi, Victoria's secret revealed.
And what is her secret?
What is my girls' secret?

¿Cuál es mi secreto?
¿Cuál es mi secreta ambición de quién soy yo sin volar,
pegada a la tierra,
a la mediocre hora en que no soy nada?
¿Cuál es el vuelo que no se arranca de la tierra,
cuál mi piel sin plumas,
cuál mi magia sin alas?
Heidi heredera de su tela brillante,
ella, con todos los secretos,
yo, solamente un pájaro arrastrado.

La reina de la fiesta

una reina es una especie de regalo pensado
para unos plasti-fans

y siiiigo aquí esperán-do-te
(poesía Paulina Rubio)

mis manos-herrumbre
y el sudor
y un rasgo de noche

cantar canciones blancas
yo la reina
decir amor y amor desgarrado
en un sillón de cuarto
navajillas

cantar que me ha perdido
y verlo por ahí entre la gente esperán-do-te
río en mi cuerpo magnífico
lloro lamentos sinceros mentirosos
digo mi amor mi rey no puedo más
tenerte desde aquí
y no tenerte
yo soy la reina y te decreto
adorame de abajo, niño cruel

What is my secret?
What is my secret ambition about who I am, flightless,
glued to the ground,
to the mediocre hour when I am nothing?
What flight doesn't take off from the ground,
what is my skin without feathers,
what is my magic without wings?
Heidi, heiress to her shining tissue,
she, with all the secrets,
I, only a bird dragged along.

Queen of the Party

a queen is a type of gift intended
for fake fans

and heere I ammm waitinngg for youuu
(Paulina Rubio poetry)

my rust-hands
and sweat
and a stroke of night

to sing white songs
I the queen
to say love and love in tatters
in an armchair
razor blades

to sing that he has lost me
and see him in the crowd waitiingg for youuu
I laugh in my magnificent body
I cry sincere, lying laments
I say my love my king I can't go on
having you from over here
and not having you
I am the queen and I command you
adore me from below, cruel boy

Reaction Zone

son cientos de cuerpos regados por el piso
puestos sobre las ventanas
como calcomanías casuales creciendo sobre los árboles
sobre los techos de las casas

soy yo desnuda y en la casa
soy yo desnuda sin mi cuerpo
que se ha ido de mí
salió de viaje

yo no soy esta voz
que desprendo de mí con meditaciones pretenciosas

dicen que tengo más vidas en mi cuerpo
más muchachas diciendo cosas a mi oído desde adentro
                                              /llevo lamias y medusas
en mi triste clóset-cuerpo todas despiertas en prisión
pasando jarros de metal por los barrotes exigiendo salir, la libertad

ayer me levanté, fui a hacer compras
bañé mi cuerpo
le di algo que no me dio mi amante el día de antes
se lo di yo solita

me muerde desde adentro
como un perro con hambre que busca en basureros

soy una de las mujeres desnudas de las fotos
no me hace falta estar en el mar muerto

es que estoy colgando
de un gancho industrial pesado y viejo
como uno de esos pobres animales
desollada.

Reaction Zone

the bodies strewn on the floor are hundreds
piled against the windows
like ordinary stickers growing on trees
on housetops

it's me nude and at home
it's me nude without my body
that has left me
left on a trip

and I am not this voice
that I emit from myself with pretentious meditations

they say I have more lives in my body
more girls saying things in my ear from inside
                                        /I bear lamias and medusas
in my sad closet-body all awake imprisoned
banging metal cups on the bars demanding to leave, freedom

yesterday I rose, went shopping
bathed my body
gave it something that my lover did not the day before
I myself alone gave it

it bites me from within
like a hungry dog grubbing in garbage

I am one of the nude women in the photos
I don't need to be in the dead sea

it's that I am hanging
from a heavy old industrial hook
like one of those poor animals
flayed bare.

Carla PRAVISANI
Costa Rica, 1976

Carla es argentina, con muchos años de vivir en Costa Rica. Realizó el Master en Creación Literaria (Universidad Pompeu Fabra) y el posgrado en Literatura Digital (IL3/ Universidad de Barcelona). Publicó los libros: *Y el último apagó la luz* (2004); *Apocalipsis íntimo* (2010); *La piel no miente* (2012); *Patria de carne* (2015); *Las hienas del miedo* (2016); *La paloma de Tesla* (2018); y la novela *Mierda* (2018). *Apocalipsis íntimo* obtuvo Mención de Honor en el VI Premio Mesoamericano de Poesía Luis Cardoza y Aragón, 2010 (Guatemala y México). En el 2012 recibió el Premio Nacional Aquileo Echeverría en cuento por "La piel no miente" y en 2019 el Premio Nacional Aquileo Echeverría en novela por *Mierda*. (Fotografía de Daniel Morzinski) cpravisani01@gmail.com

La ventana del cafetal

Los pájaros chocan contra
el vidrio. Suena el golpe
de la certeza:
La de pagar con el cuerpo
la fe en un espejismo.

Stoner

Inmersa
en la oscura cavidad
de los libros
olvido.

Soy la Stoner.
La que tropieza con la literatura
frente al abismo familiar.
Afuera mamá
vive a regañadientes
con un tubo de oxígeno
y una sonda.

Argentine, resident in Costa Rica for many years. Master's in Creative Writing (Pompeu Fabra University, Spain) and postgraduate degree in Digital Literature (IL3/University of Barcelona, Spain). Publications: *Y el último apagó la luz* (*And the Last One Turned Out the Light*, 2004); *Apocalipsis íntimo* (*Intimate Apocalypse*, 2010), Honorable Mention, VI Luis Cardoza y Aragón Mesoamerican Poetry Prize (Guatemala and Mexico); *La piel no miente* (*Skin Doesn't Lie*, 2012); *Patria de carne* (*Nation of Flesh*, 2015); *Las hienas del miedo* (*Hyenas of Fear*, 2016); *La paloma de Tesla* (*Tesla's Dove*, 2018); and the novel *Mierda* (*Crap*, 2018). National Aquileo Echeverría Prize in short fiction for "Skin Doesn't Lie" in 2012, and in novel for *Crap* in 2019. (Photograph by Daniel Morzinski) cpravisani01@gmail.com

Translations by JP Allen, © Carla Pravisani

Coffee Field Window

Birds crash against
the glass. The blow
of certainty resounds:
Paying with the body
for faith in a mirage.

Stoner

Submerged
in the dark cavity
of books
I forget.

I am Stoner.
The one who stumbles across literature
facing the family abyss.
Out there mom
lives begrudgingly
with an oxygen tank
and a catheter.

Adentro William Stoner
descubre por primera vez
su soledad.

Destino

Al tiempo lo sujetan
las Moiras,
ruinas del desencanto
y la magia.
De eso se teje la vida:
de pequeñas muertes
y sus roedores
de poemas aserrados,
de palabras incapaces
de sostener un perfume.

Sobre el bien morir

Mi hermano volvió
a nuestra tierra
y todos festejamos
como si de un gran logro
colectivo se tratara.

Todos (secretamente)
supimos que el volver
nutre el bien morir
y todos (secretamente)
lloramos su regreso
como se abona la tierra
que nos cría.

Hay alegrías
que se renuevan
desde las raíces.
Semillas que se plantan
para la eternidad.
Ese es el fuego
que redime a la ceniza.

In here William Stoner
discovers, for the first time,
his solitude.

Destiny

The Fates
fasten it to time,
ruins of disenchantment
and magic.
From that life is woven:
from little deaths
and their gnawings,
saw-toothed poems,
words incapable
of holding onto a perfume.

On Dying Well

My brother came back
to our land
and we all celebrated
as if it were a great
collective triumph.

We all (secretly)
knew that coming back
nourishes dying well
and we all (secretly)
mourned his return
like fertilizing the land
that raises us.

There are joys
that are renewed
from the roots.
Seeds planted
for eternity.
That is the fire
that redeems the ashes.

El saber que en uno
estamos todos los que
— de alguna manera —
nunca volveremos.

Ranas

Ellas croan su lluvia, su acertijo de agua,
su final de todos los desiertos.
Hay dichas que son así: solo canto.
Hay otras que son solo espera.

Tierrero

Es mucha tierra
la que se acumula debajo de mis pies.
Capaz de teñirlo todo
con solo pasar el dedo o la memoria.

Esa tierra es pintura, un paisaje abierto
donde corren todavía indios muertos.
Tierra con alma de montaña.
Tierra en la que uno se desliza
como una sombra hacia atrás:
Hacia un paisaje verde y sudoroso
porque las hojas sudan y suda el viento,
o peor aún, no hay viento,
es ausencia de viento la que suda.
Suda la tarde también que cae plomiza
sobre la tierra. Dicen que es así
porque es volcánica,
porque escupir es prodigioso.
Dicen que es el hierro,
que por eso los niños la chupan
como a un helado.
Dicen muchas cosas
de esa tierra abrillantada.
Mientras yo cada día
digo menos. Quizás
porque prefiero el agua.

Knowing that in one
are all of us who
– somehow –
will never come back.

Frogs

They croak to their rain, their water riddle,
their end of all deserts.
Some joys are like that: only singing.
Others are only waiting.

Dust Bowl

So much land
builds up beneath my feet.
It can tint everything
with just one swipe of a finger or of memory.

That land is a painting, an open landscape
where dead Indians still run.
Land with the soul of a mountain.
Land where one slides
backwards like a shadow:
Toward a landscape green and sweaty
because leaves sweat and the wind sweats,
or even worse, there is no wind,
it's the absence of wind that sweats.
The afternoon sweats, too, falling grey
over the land. They say it's this way
because it's volcanic,
because spitting is a miracle.
They say it's the iron,
that's why children suck on it
like a popsicle.
They say a lot of things
about this glazed land.
While each day I
say less. Maybe
because I prefer water.

En cambio esa tierra pica,
pican los pies cuando se vuelven hojas,
y no hay jabón que borre
el tatuaje de la pobreza.

Y pica la vida porque esa tierra
es un mal designio:
Obliga siempre a volver a ella
como un náufrago de puertos.

Familia de cereal

Cada anuncio imaginado
para mostrar vidas mejores
drena mi existencia
como una tortura perpetua.

Veo esas caras brillantes doradas alegres
de hombres mujeres familias satisfechas
compartiendo el desayuno el almuerzo la cena
viviendo una felicidad mansa quimérica superflua.

Del otro lado de la pantalla
en cambio
veo a papá dando portazos largándose de casa
y mamá todavía en la mesa con sonrisa tibia
evitando nuestros ojos a punto del naufragio.

Cuánto hubiera deseado en ese entonces
atrapar a mi familia con mi red de publicista
y arrojarla
adentro de un comercial
aunque fuera treinta segundos.
—Ojalá a los ocho años me hubieran permitido
desdibujar el mundo—.

But that land grates,
feet grate when they turn into leaves,
and no soap can erase
poverty's tattoo.

And life grates because that land
is a bad plan:
It always forces you to come back
like a castaway from ports.

Cereal Family

Every ad dreamed up
to show better lives
drains my existence
like perpetual torture.

I see those faces shining golden happy
of men women families satisfied
sharing breakfast lunch dinner
living a tame chimerical superfluous joy.

On the other side of the screen,
instead,
I see dad slamming doors leaving home
and mom still at the table with a wan smile
avoiding our eyes on the verge of sinking.

How I'd have wanted then
to trap my family in my publicist net
and throw them
inside a commercial
even for thirty seconds.
—If only at eight years old I'd been allowed
to blur the edges of the world—.

Laura FUENTES BELGRAVE
Costa Rica, 1978

Tiene un doctorado en Sociología de l'École des Hautes Études en Sciences Sociales (EHESS, París). Trabaja como investigadora y docente en la Universidad Nacional y en la Universidad de Costa Rica. En la Universidad Nacional también dirige *Ístmica* de la Facultad de Filosofía y Letras, revista dedicada a los Estudios Transculturales. Tiene poesía, cuento y artículos académicos en publicaciones de Costa Rica, México, Guatemala, Francia, Ecuador y Estados Unidos. Ha publicado un poemario, *Penumbra de la paloma* (1999), y dos libros de cuentos, *Cementerio de cucarachas* (2006) y *Antierótica feroz* (2013). lafuenteescondida@yahoo.com.mx

Soy esa otra

Soy esa otra,
la que huele a hierba y manantial
al incendiar su pecho
de mar.
Soy terremoto,
guerra,
animal convulso
de la historia.
Costilla ineludible
de la lluvia,
heredera del grito
iracundo de la tierra.
Me desbordo
sin equipaje
entre madreselvas
y geranios.
Mi piel es una quimera
de la aurora
que se desvanece
entre lágrimas.

PhD in Sociology from l'École des Hautes Études en Sciences Sociales (EHESS, Paris). Researcher and teacher at the National University and the University of Costa Rica. At the National University she also directs *Ístmica* in the Faculty of Philosophy and Letters, a journal of Transcultural Studies. Her poetry, short stories, and academic articles have appeared in Costa Rica, Mexico, Guatemala, France, Ecuador, and the United States. Publications: *Penumbra de la paloma* (*Dove's Gloom*, 1999, poetry), and two story collections, *Cementerio de cucarachas* (*Cockroach Cemetery*, 2006) and *Antierótica feroz* (*Ferocious Antieroticism*, 2013). lafuenteescondida@yahoo.com.mx

Translations by Marie Pfaff, © Laura Fuentes Belgrave

I Am that Other One

I am that other one,
the one who smells of grass and spring water
burning her chest
made of sea.
I am earthquake,
war,
convulsive animal,
of history.
Inescapable rib
of the rain,
heiress of the wrathful
wail of the earth.
I disembark
without luggage
between honeysuckle
and geraniums.
My skin is a chimera
of the dawn
that fades
in tears.

Efímera naturaleza
que cada plenilunio
se desgarra
en un aullido interminable.
Soy campana
y tumba de la vida.
Mi lanza está preparada
y mi corazón henchido.
Hoy he conjurado
mi propio enigma.
Yo soy esa otra,
la hembra primitiva.
          (*Penumbra de la paloma*)

El último iluminado

Cuando los andamios de mi cuerpo
ya no resistan el peso de las hojas,
mis labios anhelarán el huerto,
dulce argamasa de tus manos.
Seré un diminuto caracol muerto
que interrumpirá con su savia
la furiosa lucidez del tiempo.
Fragantes luciérnagas milenarias
cubrirán de magnolias mis huesos.
Se elevará mi eco entre trigales
cual potente graznido de cuervo.
Una espiga amarilla se doblará
al más leve susurro del viento,
mi voz será un trino perdido
jugando en un paisaje desierto.
Ya no podré mirar a través de mí
sino en lontananza hacia tu puerto.
Entonces escucharé a Puccini
sembrar belleza en lo incierto.
Las estaciones se alejarán
meciéndose en abrazo violento
(nebulosa telaraña de recuerdos).
Enjambre de nubes es lo que siento,
cuando canto eterna y sin nombre

Ephemeral nature
that every full moon
tears itself
in an endless howl.
I am a bell
and a tomb of life.
My spear is ready
and my heart swollen.
Today I conjured
my own enigma.
I am that other one,
the primitive female.

(*Dove's Gloom*)

The Last Enlightened One

When the scaffolding of my body
no longer resists the weight of leaves,
my lips will yearn for the garden,
sweet mortar of your hands.
I'll be a diminutive dead snail
that will interrupt with its sap
the furious lucidity of time.
Fragrant millenary fireflies
will cover my bones with magnolias.
My echo will rise in wheat fields
like a powerful crow squawking.
A yellow spike will bend
at the slightest whisper of the wind,
my voice will be a lost trill
playing in a desert landscape.
I can no longer look through myself
but in the distance to your port.
Then I will listen to Puccini
sow beauty in the uncertain.
The seasons will move away
rocking in violent embrace
(nebulous cobweb of memories).
Swarm of clouds is what I feel,
when I sing eternal and nameless

el gozo secreto que experimento,
alondra de fuego, cañaveral,
cuando en la alborada el silencio,
rayo entrometido, me invita a viajar.
A un castigo sin hiel me sentencio,
desnuda tempestad, amado rostro
que como ligera flecha al firmamento,
enrumba al último iluminado
a recoger los vestigios de mi aliento.
(Penumbra de la paloma)

A pesar de Vallejo

Corrí desde el Panteón hasta la Ópera;
tropecé con decenas de gringos y palomas,
escupí mis remordimientos sobre el Sena,
te vi querido vagabundo durmiendo la resaca,
seguí corriendo con los pulmones destrozados,
las cuerdas de la lluvia envolviéndome los pies,
caí por una larga escalera de oropel,
barroco, mudéjar, romano, no supe la clave
de esa ciudad extraviada tantos siglos atrás,
la piedra de la ribera izquierda era arenilla,
asfalto cosido a las suelas que perdí,
no hubo mapa ni plan de acción
solamente los destellos de un café,
quizás una catedral sumergida
bajo el cognac de un vasito quebrado
en un lugar de la noche
cuyo nombre no olvidaré,
a saltos la plaza, el burdel latino,
donde por cierto extranjera me sentí,
ya no podía parar de correr,
descalza la luna me sorprendió
o tal vez el sol a través de las pirámides,
la policía preguntó pero subí al domo,
te busqué entre las musas, los compositores,
el ritmo loco de mi respiración,
cómo detener esta carrera, no tenía la rosa
de la calle de Poissonniers conmigo,
la magia era un mal truco de aprendiz,
bajo tierra todos los cuerpos circulando

the secret joy I experience,
firelark, reedbed,
when in the dawn the silence,
meddling lightning, invites me to travel.
I sentence myself to a punishment without gall,
naked storm, beloved face
that as a light arrow to the firmament,
heads to the last enlightened one
to collect the vestiges of my breath.
                              (*Dove's Gloom*)

Despite Vallejo

I ran from the Pantheon to the Opera;
stumbled across dozens of gringos and pigeons,
spit my regrets into the Seine,
saw you dear wanderer sleeping off the hangover,
kept running with lungs destroyed,
the ropes of the rain wrapping my feet,
I fell down a long gilded staircase,
Baroque, Mudejar, Roman, I didn't know the key
to that city lost so many centuries ago,
the stone on the left bank was grit,
asphalt sewn to my lost soles,
there was no map or action plan
only the flashing lights of a café,
maybe a cathedral submerged
under a small broken cognac glass
in one area of the night
whose name I will not forget,
a leap from the square, the Latin brothel,
where I certainly felt a foreigner,
I could no longer stop running,
barefoot the moon surprised me
or perhaps the sun through the pyramids,
the police asked but I went up to the dome,
looked for you among the muses, the composers,
the crazy rhythm of my breathing,
how do I stop this race, I didn't have the rose
from Poissonniers Street with me,
the magic was a bad apprentice trick,
below the ground all the bodies circulating

medio muertos al amanecer,
ni un solo punto y aparte,
entrecortada es la voz que escucho
llamándome y corro, no sé hacia dónde,
una vieja pesadilla de gárgolas
sobrevuela el amor que resbala
de un tocado de plumas ausente,
el orinal de Duchamp en un escenario
de tuberías a cielo abierto,
nueve metros cuadrados para
incubar tu alma hasta nuevo aviso,
los domingos el parque, la panadería,
los niños que parecen felices,
las trampas que nos ponemos solos
alrededor de una torre herrumbrada,
para seguir corriendo bajo la lluvia,
para encontrar a la niña de once años
bajo el puente,
esperándome
después de haber corrido
empapada de todo,
tan sucia la tricolor,
Víctor Hugo enmohecido
en algún baño turco,
las cruces en lo alto,
los marchands de arte
por lo bajo,
¿dónde estaba mi punto cardinal,
el poema que no me dejaría morir
entre la vida?

Me detengo para tomar aire,
y vos todavía seguís ahí,
salpicándote los piececitos
en los charcos,
creyendo en París
a pesar de Vallejo.

(*Álbum de migrante,* inédito)

half dead at dawn,
not a single new paragraph,
faltering is the voice I hear
calling me and I run, I don't know toward where,
an old nightmare of gargoyles
flies over the love that slips
from an absent feather headdress,
Duchamp's urinal is a stage
of openwork pipes,
nine square meters to
incubate your soul until further notice,
on Sundays the park, the bakery,
the seemingly happy children,
the traps that we set for ourselves alone
around a rusted tower,
to continue running in the rain,
to find the eleven-year-old girl
under the bridge,
waiting for me
after running
completely soaked,
so dirty the tricolor,
moldy Victor Hugo
in some Turkish bath,
the crosses at the peak,
the art merchants,
down below,
where was my cardinal point,
the poem that wouldn't let me die
in life?

I stop to catch my breath,
and you are still there,
splashing your little feet
in the puddles,
believing in Paris
despite Vallejo.

(*A Migrant's Album*, unpublished)

Mariana BEJARANO PÉREZ
Costa Rica, 1980

Descendiente de la etnia Huetar por parte de su madre y descendiente Ngäbe por su padre. Máster en Administración Educativa, licenciada en Enseñanza Especial, actualmente trabaja en la escuela del territorio indígena de Quitirrisí. Fomenta el orgullo de la cultura indígena mediante música instrumental autóctona, danzas, leyendas y poesía. Textos suyos fueron publicados en la antología *La voz que no marchita: Breve selección de poesía costarricense* (2014), en el marco del proyecto PoetiCA – poetas por la integración centroamericana.

Quitirrisí

En medio del universo
donde la brisa es suave
y las nubes acarician nuestro rostro
se encuentra mi tierra, la que me vio nacer
tierra que vio nacer a mis abuelos y a mis hermanas,
la que guarda en lo más profundo de las entrañas
el dulce secreto de lo que será por siempre.
La calidez de un pueblo que se encuentra
en un lugar donde se acaricia el cielo con las manos.
Pueblo que se asoma con recelo al desarrollo
de una sociedad que no deja espacio para respirar
y sin embargo,
se rehúsa a desaparecer.
Porque siempre habrá un deseo para no morir.

El maíz

En las mañanas al caminar sobre las hojas húmedas
se apacigua el chis chas de mis pasos al pisarlas.
Paso lento y preciso
me llevan a la milpa.
Blanco, amarillo, morado,
sus colores

Descendant of the Huetar indigenous group on her mother's side and of the Ngäbe on her father's. Master in educational administration, with a degree in special education, she currently works at a school in the indigenous territory of Quitirrisí. She fosters pride in indigenous culture through native instrumental music, dance, legends, and poetry. Her texts were published in the anthology *La voz que no marchita: Breve selección de poesía costarricense* (*The Voice that Doesn't Fade: Brief Selection of Costa Rican Poetry,* 2014), as part of the project PoetiCA – poetas por la integración centroamericana (PoetiCA – Poets for Central American Integration).

Translations by Kathleen Cunniffe-Peña, © Mariana Bejarano Pérez

Quitirrisí

In the middle of the universe
where the breeze is soft
and the clouds caress our face
is my land, the one that saw my birth
land that saw my grandparents and my sisters born,
that I keep in the deepest corner of my heart
the sweet secret of what will forever be.
The warmth of a people that is found
in a place where you can caress the sky with your hands.
A people that looks with suspicion at the development
of a society that leaves no space to breathe
but still
refuses to disappear.
Because there will always be a desire not to die.

Corn

In the mornings walking upon the damp leaves
quiets the squish squash of my feet as I step on them.
Slow, precise steps
take me to the cornfield.
White, yellow, purple,

los llevo en la piel.
Maíz que alimentó a los grandes sabios
permite cultivar en nosotros
tus hijos
la dulzura de los jugosos granos
fruto de la tierra generosa.

La luna

El infinito del cielo se asoma
la bella y resplandeciente luna
aroma de perfume del cafetal
bajo el cielo despejado la luna
brilla con impetuosa fuerza.
Luna dame tu brillo y tu luz
quiero vivir en tu resplandor.

La cosecha de café

En la mañana soleada me levanto
alisto el canasto
en la hoja de plátano
envuelvo una tortilla
unos frijolitos
y poquito de café,
para apaciguar el hambre en medio de los fríos
cafetales de Quitirrisí.
Grano a grano se llena el canasto,
así se recolecta la esperanza.

El río

Refleja sobre aguas claras el resplandor del imponente sol.
En su fondo los pececitos de color danzan con alegría un nuevo día.
El cangrejo noble y lento sus tenazas mueve al compás del nuevo día.
El río canta una melodía que armoniza el nuevo día.
Bello impetuoso río, dame de tu fuerza, para mi nuevo día
deja que mi espíritu viva en tus corrientes y tus cantos infinitos
quiero vivir en tu ribera, para verte cada nuevo día.

the colors
I wear on my skin.
Corn that nourished the great wise ones
allow to grow in us
your children
the sweetness of juicy kernels
fruit of the generous earth.

Moon

The sky's infinity appears
the beautiful, resplendent moon
aroma of the coffee field fragrance
beneath the clear sky the moon
shines with impetuous force.
Moon, give me your shimmer and your light
I want to live in your radiance.

Coffee Harvest

In the bright morning I get up
prepare the basket
in the banana leaf
I wrap a tortilla
some beans
and take a little coffee,
to soothe hunger in the midst of the cold
coffee fields of Quitirrisí.
Bean by bean the basket is filled,
this is how hope is gathered.

River

The radiance of the imposing sun reflects on clear waters.
In its depths small colored fish dance with joy to a new day.
The slow, noble crab moves its claws to the beat of the new day.
The river sings a melody that harmonizes the new day.
Beautiful impetuous river, give me your strength, for my new day
let my spirit live in your currents and your infinite songs
I want to live on your bank, to see you each new day.

La lluvia

En las tardes frías siento una brisa
que acaricia mi rostro.
Y todo mi ser se regocija
al igual que las plantas
los árboles
y las flores del jardín.
La sensación de las gotas
de nuestro creador: Ngöbo.
Lluvia bendita
aparece sobre el campo.

La noche

Brillo de gotas de cristal sobre las hojas verdes
en la noche fresca de la montaña
los grillos armonizan alegres sus cantos
entre las ramas de los ceibos y laureles.
Noche de paz, de amor y de espíritus
que expresan sus más nobles deseos
en la inmensidad de las tinieblas
en las sombras de las ramas
en el arrullo de los riachuelos
en los vacíos del pensamiento.

Las nubes

En mis manos siento el frío de las nubes que bajan a acariciar mi piel
Nubes de algodón, que juegan con las hojas, con las flores del jardín
Nubes que inspiran la paz más profunda de una vida de miel.
El suelo la recibe con gran amor apacible, generoso llenándolo de vida
nubes que cruzan lo más alto y lo más bajo llevan mi espíritu al infinito.

Esfuerzo y lucha

Aunque una mañana despierte sin nada que comer
sin ropa nueva que vestir, sin café, sin pan, sin más que hacer
continuaré, pasos seguros y firmes siguen adelante,
no se pierde el horizonte, no se pierde la esperanza.
Solo queda la fortaleza interior para continuar.

Rain

In the cold afternoons I feel a breeze
that caresses my face.
And my entire being rejoices
same as the plants
the trees
and the flowers of the garden.
The sensation of the drops
of our creator: Ngöbo.
Blessed rain
appears over the land.

Night

Glimmer of crystal beads over green leaves
on a cool mountain night
joyful crickets blend their songs
between the branches of ceibos and laurels.
Night of peace, of love and of spirits
that express their most noble desires
in the immensity of darkness
in the shadows of branches
in the murmur of streams
in the empty spaces of thought.

Clouds

In my hands I feel the chill of clouds that come down to caress my skin
Clouds of cotton that play with the leaves, with the garden flowers
Clouds that inspire the most profound peace of a life of honey.
The ground receives it with great gentle generous love, filling it with life
clouds that cross the highest and lowest carry my spirit to infinity.

Effort and Struggle

Although one morning I might awake with nothing to eat
no new clothes to wear, no coffee, no bread, nothing to do
I will proceed, sure and firm steps continuing ahead,
the horizon is not lost, hope is not lost.

Al llegar a casa la soledad te da la bienvenida,
nuevamente a un comienzo de esperanzas.
Caminar por los charcos,
por lodazales solo permite endurecer el espíritu y fortalecer el alma.
Continuar y caer, caer y levantarse, es lo de todos los días.
¿Quién dijo que la vida era fácil?,
no, no, es un constante desafío una lucha de día a día,
pero lo más importante es anhelar los deseos del corazón,
es el combustible para continuar,
para no claudicar en este camino de múltiples obstáculos.
Fuerza de Guerreros que nos dejaron un legado, de lucha, de sobrevivencia,
ímpetu en nuestro espíritu, para alcanzar los sueños.
Un paso nada más, solo un paso a la vez,
permite avanzar y conquistar lo que realmente deseamos,
cada plegaria nace del corazón,
para pedir al universo la fuerza para perseverar y no claudicar jamás.

El colibrí

Colibrí de mil colores
Tus alas agitas, con fuerza
Fuerza capaz de mover el mundo
Ave hermosa, cual grandeza
Llevas en la pequeñez de tu corazón
Déjame acompañarte, déjame volar a tu lado
Enséñame a ser libre, como el revoloteo de tus alas.
Enséñame a vivir de la belleza de las flores
De la libertad del viento.
Enséñame a ser, un colibrí.

Amor Eterno

Siempre estás ahí
Siempre escuchas mis lamentos
Siempre atento a darme tu mano
Siempre me das tu hombro
Siempre caminamos bajo la luz de la luna
Siempre te pienso y estás ahí
Eres el principio y el fin
Eres el amanecer y anochecer
Perdurarás en la eternidad de mi corazón
Amor Eterno.

All that's left is inner fortitude to go on.
Arriving home solitude welcomes you,
again to a hopeful beginning.
Walking through puddles,
through mud, only hardens the spirit and strengthens the soul.
Keep going and fall, fall and get up, is an everyday thing.
Who told you life was easy?
No, no, it's a constant challenge a day-to-day struggle,
but most important is to yearn for the heart's desires,
it is the fuel to continue,
to not give up on this path of many obstacles.
Warrior Force that left us a legacy, of struggle, of survival,
impetus in our spirit, to reach our dreams.
One step alone, just one step at a time,
allows us to move forward and conquer what we really desire,
each prayer comes from the heart,
asking the universe for strength to persevere and never give up.

Hummingbird

Hummingbird of a thousand colors
You flap your wings with strength
Strength capable of moving the world
Noble bird, what greatness
You carry in the smallness of your heart
Let me accompany you, let me fly by your side
Teach me to be free, like the fluttering of your wings.
Teach me to live on the beauty of flowers
The freedom of the wind.
Teach me to be, a hummingbird.

Eternal Love

Always you are there
Always you hear my cries
Always ready to give me your hand
Always you give me your shoulder
Always we walk under the moonlight
Always I think of you and you are there
You are the beginning and the end
You are the dawn and the dusk
You will endure forever in the eternity of my heart
Eternal Love.

Narcisa CASTRO
Costa Rica, 1980 – 2011

Fue poeta y abogada y cursó estudios de Psicología. Publicó cuatro poemarios: *El eterno silencio de mis nostalgias* (2000), *Vestigios del fuego* (2001), *La última hora de la distancia* (2006), *Los cantos de Lilith* (2009). Dejó cinco libros de poesía inéditos, entre ellos *Asmodeo entre las faldas de la noche*, pero se perdieron ante su temprana muerte. Solo se ha rescatado un poema que incluimos aquí. Aparentemente los documentos de su computadora fueron borrados y fue incinerada su biblioteca, donde perecieron casi todos los ejemplares de *Los cantos de Lilith*, que había editado por su cuenta. Le sobrevive un hijo. La Editorial Poiesis proyecta hacer una nueva edición de *Los cantos de Lilith*.

Alturas de la lumbre

Nos une un hilo frágil
la procesión acostumbrada
el subir descendiendo.

Nos une la correa
con que sacamos pasear al deseo
por la noche
escondiéndolo de lo eterno.

Nos unen dos sentimientos encontrados
Dos antónimos
Que de tanto confundirse
Se han vuelto enemigos

Me desata ese péndulo
    al que no encuentro mañana
en el futuro
La ruptura
        se dio desde el inicio.

(*Vestigios del fuego*)

Narcisa Castro was a poet, lawyer, and student of psychology. She published four poetry books: *El eterno silencio de mis nostalgias* (*The Eternal Silence of My Nostalgias*, 2000), *Vestigios del fuego* (*Vestiges of Fire*, 2001), *La última hora de la distancia* (*The Last Hour of Distance*, 2006), and *Los cantos de Lilith* (*Lilith's Songs*, 2009). She left five unpublished poetry books, including *Asmodeo entre las faldas de la noche* (*Asmodeo between the Skirts of the Night*), but they were lost upon her early death. Only one poem survived and is included here. Apparently, her computer documents were erased and her library burned, including almost all the copies of her self-published *Los cantos de Lilith*. She is survived by a son. Poiesis Editorial plans a new edition of *Los cantos de Lilith*.

Translations by María Esperanza Vargas, © Heirs to Narcisa Castro

Heights of the Fire

We are joined by a fragile thread
the usual procession
the rising descending.

We are joined by the dog leash
to take desire out for a walk
at night
hiding it from the eternal.

We are joined by two conflicting feelings
Two antonyms
That from so much blending
Have become enemies

I'm untied by that pendulum
    for which I find no tomorrow
in the future
The rupture
        started at the beginning.

(*Vestiges of Fire*)

Las ciudades del insomnio

                Tomá esta sonrisa
        de mis soledades,
la lumbre suelta en el poema
      y los cantos vencidos
                inexplicablemente
en estas aceras desnudas
      de la mañana,
        que desnuda estoy
respondiendo las perezosas
      preguntas de la noche.

Sí, amaneciendo
en tu apacible sombra
          de pan y poesía.

        Tomá este gesto
ceñido en todas las costumbres
         del fuego,
      de la lluvia
y de tantos y tantos mares
que se nos escapan.

Hoy parto mordida de abandonos,
              descalza,
                así desarropada
en todas las ciudades del insomnio.

        Vení a beberte la lluvia,
todos los domingos amarrados
             en mis azares
y no me veás desde ahí
donde el pecado es tan solo
            otro augurio
y mi sonrisa el austero milagro
        de todos los abrazos.

          (*La última hora de la distancia*)

The Cities of Insomnia

                    Take this smile
          of my solitudes,
the fire released in the poem
      and the songs defeated,
                    inexplicably
on these naked sidewalks
      of the morning
        because naked I am
answering the lazy
      questions of the night.

Yes, dawning
in your peaceful shadow
            of bread and poetry.

         Take this gesture
faithful to all traditions
       of fire,
       of rain
and of so many other oceans
that escape us.

I leave today bitten by abandonments,
            barefoot,
             so disrobed
in all the cities of insomnia.

          Come to drink the rainwater
all the Sundays tied
         to my perils
and don't look at me from there
where sin is just
            another prophesy
and my smile the austere miracle
     of all the embraces.

            (*The Last Hour of Distance*)

Nada es cierto

Ni estos caminos vencidos
        de mi boca.
Ni el estallido sonámbulo
    de tantas casas
      siempre arrinconadas
en el viejo delantal de la distancia.

        Y tampoco el poema
ni sus espejismos demasiados rotos
          contra cada horizonte.

      Así mi padre me mira
con su último huracán
    de soledades,
        ahorcado
en estas palabras que comprende a tientas.

No, no hay nada más oscuro
        que esta luz
con todas sus entorpecidas alturas
          arrodillándole.
    Mentira, vos sabés
      que todo brilla desnudo
entre la misma sonrisa de sombras de la tarde,
          todo,
hasta el silencio más exacto
que tropieza herido con mis versos.

        Y tampoco el poema
con su intención de calcinarse
          insolente.

Aquí, en los últimos vagones
      de este abandono
que no, que nunca me olvida.

              (*La última hora de la distancia*)

Nothing is Certain

Not these beaten paths
        of my mouth.
Or the sleepwalking explosion
    of so many houses
      always cornered
inside the old apron of distance.

        And neither the poem
nor its mirages too broken
        against each horizon

        Thus, my father looks at me
with his last hurricane
    of loneliness,
      suffocated
on these words he hardly understands.

No, there's nothing darker
        than this light
with all its clumsy elevations
        forcing him to kneel.
    A lie, you know,
      that everything shines naked
in the same smile of shadows in the afternoon,
          everything,
even the most exact silence
that stumbles wounded against my verses.

        And not the poem either
with its intention to self-incinerate
        insolent.

Here, in the last wagons
      of this desertion
that no, never forgets me.

                (*The Last Hour of Distance*)

Oda a Prometeo

Yo te conjuro todos los días de lluvia,
la canción malgastada del silencio
tus sencillos deseos de regresar a las calles
justo cuando a la izquierda del mundo
caen tus ojos.

Tú, con esa gloria tan parca:
cruzar las ciudades
como un vagabundo cualquiera,
acomodarte la corbata
caminar erguido y tan orgulloso
de toda la miseria.

Yo conjuro
que tus lágrimas se rompan en los bares,
que tu madre se muera y no regrese nunca
que te ataquen tus dragones
y camines en mis huellas.

Yo con mis sombras te conjuro
para que tu monstruo sea el grillete,
el ancla y la piedra
donde los buitres que dejaste en mí
jamás terminen de matarte.

(Asmodeo entre las faldas de la noche)

Ode to Prometheus

I conjure you up every rainy day,
the squandered song of silence
your simple wishes to return to the streets
exactly when, to the left of the world,
your eyes fall.

You, with that glory so frugal:
to cross cities
like any other wanderer,
to adjust your tie
to walk upright and so proud
of all the misery.

I conjure up
that you break into tears at bars,
that your mother dies and never returns,
that your dragons attack you
and that you walk in my footsteps.

With my shadows, I conjure you up
so that your monster is the shackle,
the anchor and the stone
where the vultures you left in me
never finish killing you.

(Asmodeo between the Skirts of the Night)

Alejandra SOLÓRZANO
Costa Rica, 1980

Escritora, actriz y profesora de Filosofía en la Universidad Nacional de Costa Rica. Su vida está marcada por el exilio y la migración política de sus padres. Costa Rica, Nicaragua, México y el retorno a Guatemala habitan en gran parte de su poesía. El tiempo, los viajes, la memoria, el cambio y el retorno son algunos de los temas que hilvanan su poesía a un sentir filosófico. Su trabajo ha sido publicado en las antologías *Anuario de poesía de San Diego, California* (2017–2018), *Voces de la poesía costarricense. El eco de la memoria* (2018), y otras. Autora de los libros *Detener la historia* (2016) y *Todo esto sucederá siempre* (2017). (Fotografía de Rafael Murillo) ciudadmigrante@gmail.com

Una semilla con alas

frente a la irónica sonrisa de la llanura.
Sol, mar, o la suave curvatura de cera con que enlazaron las
/plumas para el breve
Ícaro.

¿Qué soy? pregunté
y el búmeran del Vacío golpeó mis manos.

La piedra diminuta y última al fondo del océano
que medita,
inmolada en soledad.
El tiempo más preciso de los tiempos
o tal vez
resolana sobre el cadáver que abandonó una estrella marina.
¿Noble máquina?

¿Qué soy? pregunté
y el búmeran del silencio atravesó mi garganta.

Entonces pensé
que quizá yo fuera el sueño de una fiera llamada Berkeley

Writer, actress, and professor of philosophy at the Costa Rican National University. Her life has been marked by her parents' exile and political migration. Costa Rica, Nicaragua, Mexico, and the return to Guatemala appear in much of her poetry. Time, travel, memory, change, and return are themes tying her poetry to a philosophical sensitivity. Selected for the anthologies *Anuario de poesía de San Diego, California* (*Poetry Annual of San Diego, California*, 2017–2018); *Voces de la poesía costarricense. El eco de la memoria* (*Voices of Costa Rican Poetry. The Echo of Memory*, 2018), and others. Author of *Detener la historia* (*To Stop History*, 2016) and *Todo esto sucederá siempre* (*All This Will Always Happen*, 2017). (Photograph by Rafael Murillo) ciudadmigrante@gmail.com

Translations by Janet N. Gold, © Alejandra Solórzano

A Seed with Wings

facing the ironic smile of the plain.
Sun, sea, or the soft curvature of wax that held together the
/feathers for the brief flight of
Icarus.

What am I? I asked
and the boomerang of the Void struck my hands.

The last diminutive pebble at the bottom of the ocean
that meditates,
sacrificed in solitude.
The most precise time of all
or perhaps
the sun's reflection on the abandoned remains of a starfish.
Noble machine?

What am I? I asked
and the boomerang of silence pierced my throat.

Then I thought
that maybe I was the dream of a wild animal named Berkeley

mirando pasar la tarde con ociosidad y desprecio recostada
en la sobremesa que una anciana tejió para alegrar la visita
de los que no vuelven.

¿Qué soy?

¿El paladar, la manzana?
Brida, bestia,
negro jardín lleno de flores.
Finita sucesión sobre un cuerpo.
Jadeo del Tiempo que hace el milagro de la infinitud ¿Una falsa exactitud
    de sentido?

¿Qué soy?

¿Qué entonces?
—Nada, me responde el Vacío.

Nada.

Como si la Nada
fuese nada.

                                                (*Todo esto sucederá siempre*)

Las aves no se suicidan

En otro *mundo posible*
la Muerte de las aves sobreviene con apariencia de gato.

Al filo de una rama.
La inanición, un desierto para soñar insectos, larvas y semillas.

Colisionar sobre el espejismo de una ventana indiferente.
Perturbadas por ventiscas,
desorden de alas disueltas a merced de la anunciación de invierno.
Cansadas de tiempo
escondidas en el interior de un tronco
hasta ser encontradas
por masas de hormigas y escarabajos.
Cual sea el destino
su Muerte

watching with disdain as the afternoon goes by idly reclining on
the tablecloth that an elderly lady wove to brighten the visit
of those who don't return.

What am I?

The palate, the apple?
Bridle, beast,
black garden full of flowers.
Finite succession on a body.
Gasp of Time that performs the miracle of infinity. A false precision
    of meaning?

What am I?

What then?
—Nothing, the Void answers.

Nothing.

As if Nothingness
were nothing.

(All This Will Always Happen)

Birds Do Not Commit Suicide

In another *possible world*
the Death of birds pounces like a cat.

On the edge of a limb.
Starvation, a desert to dream of insects, larvae and seeds.

To collide with the mirage of an indifferent window.
Disoriented by windstorms,
disorder of wings dissolved thanks to the approach of winter.
Tired by time
hidden inside the trunk of a tree
until found
by armies of ants and beetles.
Whatever its fate
its Death

una figura agraciada con suavidad de otoño
espera para acompañar
la sombra cristalina de sus cuerpos
hacia una leve infinitud.

Esto canta un pájaro a su Logia
seguro de la ciudad durmiente
mientras le escucho *claro y distinto*
apoyada en sigilo tras la ventana del cuarto.

Oír el augurio de muerte de los pájaros
el sentido trino de su entidad secreta
de su canto existencial.

Enmudezco
Sin el deseo de haber hablado
[¿Qué apariencia tendrá mi muerte?]
Me pregunto
sin Logia
sin poseer un canto
justo antes de la madrugada.

(Todo esto sucederá siempre)

El silencio

Un lago de suaves y piadosos movimientos
mi timidez de infancia
un tren viajando solo
a merced del viento
un tren alanceado
por suaves espadas de cálida luz
sin pasajeros ni estaciones.

(Todo esto sucederá siempre)

Euclides

Una mujer
estudia la geometría,
la distancia más corta
entre un cuerpo y el suyo
el trazo de una paralela
con que dos bocas
dibujan una conversación al infinito.
Mide

a figure graced with autumn's softness
waits to accompany
the clear shadow of their bodies
toward a delicate infinity.

A bird sings this to its Lodge
knowing the city sleeps
while I hear it *clear and distinct*
leaning quietly by the window of the room.

Hearing the death foretold of the birds
the heartfelt trill of their secret being
of their existential song.

I fall silent
With no desire to have spoken
[What will my death look like?]
I wonder
with no Lodge
with no song
just before dawn.

(All This Will Always Happen)

Silence

A lake of soft and pious movements
my childhood shyness
a train traveling alone
at the wind's mercy
a train lanced
by soft spears of warm light
without passengers or stations.

(All This Will Always Happen)

Euclid

A woman
studies geometry,
the shortest distance
between a body and hers
the tracing of a parallel line
with which two mouths
draw a conversation to infinity.
She measures

-una a una-
las formas del temor
la velocidad y la fuerza
con la que se hace girar el corazón
como un derviche.
Una mujer
aferra a su pecho un astrolabio
y estudia el sueño,
como un eje sereno
y meditabundo
sobre el abismo de una sábana.
El tiempo
a veces
ofrece un insecto bello y desvanecido
o cualquier objeto habitable
de una cifra sagrada
el misterio
es refugio y arpón
para la fría desnudez de un cuerpo
solo
un cuerpo se pregunta
un cuerpo quizá reza
por el eco, el impacto
el sentido
que ocasionó otro cuerpo sobre el suyo.

(Detener la historia)

Reconstrucciones
a Luis Solórzano

I

Venís a explicarme, con tus siete años, cómo se lavan las tumbas de toda una ciudad. —¿Son muchas? pregunto. —Mira el cielo, respondes para dejarme otra vez en silencio, con mis ojos atados a tus pies diminutos. Me vuelvo pez. Vos también. Observo cómo embestís la calle honrando con tu trabajo de niño los epitafios del casco viejo de la ciudad.

II

Vuelvo a hincarme frente a la cama y repaso la lección de la escuela mientras el cuadernito soviético recibe mis garabatos en una noche de 29 grados de Nicaragua. Es tarde. A esta edad es difícil comprender las horas. Siento vergüenza de quedarme dormida y no esperar a que regreses.

(Detener la historia)

–one by one–
the shapes of fear
the speed and the strength
that make the heart whirl
like a dervish.
A woman
clutches an astrolabe to her breast
and studies sleep,
like a serene and
pensive axis
over the abyss of a bedsheet.
Time
occasionally
offers a beautiful and faded insect
or any habitable object
of a sacred number
the mystery
is refuge and harpoon
for the cold nakedness of a body
alone
a body asks itself
a body may pray
for the echo, the impact
the feeling
caused by another body over hers.

(To Stop History)

Reconstructions
for Luis Solórzano

I

You come to explain to me, at seven years old, how they clean the graves of an entire city. "Are there lots of them?" I ask. "Look at the sky," you answer, leaving me speechless, staring at your tiny feet. I turn into a fish. So do you. I watch how you charge down the street honoring with your childish effort the epitaphs of the old quarter of the city.

II

I kneel down by the bed again and review my school work while I scribble illegibly in the Soviet notebook on a 29 degree night in Nicaragua. It's late. At this age it's hard to understand hours. I'm embarrassed to fall asleep and not wait for you to return.

(To Stop History)

Paola VALVERDE ALIER
Costa Rica, 1984

Poeta y gestora cultural. Dictó el taller literario del centro penal La Reforma (2002-2006). En 2010 publicó el poemario *La quinta esquina del cuadrilátero*, luego reeditado. En 2014 *Bartender* (2015) fue finalista en el premio Jaime Gil de Biedma (España) y obtuvo mención de honor en el Premio Nacional de Poesía Aquileo J. Echeverría (Costa Rica). En 2017 publicó *Las direcciones estelares*, *Nocaut* y *De qué color es el verde*. En 2018 *El entrenador de palomas* fue finalista en el Premio Jaime Gil de Biedma y ganador de la Selección Anual de Poesía de la Universidad Estatal a Distancia (UNED), Costa Rica, 2019. En 2019 publicó *Cuando florecen los cactus*.
(Fotografía de David Cruz)

El amor es de bambú

No existe nada más fuerte que este amor.
Su cuerpo se dobla
y no se quiebra.
Sus costillas forjan la caña
para alimentarnos;
surcan la sal
los dientes asesinos.

El viento sopla hasta la médula.
Trae arena en los ojos
para cegar
a los videntes.
Trae espuma en la boca
y flota.
Se ha caído
y flota.
Flota con la punta erguida.
Dibuja un anillo en el agua,
un eco.

Poet and culture promoter. She directed the literature workshop at La Reforma correctional facility (2002–2006). In 2010 she published her book of poetry, *La quinta esquina del cuadrilátero* (*The Fifth Corner of the Quadrilateral*), later republished. *Bartender* (2015) was a finalist for the 2014 Jaime Gil de Biedma Award (Spain) and received honorable mention in the Aquileo J. Echeverría Costa Rican National Poetry Prize. In 2017 she published *Las direcciones estelares* (*Starry Directions*); *Nocaut* (*Knockout*); and *De qué color es el verde* (*What Color is Green*). *El entrenador de palomas* (*The Pigeon Trainer*) was a finalist for the 2018 Jaime Gil de Biedma Award and winner of the 2019 Annual Poetry Selection by the Distance Education State University (UNED). In 2019 she published *Cuando florecen los cactus* (*When Cacti Bloom*). (Photograph by David Cruz)

Translations by Jerome Dendy, © Paola Valverde Alier

Love is Made of Bamboo

Nothing stronger than this love exists.
Its body bends
and does not break.
Its ribs forge the cane
to feed us;
slaying teeth
cut through the salt.

The wind blows to the core.
Brings sand in the eyes
to blind
the seers.
Brings foam in the mouth
and floats.
It has fallen
and floats.
It floats with the tip erect.
Makes a ring in the water,
an echo.

Muerdo esta caña,
su raíz convulsa
el hilo de saliva
que sostiene el anzuelo.
Muerdo las peras cuando maduran.
Mi boca empapada en tu oído.

La piedra del silencio
tropieza con este bambú.

Tomo tu ala para cruzar la calzada.
Tomo tu ala y miro el tiempo.
Lloro en un podio
ante la realidad cobriza.
Lloro y me esfumo
como el vapor sobre los lagos.

Soy la mujer que creyó en una estampida
y vio en los ojos de su amante
el origen de un fuego.

La vida antes de la vida

Los ríos perpetraban la corteza de los árboles
la voz de la selva
permanecía campante

¡Fuerte como el jaguar
valiente como la anaconda!

Antes de nacer
fui un diminuto botón de luz

Tomé forma de cordillera
exploté en tonos turquesa
y de la sangre
almacenada en mi sexo
brotó
una estampida de colibríes
El Fuego
era un hilo costurado al sol

I bite on this cane,
its root shaken
the thread of saliva
that sustains the hook.
I bite the pears when they ripen.
My soaked mouth in your ear.

The stone of silence
stumbles on this bamboo.

I take your wing to cross the path.
I take your wing and watch time.
I cry on a podium
before the copper truth.
I cry and disappear
like the mist over lakes.

I am the woman who believed in a stampede
and saw in her lover's eyes
the origin of a fire.

Life before Life

The rivers perpetrated the tree bark
the voice of the forest
remained at peace

Strong as the jaguar
brave as the anaconda!

Before being born
I was a tiny bud of light

I took the shape of a mountain range
exploded in turquoise tones
and from blood
stored in my sex
sprouted
a stampede of hummingbirds
Fire
was a thread stitched to the sun

El verde
no domaba la llama

La mujer que custodiaba la tormenta
dejó caer los rayos
y se convirtió en pájaro

Primeras ciencias
A Alfonso Chase

Los poetas aprendieron
de un maestro astrónomo

El maestro astrónomo
aprendió la geografía
y las matemáticas
de la mano de un navegante

Cada pluma en la cabeza
de un navegante
representaba
las direcciones de sus viajes

En sus viajes el navegante admiró
la geometría de los nenúfares

Un bárbaro marcó
esas figuras en su brazo

con sellos de barro
se repitieron los símbolos

El astrólogo
adoptó los nombres
que el poeta dio a las constelaciones
y el arte de escribir
vio la luz
en el vasto espacio oceánico

The green
did not tame the flame

The woman who guarded the storm
let the rays fall
and turned into a bird

First Sciences
To Alfonso Chase

The poets learned
from a teacher astronomer

The teacher astronomer
learned geography
and mathematics
at the hand of a navigator

Every feather on the head
of a navigator
represented
the directions of his travels

In his travels the navigator admired
the geometry of water lilies

A barbarian branded
those images on his arm

with clay stamps
the symbols were repeated

The astrologer
adopted the names
the poet gave to the constellations
and the art of writing
saw the light of day
in the vast oceanic space

Palomas mensajeras

Entreno palomas mensajeras.

En su ojo derecho
la brújula
guía el vuelo de retorno
hacia su palomar.

Sé muy bien dónde se oculta el sol,
unas alas agitan el horizonte
y los pichones viajan
con las miradas abatidas.

Abro las compuertas de sus jaulas.

Pronto romperán la inocencia
y yo refugiaré mi silbido
en la dilatación del tiempo.

Volarán en círculos
hasta convertirse en lluvia.

Son tan distintas a mí,
yo viajé desde otro continente
y aprendí a volar hacia una latitud desconocida.

Por eso
sigo el corazón de las palomas.

Siempre regresan al lugar donde probaron el alpiste
y vieron por primera vez un amanecer.

Carrier Pigeons

I train carrier pigeons.

In its right eye
the compass
guides the return flight
toward its loft.

I know very well where the sun hides,
wings flutter the horizon
and pigeons travel
with downcast gazes.

I open the hatches of their cages.

Soon they will fracture innocence
and I will shelter my whistle
in the dilation of time.

They will fly in circles
until they become rain.

They are so different from me,
I traveled from another continent
and learned to fly toward an unknown latitude.

So
I follow the heart of pigeons.

They always come back to where they tasted birdseed
and first saw a sunrise.

Milena CHAVES MATAMOROS
Costa Rica, 1988

Nació en la ciudad de San Ramón, "Tierra de Poetas". Gestora cultural. Cursó estudios de Relaciones Internacionales y Cooperación Internacional en la Universidad Nacional. Directora de proyectos en la desarrolladora de empresas Programa Semilla (2017-2020). Productora para la Unidad de Cultura y Economía del Ministerio de Cultura y Juventud (2015-2018). Codirectora del Encuentro Internacional Tierra de Poetas (2013-2015). Miembro del equipo productor del Encuentro Internacional de Poesía de Occidente, coordinado por la Asociación Popular de Arte y Cultura Ramonense, APACUR (2008-2011). Ha participado en el Encuentro Internacional de Poetas de Zamora, Michoacán, México (2014 y 2016), así como en recitales en Costa Rica, República Dominicana y México. Poemas suyos han sido publicados en medios impresos y digitales de Costa Rica, Nicaragua, España y México. milenachavesm@gmail.com

Yo árbol

Creció en mi frente un árbol.
Creció hacia dentro.
–Octavio Paz

Soy árbol
de semillas migratorias.
Soy raíces,
he muerto en tantos suelos
y de mí he florecido en pasionarias.
Soy árbol:
si me podan, crezco,
si me queman
las raíces habrán nacido ya
desde otro brazo de la lluvia.

Soy frutal, perenne, exótico,
caducifolio, apenas tronco.

Cultural promoter born in the city of San Ramón, "Land of Poets," studied international relations and international cooperation at the National University. Project manager at the business developer Semilla Program (2017–2020). Producer for the Culture and Economy Unit of the Ministry of Culture and Youth (2015–2018). Codirector of the Land of Poets International Meeting (2013–2015). Member of the production team of the International Meeting of Poetry of the West, coordinated by the San Ramón Popular Association of Art and Culture, APACUR (2008–2011). Participant in the International Meeting of Poets in Zamora, Michoacán, Mexico (2014, 2016), as well as recitals in Costa Rica, the Dominican Republic, and Mexico. Poems published in print and digital media in Costa Rica, Nicaragua, Spain, and Mexico. milenachavesm@gmail.com

Translations by Marie Pfaff, © Milena Chaves Matamoros

I Tree

From my forehead grew a tree.
It grew inward.
–Octavio Paz

I am a tree
of migratory seeds.
I am roots,
I have died in many grounds
and from me I have blossomed in passion flowers.
I am a tree:
if they prune me, I grow,
if they burn me
roots will already be born
from another arm of the rain.

I am a fruit tree, perennial, exotic,
deciduous, only trunk.

Soy árbol sombra
árbol leña
árbol papel y lápiz de versos
árbol que rompe
el invencible cemento
de las aceras.
Soy árbol
que muta su camino.
Árbol
en su viaje interminable
hacia la luz.

Casa

Mi casa
es del color de Centroamérica.
Me arrulla cada noche
en su canción de espanto.

Mi casa
no tiene color,
es un muro agrietado
en blanco y negro
en esa escala de grises
de los primeros televisores,
un camino infinito
irregular
el serpenteante cauce
de todos los ríos
desbordados
sobre la casa de todos
en esta estación lluviosa
que no acaba.

De tanta sangre
los ojos no reconocen
otros colores
el corazón solo conoce
el sobresalto
saltar los muros
quedar desmembrado
en los alambres de púas.

I am a shadow tree
firewood tree
paper and pencil tree for verses
tree that breaks
the invincible cement
of sidewalks.
I am a tree
that mutates its path.
Tree
on its endless journey
toward the light.

Home

My home
is the color of Central America.
It lulls me to sleep each night
with its frightful song.

My home
has no color,
it's a cracked wall
in black and white
in that grayscale
of the first televisions,
an infinite path
irregular
the sinuous bed
of all rivers
overflowed
onto everyone's home
in this rainy season
that has no end.

From so much blood
eyes do not recognize
other colors
the heart only knows
sudden shock
jumping over walls
being dismembered
on barbed wires.

Mi casa
es del color de Centroamérica
palpita en su dolor constante
en su odio
en su afición al odio
su sensación de perseguido.

Siente menos miedo
quien percibe a su lado
la sombra de la muerte.
Este mirar continuo de reojo
con cara de sospecha
a cualquier transeúnte
cruzar con desconfianza
cada parque.
Es una valija muy pesada
esta nostalgia de los muertos
de todos los silencios obligados.

Mi casa
es del color de Centroamérica
un color de nostalgia
de paredes ahumadas en madera
de un dolor tan intenso
que afecta la memoria de las luces
los tiempos del abrazo
los colores que perviven
pese al frío.

Mi casa
es del color de Centroamérica
un refugio hostil
con la justa savia
para reinventarse.

My home
is the color of Central America
throbbing in its constant pain
in its hatred
in its fondness for hate
its feeling of being pursued.

Fear is felt less
by those who perceive at their side
the shadow of death.
This continuous sideways glance
with a suspicious look
at any passerby
walking with distrust
across a park.
Very heavy baggage is
this nostalgia for the dead
for all the forced silences.

My home
is the color of Central America
a color of nostalgia
for wood-smoked walls
for such an intense pain
that affects the memory of lights
times of embrace
colors that survive
despite the cold.

My home
is the color of Central America
a hostile haven
with the right sap
to reinvent itself.

1995

No me esperes, mamá,
no volveré del kínder
con una flor silvestre
o un ramito de culantro coyote
recogido a la orilla
del lote de las vacas.

No me esperes, mamá,
no volveré a trazar garabatos
a mis seis años
y nunca sabrás que buscaría el mundo
en forma de poema.

No volveré a cantarle a papá
cuando llegue a casa para el almuerzo.
No me esperes,
no dejaré cartas en la ventana
para la ratona de los dientes
que pasa en vestidito por la tapia
cargando una sombrilla y las monedas.

Desconfía en adelante
de cada carro que pase
al lado de las niñas.
No me esperes, mamá,
ya no me esperes,
que después de esta mañana
solo seré silencio.

1995

Don't wait for me, mom,
I won't be back from kindergarten
with a wildflower
or a sprig of cilantro
picked at the edge
of the cow field.

Don't wait for me, mom,
I won't draw scribbles again
like at six years old
and you'll never know I'd search for the world
in the form of a poem.

I won't sing to dad again
when he comes home for lunch.
Don't wait for me,
I won't leave letters at the window
for the tooth mouse
coming in her little dress over the wall
carrying coins and a parasol.

Be wary from now on
of every car that passes
next to the girls.
Don't wait for me, mom,
don't wait for me anymore,
after this morning
I will only be silence.

Goldy LEVY
Costa Rica, 1993

Poeta y periodista costarricense, ciudadana del mundo, bibliófila y viajera apasionada. Realizó su bachiller en Literatura y Escritura Creativa en Emerson College en Boston, Massachusetts, y cuenta con un magíster en Periodismo de la Universidad de los Andes, Colombia. Actualmente reside en Bogotá, donde es productora de podcasts y periodista en un medio independiente. Fue editora de la revista artística *Lola* publicada en Costa Rica y está trabajando en su primer poemario. Su corazón se mueve por la poesía, el arte y las historias que ilustran la magia de ser humano, con un énfasis en temas de género, igualdad de derechos y amor a la naturaleza. goldyannlr@gmail.com

Ciudadana del mundo

No sé cómo echar raíces
en un solo suelo.
¿Por qué querer
el mundo a pedazos,
si lo puedo querer entero?

Somos de ella y toda su furia

Suelta ríos
ondeando sus caderas.

En sus días de canto
por las montañas se deslizan casas,
cosas que hicieron a alguien
desaparecen
en caudales y vientos.

Costa Rican poet and journalist, citizen of the world, bibliophile, and impassioned traveler. She has a bachelor's degree in literature and creative writing from Emerson College in Boston, Massachusetts, and a master's in Journalism from the University of the Andes, in Colombia. She currently resides in Bogotá, working as a podcast producer and journalist in an independent digital medium. She was editor of the independent artistic journal *Lola* published in Costa Rica and is working on her first poetry collection. Her heart is moved by poetry, art, and stories that illustrate the magic of being human, with an emphasis on gender issues, equal rights, and love of nature. goldyannlr@gmail.com

Translations by Marie Pfaff, © Goldy Levy

Citizen of the World

I don't know how to put down roots
in only one soil.
Why want
the world piece by piece,
if I can want it whole?

We Are Hers and All Her Fury's

She unleashes rivers
swaying her hips.

On her singing days
houses slide down mountains,
things they did to someone
disappear
in floods and winds.

Gaia

Espero que en mis estrías encuentres
el compás que te guíe norte,
que te envuelvan mis montañas
y no te pierdas en los entrecruces
de mis raíces
ni el fervor de copas despeinadas.

Consciencia

Hoy aprendí
que quiero ser como un río.
Fluir por mi camino acariciando esquinas,
dejando intacto el andar del otro mundo,
ese que existe afuera mío.

Ir y venir en esta vida
y que la tierra no haya sentido
más que nuestro abrazo.

Despedida

Así me voy,
con esta lluvia coqueta,
caderas ondeando,
descalza con una danza saltada.

Me llevo en mis talones
el barro de esta tierra,
el molde de mis raíces,
esa sonata del río
que todo este año me ha cantado:
"estás en casa, estás en casa,
aquí entre las aguas y el verde".
Me llevo la rectitud de mi madre,
su definición en mi semblante.
Las lágrimas de mi abuela,
que dice que ahora todos nos separamos,
que deberíamos quedarnos juntos,
todos juntos.

Gaia

I hope you find in my land grooves
the compass that guides you true north,
may my mountains envelop you
and don't get lost in the intertwining
of my roots
or in the fervor of windblown treetops.

Awareness

Today I learned
that I want to be like a river.
Flow along my way caressing corners,
leaving intact events of the other world,
the one that exists outside of me.

To come and go in this life
and yet the earth has not felt
anything but our embrace.

    Farewell

    And so I'm leaving,
    with this flirtatious rain,
    swaying hips,
    barefoot with a leaping dance.

    I carry on my heels
    the mud of this earth,
    the mold of my roots,
    that river sonata
    that all this year has sung to me:
    "you are at home, you are at home,
    here amid the waters and the greenery."
    I take my mother's rectitude,
    its definition on my countenance.
    The tears of my grandmother,
    who says that now we all separate,
    that we should stay together,
    all together.

La familia es como una gota en un papel.

Aquí dejo mi sangre,
el uniforme del colegio,
algunas zapatillas viejas,
los quizás que hoy despido.

Así me voy,
exploradora de carreteras,
pensadora de paisajes urbanos,
con un collar de nostalgia
y una corona de sueños feroces.

Me voy cargando una risa en mi pecho,
la gratitud transcrita en mis palmas,
un mapa en blanco y un cuaderno.

Así me voy,
con rodillas en alto y alas suaves,
con un corazón seguro que regresará.

Preguntas a Frida

Espero que la salida sea alegre,
y espero no volver nunca más.
–Frida Kahlo

¿Dónde te fuiste, Frida?
Nos dejaste con tus retratos,
con tus monos y tus espinas.
¿Y adónde te fuiste?
Con las ficciones de tu amor,
con un Diego heroico
solo en sus cartas,
con tu rabia de embrujo
entre faldas y sacos.
Lo que saboreamos de bueno,
lo pintaste.
¿Dónde nos dejaste la belleza?
Esa que emanaste melancólica,
de que ser mujer no es siempre limpio,
que el amor es puro rara vez.

The family is like a drop on a paper.

Here I leave my blood,
the school uniform,
some old sandals,
the "maybes" I let go today.

And so I'm leaving,
road explorer,
urban landscape thinker,
with a nostalgia necklace
and a crown of fierce dreams.

I'm leaving with a laugh in my chest,
gratitude transcribed on my palms,
a blank map and notebook.

And so I'm leaving,
with knees high and wings soft,
with a heart sure to return.

Questions for Frida

*I hope the way out is joyful,
and I hope I never come back.*
–Frida Kahlo

Where did you go, Frida?
You left us with your portraits,
with your monkeys and your thorns.
And where did you go?
With the fictions of your love,
with a Diego heroic
only in his letters,
with your bewitching rage
between skirts and suits.
What we savor as good,
you painted it.
Where did you leave us beauty?
The one you emanated, melancholic,
that being a woman is not always clean,
that love is rarely pure.

Pero aún así,
te decoras con flores la cabeza.

Eres ícono.
¿Pero quién te conoció
entera y desde adentro?

Frida,
no tuviste tiempo suficiente
para enseñarle a todas
lo que se quema en casa
ahoga el corazón.
Nos diste solo las pistas:
que te encontrabas en tu imagen,
que pintaste lo que conocías
para conocerte un poco más.

Eres hoy mis protestas
al hombre con raíces en sus piernas
que no logra ver que soy sirena.

¿Qué más pintarías sobre la soledad?
Cuéntame cuántos días en cama
son suficientes para crecer
una espina nueva.

Dime cómo separar la madre del tallo,
cómo ser entera.
¿En qué fuente esconden la fidelidad propia?

Frida,
espero que haya salida.

But even still,
you decorate your head with flowers.

You are an icon.
But who knew you
whole and from inside?

Frida,
you didn't have enough time
to teach women
what burns at home
drowns the heart.
You only gave us the clues:
that you found yourself in your image,
that you painted what you knew
to know yourself a little better.

You are my protests today
to the man with roots in his legs
who can't see that I am a mermaid.

What else would you paint about loneliness?
Tell me how many days in bed
are enough to grow
a new thorn.

Tell me how to separate the mother from the stem,
how to be whole.
In what source do they hide their own fidelity?

Frida,
I hope there is a way out.

Traductores

JP Allen: sus poemas y traducciones han aparecido en *The Offing, Southern Humanities Review, Waxwing, Tinderbox* y en otros lugares. Tiene un MFA en poesía de la Universidad Johns Hopkins y becas del Vermont Studio Center y la Sewanee Writers Conference. Es editor asistente de poesía de *Narrative Magazine*. Correo: contactjpallen@gmail.com.

Gail Ament es catedrática de Filología Española en Morningside College en Iowa. Se doctoró en la Universidad de Washington en 1998 con la tesis "The New Mayan Scribe: Contemporary Indigenous Writers of Guatemala" (El nuevo escriba maya: escritores indígenas contemporáneos de Guatemala). Enseña Lengua y Cultura Hispana, además de clases de literatura latinoamericana como "NarcoLit, el forajido y el cine". Su intenso amor por la historia y los viajes la ha llevado a la mayoría de los países de las Américas, incluyendo las Guyanas. Correo: ament@morningside.edu.

Indran Amirthanayagam ha publicado diecinueve libros de poesía, incluyendo: *The Migrant States* (*Los estados migrantes*, Hanging Loose Press, 2020); *En busca de posada* (Apogeo, Lima, 2019) y *The Elephants of Reckoning* (*Los elefantes del ajuste de cuentas*, Hanging Loose Press, 1993). Ha recibido becas y subvenciones de la Fundación para las Artes Contemporáneas, la Fundación Nueva York para las Artes, el Fondo para la Cultura de Estados Unidos y México y la Colonia Macdowell. Escribe sobre poesía para el semanario *Haití en Marche*. Redacta *The Beltway Poetry Quarterly* y es un curador de la plataforma literaria www.ablucionistas.com. (www.indranmx.com).

Jonathan F. Arries es profesor asociado emérito de Lenguas y Literaturas Modernas del College William & Mary en Virginia, donde enseñó español, traducción y estudios fronterizos y entrenó a futuros maestros. Ahora, en retiro parcial, trabaja como socio de apoyo familiar con la Middle Peninsula-Northern Neck Community Service Board, una agencia que es la red de seguridad de salud mental para la Virginia rural. Como coordinador voluntario con el organismo sin fines de lucro Gente y Cuentos alfabetiza entre los adultos encarcelados en una cárcel local y también facilita un curso sobre el control de la ira allí. Como si ese trabajo no fuera lo suficientemente desolador, también se ofrece como intérprete para los refugiados de Centroamérica que desesperadamente buscan asilo en los Estados Unidos. Correo: jfarri@wm.edu.

Translators

JP Allen's poems and translations have appeared in *The Offing, Southern Humanities Review, Waxwing, Tinderbox*, and elsewhere. He holds an MFA in poetry from The Johns Hopkins University and scholarships from the Vermont Studio Center and the Sewanee Writers' Conference. He is an Assistant Poetry Editor at *Narrative Magazine*. Email: contactjpallen@gmail.com.

Gail Ament is Professor of Spanish at Morningside College in Iowa. She earned her PhD at the University of Washington in 1998 with her doctoral dissertation, "The New Mayan Scribe: Contemporary Indigenous Writers of Guatemala." She teaches Spanish language and culture as well as courses in Latin American literature such as "Narco Lit, the Outlaw, and Cinema." Her abiding love of history and travel has taken her into most countries of the Americas, including the Guyanas. Email: ament@morningside.edu.

Indran Amirthanayagam has published nineteen books of poetry, including: *The Migrant States* (Hanging Loose Press, 2020), *En busca de posada* (*Searching for Shelters,* Apogeo, Lima, 2019) and *The Elephants Of Reckoning* (Hanging Loose Press, 1993). He has received fellowships and grants from the Foundation for the Contemporary Arts, the New York Foundation for the Arts, the US/Mexico Fund for Culture, and The Macdowell Colony. He writes on poetry for the weekly *Haiti en Marche*. He pens *The Beltway Poetry Quarterly* and is curator of the literary platform www.ablucionistas.com. (www.indranmx.com).

Jonathan F. Arries is Associate Professor Emeritus of Modern Languages and Literatures at the College of William and Mary in Virginia where he taught Spanish language, translation and border studies, and trained prospective teachers. Now in partial retirement, he works as family support partner with the Middle Peninsula-Northern Neck Community Service Board, an agency that is the mental health safety net for rural Virginia. As a volunteer coordinator with the non-profit People and Stories he teaches literacy skills to incarcerated adults in a local jail and he also facilitates a course on anger management there. As that work isn't quite heartbreaking enough, he also volunteers as an interpreter for refugees from Central America who are desperately seeking asylum in the U.S. Email: jfarri@wm.edu.

Linda J. Craft es catedrática de Filología Española y Latinoamericana en la Universidad de North Park, Chicago (PhD, Universidad Northwestern). Ha publicado varios libros, incluyendo *Novels of Testimony and Resistance from Central America* (*Novelas de testimonio y resistencia de Centroamérica*, 1997); una traducción de las memorias noveladas del salvadoreño Manlio Argueta, *Siglo de O(g)ro* (2007); y una colección coeditada de lecturas críticas de la obra de Argueta, *Desde la hamaca al trono y al más allá* (2013), además de múltiples ensayos y reseñas. Ella acredita a sus colegas internacionales de CILCA, "los del Congreso Internacional de Literatura Centroamericana", por inspirarla con ideas y pasión en la búsqueda de conocimientos sobre la literatura centroamericana. "Muchos de estos colegas de CILCA fueron los anfitriones costarricenses que nos dieron una calurosa bienvenida en las reuniones en San José, Heredia y Nicoya". Correo: lcraft@northpark.edu.

Kathleen Cunniffe-Peña es instructora de español en el Wilson College de Chambersburg, PA, donde supervisa a los futuros maestros y ofrece clases de lengua española y literatura y cultura latinoamericanas. Tiene una maestría en Estudios Latinoamericanos de la Universidad de Nuevo México y el doctorado en Filología Española de la Universidad Temple. Publica en revistas académicas y presenta su trabajo en conferencias nacionales e internacionales. Más recientemente, sus proyectos se han centrado en el cosmopolitismo, las identidades transnacionales y la migración. Es voluntaria con organizaciones de defensa de inmigrantes en Pensilvania, como MILPA y el Programa Keystone de Trabajadores Agrícolas, donde sirve regularmente como traductora e intérprete. Correo: kathleencunniffepena@wilson.edu.

Jerome M. Dendy es un estudiante graduado en el Departamento de Lenguas Romances de la Universidad de Nueva Orleans y exbecario de Políticas Públicas y Asuntos Internacionales en la Universidad de Michigan. Ha enseñado a estudiantes de bachillerato y pregrado en la Universidad Howard en Washington, DC. Por su trabajo con el Departamento de Estado de los Estados Unidos, fue galardonado con el Premio Benjamin Franklin y ha realizado servicios de traducción para el gobierno de los Estados Unidos durante varios años. Su primer libro infantil, *Pru and the Magic Mushroom* (*Pru y el Hongo Mágico*), se publicó en 2013 y la versión en español saldrá en 2021. Correo: jerome.dendy@yahoo.com.

Linda J. Craft is Professor of Spanish and Latin American Literature and Culture at North Park University, Chicago (PhD, Northwestern University). She has published several books including *Novels of Testimony and Resistance from Central America* (1997); a translation of Salvadoran Manlio Argueta's novelized memoir, *Siglo de O(g)ro, Once Upon a Time (Bomb)* (2007); and a coedited collection of critical readings of Argueta's work, *Desde la hamaca al trono y al más allá* (*From the Hammock to the Throne and Beyond*, 2013), in addition to many essays and reviews. She credits her international CILCA colleagues—"los colegas del Congreso Internacional de Literatura Centroamericana"—for inspiring her with ideas and passion in the pursuit of knowledge about Central American literature. Many of these CILCA colleagues were the Costa Rican hosts who welcomed us warmly to meetings in San José, Heredia, and Nicoya. Email: lcraft@northpark.edu.

Kathleen Cunniffe-Peña is a full-time Lecturer in Spanish at Wilson College in Chambersburg, PA, where she supervises prospective teachers and offers courses in Spanish language and Latin American literature and culture. She holds an MA in Latin American Studies from the University of New Mexico and a PhD in Spanish from Temple University. She has published in scholarly journals and presents her work at national and international conferences. Most recently, her projects have focused on cosmopolitanism, transnational identities, and migration. She volunteers for immigrant advocacy organizations in Pennsylvania, such as MILPA and the Keystone Agricultural Worker Program, where she regularly serves as translator/interpreter. Email: kathleencunniffepena@wilson.edu

Jerome M. Dendy is a graduate student in the Department of Romance Languages at the University of New Orleans and former Public Policy and International Affairs Fellow at the University of Michigan. He has taught high school and undergraduate students at Howard University in Washington, DC. For his work with the US Department of State, he earned the Benjamin Franklin Award; and he has performed translation services for the US government for several years. His first children's book, *Pru and the Magic Mushroom*, was published in 2013, and the Spanish language version will be out in 2021. Email: jerome.dendy@yahoo.com.

Taylor M. Doherty es estudiante de doctorado en el Departamento de Ciencias Políticas de la Universidad de Massachusetts Amherst. Su investigación se centra en los feminismos transnacionales y decoloniales, el nexo de las teorías queer, feminista y crítica, y la política del deseo y la disidencia en América Latina. Le apasionan los proyectos de contrahistoria, genealogía, pedagogía crítica y educación comunitaria. Está comprometida con proyectos de liberación tanto en su trabajo académico como en su vida personal y cree firmemente en una ciencia política "política", con consecuencias para, y compromisos con, el mundo real. Correo: taylordohert@umass.edu.

Khédija Gadhoum es una profesional académica, supervisora de cursos de español y asesora de estudios en el extranjero de la Universidad de Georgia (PhD, Universidad Estatal de Ohio). Es poeta y traductora. Es autora de *celosías en celo* (España, 2013); *más allá del mar: bibenes* (España, 2016); *índigo* (España, 2019); y *Oltre il mare: bibenes* (Italia, 2019). Su traducción y coautoría en inglés – español con el poeta Lee Kuei-shien incluye *Voices from Taiwan: Anthology of Contemporary Taiwanese Poetry* (*Voces de Taiwán: antología de poesía contemporánea taiwanesa*, España, 2017). Su poesía ha aparecido o está por aparecer en publicaciones nacionales e internacionales, más recientemente en *Disability in Spanish-Speaking and U.S. Chicano Contexts: Critical and Artistic Perspectives*, editado por Dawn Slack y Karen L. Rauch (*Discapacidad en contextos hispanohablantes y de chicanos estadounidenses: perspectivas críticas y artísticas*, Reino Unido, 2019). Fue finalista en el *XXV Concurso Voces Nuevas de Poesía* (España, 2012). Ha participado en lecturas de poesía y festivales en Estados Unidos, América Latina, Europa, Taiwán y Túnez. Su poesía ha sido traducida a seis idiomas. Correo: kgadhoum@uga.edu.

Janet N. Gold, catedrática emérita de Literatura y Cultura Latinoamericana, Universidad de New Hampshire, es autora de varios libros y ensayos sobre la literatura de Centroamérica, incluyendo *Clementina Suárez, Her Life and Poetry* (*Clementina Suárez, su vida y poesía*), *Culture and Customs of Honduras* (*Cultura y costumbres de Honduras*) y *Crónica de una cercanía: escritos sobre literatura hondureña*. Recientemente colaboró con la poeta hondureña Ana María Alemán en una colección bilingüe de poesía, *One Bridge, Two Voices/Un puente, dos voces*. Invita correspondencia a: janetngold@gmail.com.

Taylor M. Doherty is a doctoral student in the Political Science Department at the University of Massachusetts Amherst. Her research focuses on transnational and decolonial feminisms, the nexus of queer, feminist, and critical theory, and the politics of desire and dissent in Latin America. She is passionate about projects of counterhistory, genealogy, critical pedagogy, and community education. Taylor is committed to projects of liberation in both her scholarly work and personal life and firmly believes in a "political" political science with consequences for and commitments to the real world. Email: taylordohert@umass.edu.

Khédija Gadhoum is a senior academic professional, Spanish supervisor and study abroad advisor at the University of Georgia (PhD, The Ohio State University). She is a poet and translator. She is the author of *celosías en celo* (*Lattices in Heat*, Spain, 2013); *Más allá del mar: bibenes* (*Beyond the Sea: Doors*, Spain, 2016); *Índigo* (Spain, 2019), and *Oltre il mare: bibenes* (Italy, 2019). Her English-Spanish translation and co-authorship, with poet Lee Kuei-shien, include *Voices from Taiwan: Anthology of Contemporary Taiwanese Poetry* (Spain, 2017). Her poetry has appeared or is forthcoming in national and international publications, most recently *Disability in Spanish-Speaking and U.S. Chicano Contexts: Critical and Artistic Perspectives,* Ed. Dawn Slack and Karen L. Rauch (UK, 2019). She was a finalist in the XXV New Voices in Poetry Contest (Spain, 2012). She has participated in poetry readings and festivals in the US, Latin America, Europe, Taiwan, and Tunisia. Her poetry has been translated into six languages. E-mail: kgadhoum@uga.edu.

Janet N. Gold, Professor Emeritus of Latin American literature and culture, University of New Hampshire, is the author of several books and essays on the literature of Central America, including *Clementina Suárez, Her Life and Poetry, Culture and Customs of Honduras* and *Crónica de una cercanía: escritos sobre literatura hondureña* (*Chronicte of a Closeness; Writings on Honduran Literature*). She recently collaborated with Honduran poet Ana María Alemán on a bilingual collection of poetry, *One Bridge, Two Voices/Un puente, dos voces*. She invites correspondence at: janetngold@gmail.com.

Joan F. Marx es catedrática de Filología Española del Programa de Español del Departamento de Idiomas, Literaturas y Culturas de Muhlenberg College. Se doctoró en la Universidad Rutgers (1985) con la tesis "Aztec Imagery and Surrealism in the Narrative Work of Elena Garro: A Thematic Approach" (Imágenes aztecas y surrealismo en la obra narrativa de Elena Garro: un enfoque temático). Su trabajo profesional en literatura latinoamericana contemporánea incluye presentaciones de investigación en reuniones y publicaciones académicas en revistas literarias nacionales e internacionales. Sus intereses investigativos coinciden con las clases que imparte, que incluyen: *La literatura de conquista y colonización en Hispanoamérica, Realidades poscoloniales en la literatura hispanoamericana, Literatura fronteriza, Literatura de derechos humanos en las Américas* y el Seminario Capstone, *Escritura de la diáspora judía de España a las Américas*. Durante mucho tiempo ha sido miembro del Middle Atlantic Council of Latin American Studies (MACLAS) y sirvió durante años como editora de su revista, *Latin American Essays*. Correo: marx@muhlenberg.edu.

Marie-Héléne (Mahel) Pfaff se crió en un ambiente trilingüe (francés, inglés, español), estudió en la Escuela Argentina y en la Bethesda International School en Maryland, el Liceo Rochambeau en Washington, DC, y la Universidad Concordia, Montreal, Canadá, donde se graduó con un título en Expresión y Cultura Españolas. Ha trabajado en varios museos, como el Instituto de Arte de Chicago y el Museo Glenstone, Potomac, MD, donde tradujo biografías de artistas y brindó visitas guiadas en inglés, francés y español. En 2021 seguirá un máster en Fotografía con un módulo de Fotoperiodismo en París. Prevé una carrera que une la fotografía y con el compromiso comunitario. Correo: pfaffmh@gmail.com.

Christopher J. Potts posee un BA en Filología Española de la Universidad Howard, donde completó una concentración en Estudios Árabes. Durante sus años en Howard, pasó un semestre en la República Dominicana en la Universidad Autónoma de Santo Domingo y el Instituto Tecnológico de Santo Domingo, donde estudió realidades sociales y cultura dominicana. Sus experiencias allí lo motivaron a escribir su tesis de grado sobre las relaciones políticas entre Estados Unidos y la República Dominicana, "*La Fiesta del Chivo* y las relaciones interamericanas: República Dominicana y Estados Unidos". Correo: cjpotts91@gmail.com.

Joan F. Marx is Professor of Spanish in the Department of Languages, Literatures and Cultures at Muhlenberg College. She earned her Ph.D. at Rutgers University (1985), writing her doctoral dissertation on "Aztec Imagery and Surrealism in the Narrative Work of Elena Garro: A Thematic Approach." Her professional work in contemporary Latin American literature includes scholarly publications in national and international literary journals as well as presentations of her work at national and international meetings. Her research interests coincide with the courses that she teaches, which include *The Literature of Conquest and Colonization in Spanish America, Postcolonial Realities in Spanish American Literature, Border Literature, Human Rights Literature in the Americas*, and the Capstone Seminar, *Writing the Jewish Diaspora from Spain to the Americas*. She has long been a member of the Middle Atlantic Council of Latin American Studies (MACLAS), and served for many years as the editor of its journal, *Latin American Essays*. Email: marx@muhlenberg.edu.

Marie-Hélène (Mahel) Pfaff was raised in a trilingual environment (French, English, Spanish), studied at the Escuela Argentina and the Bethesda International School in Maryland, the Lycée Rochambeau in Washington, DC, and Concordia University, Montreal, Canada, where she graduated with a degree in Spanish Expression and Culture. She has worked for several museum venues, such as the Art Institute of Chicago and Glenstone Museum, Potomac, MD, translated artists' biographies and led tours in English, French, and Spanish. In 2021 she will begin a Masters in Photography, with a module in photojournalism, in Paris. She foresees a career connecting photography and community outreach. Email: pfaffmh@gmail.com.

Christopher J. Potts has a BA in Spanish from Howard University, where he minored in Arabic studies. During his years at Howard, he spent a semester in the Dominican Republic at the Universidad Autónoma de Santo Domingo and the Instituto Tecnológico de Santo Domingo, where he studied Dominican social realities and culture. His experiences there motivated him to write his senior thesis on the political relationship between the US and the Dominican Republic, "*La Fiesta del Chivo* y las relaciones interamericanas: República Dominicana y Estados Unidos." Email: cjpotts91@gmail.com.

María Roof es profesora asociada emérita en la Universidad Howard, donde enseñó literatura y cultura latinoamericanas, traducción y estudios de mujeres. Es editora de *Rosario Aguilar (Nicaragua): acercamientos críticos* (2017), y editora y traductora de *Vidaluz Meneses, Flame in the Air: Bilingual Poetry Edition* (*Llama en el aire: poesía en edición bilingüe*, 2013), que ganó el premio al mejor libro bilingüe de poesía en los International Latino Book Awards de 2014, Mención Honorífica del premio Balcones de Poesía, 2014 y el premio Whitaker al mejor libro del Middle Atlantic Council of Latin American Studies (MACLAS), 2015. Tradujo la colección de poesía de la autora argentina Graciela Maglia, *Entrópicos/Entropics: Edición Bilingüe* (2013). Es coordinadora de traducción de la antología bilingüe editada por Lety Elvir, *Women's Poems of Protest and Resistance, Honduras (2009-2014)* (*Poemas de mujeres de protesta y resistencia, Honduras (2009-2014)*, 2015), también ganadora del International Latino Book Award. Es la editora general y coordinadora de traducción de la serie en curso de antologías bilingües de mujeres poetas centroamericanas contemporáneas. Correo: mroof@howard.edu.

Stephanie Saunders es profesora asociada de Filología Española y directora del Departamento de Idiomas y Culturas en la Universidad Capital en Columbus, Ohio. Se especializa en estudios de género y cuerpo en la literatura hispana y la cultura popular. Ha presentado y publicado internacionalmente sobre estudios culturales e identidad. Se ha desempeñado como investigadora visitante en residencia en la Pontificia Universidad Católica en Santiago, Chile. Su primer libro, *Fashion, Gender and Agency in Latin American and Spanish Literature* (*Moda, género y agencia en la literatura latinoamericana y española*), se publicará en 2021 con Tamesis Books. Correo: ssaunde2@capital.edu.

María Roof is Associate Professor Emerita at Howard University, where she taught Latin American literature and cultures, translation, and women studies. She is editor of *Rosario Aguilar (Nicaragua): acercamientos críticos* (2017); editor and translator of *Vidaluz Meneses, Flame in the Air: Bilingual Poetry Edition* (2013), which won the 2014 Best Bilingual Poetry Book Prize in the International Latino Book Awards, Honorable Mention for the 2014 Balcones Poetry Prize and the Whitaker Best Book Award, Middle Atlantic Council of Latin American Studies (MACLAS), 2015. She translated Argentine author Graciela Maglia's poetry collection, *Entrópicos/Entropics: Bilingual Edition* (2013). She is translation editor of Lety Elvir's bilingual anthology, *Women's Poems of Protest and Resistance, Honduras (2009-2014)* (2015), also an International Latino Book Award winner. She is the general editor and coordinator of translation for an ongoing series of bilingual anthologies of contemporary Central American women poets. Email: mroof@howard.edu.

Stephanie Saunders is Associate Professor of Spanish and Department Chair of Languages & Cultures at Capital University in Columbus, Ohio. She specializes in gender and body studies in Hispanic literature and popular culture. Stephanie has presented and published internationally on cultural studies and identity. She has served as a Visiting Researcher in Residence at the Pontificia Universidad Católica in Santiago, Chile. Saunders's first book, *Fashion, Gender and Agency in Latin American and Spanish Literature* is forthcoming in 2021 with Tamesis Books. Email: ssaunde2@capital.edu.

Kai Stuckey ha enseñado inglés en escuelas e instituciones de Washington, DC, Perú, España, Turquía y Tailandia. Se graduó *cum laude* de la Universidad Howard, obteniendo un BA en Filología Española y otro BA en Ciencias Políticas. Su tesis de grado, "Hitting Close to Home: Analyzing the Political and Social Similarities between the Kurdish Question and African Americans Utilizing the Peace through Power Paradigm and Stratification Theory" (Tocando una fibra sensible: análisis de las similitudes políticas y sociales entre la cuestión kurda y los africanoamericanos que utilizan el paradigma Paz mediante el Poder y la teoría de la estratificación) fue aceptada por el Consejo Nacional de Investigación Bajograduada de 2015. Terminará una maestría en El Servicio Exterior en la Universidad de Georgetown, concentrándose en la Política y la Seguridad Global, mientras complete un certificado en Estudios Latinoamericanos. Su enfoque incluye paralelismos económicos y sociales en las Américas que afectan a los grupos marginados. Es una apasionada de la traducción / interpretación y de viajes y es una ávida jugadora de ajedrez. Correo: kaistuckey8@gmail.com.

Mirna Trauger es profesora asistente de español en el Departamento de Idiomas, Literaturas y Culturas de Muhlenberg College. Se doctoró en la Universidad Rutgers con la tesis "En los umbrales de la tardomodernidad: Transformaciones discursivas en cinco novelas del Caribe insular." Su principal área de investigación es la literatura del Caribe hispano del siglo XX, y también está interesada en el cine hispano y temas pedagógicos, incluyendo el diseño universal para el aula L2. Su investigación más reciente se centra en la representación del trauma y la enfermedad en textos latinoamericanos y su artículo más reciente sobre el tema se titula "Trauma nacional y duelo en el cine dominicano del siglo XXI". Ha sido galardonada con el Premio James Street al mejor artículo publicado por un miembro del Middle Atlantic Council of Latin American Studies (MACLAS). A menudo interpreta del español y del árabe al inglés en las cortes y escuelas locales. Correo: mirnatrauger@muhlenberg.edu.

Kai Stuckey has taught English in schools and institutions in Washington, DC, Peru, Spain, Turkey, and Thailand. She graduated *cum laude* from Howard University earning a BA in Spanish and BA in Political Science. Her senior research paper, "Hitting Close to Home: Analyzing the Political and Social Similarities between the Kurdish Question and African Americans Utilizing the Peace through Power Paradigm and Stratification Theory" was accepted to the 2015 National Council on Undergraduate Research. She will earn a Master's of Science in Foreign Service at Georgetown University, concentrating on Global Politics and Security while obtaining a certificate in Latin American Studies. Her focus includes economic and social parallels in the Americas that affect marginalized groups. She is passionate about translation/interpreting and traveling and is an avid chess player. Email: kaistuckey8@gmail.com.

Mirna Trauger is an Assistant Professor of Spanish in the Department of Languages, Literatures, and Cultures at Muhlenberg College. She earned her PhD at Rutgers University with the dissertation "En los umbrales de la tardomodernidad: Transformaciones discursivas en cinco novelas del Caribe insular," ("On the Threshold of Late Modernity: Discursive Transformations in Five Novels from the Insular Caribbean"). Her main area of research is 20th-century Hispanic Caribbean literature, and she is also interested in Hispanic film and pedagogical topics including universal design for the L2 classroom. Her current research focuses on the representation of trauma and illness in Latin American texts and her most recent article on the topic is titled "Trauma nacional y duelo en el cine dominicano del siglo XXI" ("National Trauma and Mourning in 21st Century Cinema from the Dominican Republic"). She is a recipient of the James Street Prize for best article published by a MACLAS member. She often interprets from Spanish and Arabic to English at local courts and schools. Email: mirnatrauger@muhlenberg.edu.

María Esperanza Vargas es poeta, narradora y traductora nicaragüense. Tiene un BA en Inglés y otro BA en Filosofía de la Universidad de Alabama en Birmingham (UAB), una maestría en Filología Española y el doctorado en Literatura Latinoamericana de la Universidad de Alabama (UA). Su tesis doctoral, "Transgression, Transformation, and Paradox in the Autobiography of the Lieutenant Nun" (Transgresión, transformación y paradoja en la autobiografía de la Teniente Monja), examina los elementos ficticios inherentes a las autobiografías y otros productos culturales. Ha sido editora de las revistas *Astarte*; *Poemas, memorias, historias*; *Hispania*; y *La Tatuana*, una revista literaria en línea de la Universidad de Alabama. Sus poemas e historias han aparecido en revistas y antologías como *Mujeres de sol y luna* (2007); *Voces de oro* (2007); *En las redes de la poesía* (2008); *Poemas escogidos de la poesía nicaragüense actual* (2008); *Cuentos nicaragüenses de ayer y hoy* (2014); *Hermanas de tinta* (2014); *Voices of Resistance* (*Voces de la resistencia*, 2017, poemas en inglés publicados en Birmingham, Alabama); *Voces del café* (2018); y *Résister, Anthologie de Poésie Latino-américaine* (*Resistir, antología de la poesía latinoamericana*, publicado por PEN International France, 2019). En 2009 María ganó el Birmingham Southern College Hackney Award de poesía en inglés, y en 2003 su libro, *Los ojos abiertos del silencio*, obtuvo el Premio Rafaela Contreras de Poesía para mujeres escritoras centroamericanas. Correo: mariaembv@gmail.com.

Mesi Walton recientemente se doctoró en Estudios Afro-Latinos en el Departamento de Estudios Africanos de la Universidad Howard con la tesis "Survival through Memory: African Retentions in Diasporan Cultural Production of Venezuela's Barlovento Region" (Supervivencia a través de la memoria: retenciones africanas en la producción cultural diaspórica de la región venezolana de Barlovento). Enseña Filología Española en Howard y organiza tours de intercambio cultural por toda América Latina para jóvenes y adultos. Espera publicar sus investigaciones sobre las tradiciones culturales africanas en las Américas. Correo: mewalton1@yahoo.com.

María Esperanza Vargas is a Nicaraguan poet, narrator, and translator. She has a BA in English and a BA in Philosophy from the University of Alabama at Birmingham (UAB), an MA in Spanish and a PhD in Latin American Literature from the University of Alabama (UA). Her doctoral dissertation, "Transgression, Transformation, and Paradox in the Autobiography of the Lieutenant Nun," examines the fictional elements inherent to autobiographies and other cultural products. She has been an editor for the magazines *Astarte*; *Poems, Memoirs, Stories*; *Hispania*; and *La Tatuana*, an online literary journal of the University of Alabama. Her poems and stories have appeared in magazines and anthologies such as *Mujeres de sol y luna* (*Women of Sun and Moon*, 2007); *Voces de oro* (*Golden Voices*, 2007); *En las redes de la poesía* (*In Poetry's Nets*, 2008); *Poemas escogidos de la poesía nicaragüense actual* (*Selected Contemporary Poems from Nicaragua*, 2008); *Cuentos nicaragüenses de ayer y hoy* (*Nicaraguan Short Stories of Yesterday and Today*, 2014); *Hermanas de tinta* (*Ink Sisters*, 2014); *Voces de la resistencia* (*Voices of Resistance*, 2017, poems in English published in Birmingham, Alabama); *Voces del café* (*Voices of Coffee*, 2018); and *Résister, Anthologie de Poésie Latino-américaine* (*To Resist, An Anthology of Latin American Poetry* sponsored by PEN International France, 2019). In 2009, María won the Birmingham Southern College Hackney Award for poetry in English, and in 2003, her book, *Los ojos abiertos del silencio* (*The Open Eyes of Silence*), won the Rafaela Contreras Poetry Prize for Central American Women Writers. Email: mariaembv@gmail.com.

Mesi Walton recently completed her PhD in Afro-Latin Studies in the Department of African Studies at Howard University with the dissertation, "Survival through Memory: African Retentions in Diasporan Cultural Production of Venezuela's Barlovento Region." She teaches Spanish language and culture at Howard and organizes cultural exchange tours throughout Latin America for youth and adults. She looks forward to publishing her research on African cultural traditions in the Americas. Email: mewalton1@yahoo.com.

El artista: Fernando Carballo Jiménez

La imagen de portada es de Fernando Carballo Jiménez (Costa Rica, 1941). Titulada *Poetisa*, es de técnica mixta sobre madera, 122 x 122 cm, colección privada.

Fernando Carballo está considerado como uno de los creadores más importantes en la historia de la plástica costarricense. Ha dedicado gran parte de su vida al arte, pero también ha aportado su talento en la docencia, en la facultad de Bellas Artes de la Universidad de Costa Rica.

En su obra ha experimentado con diversas técnicas y ha sido reconocido en distintas salas tanto en Costa Rica como en los Estados Unidos, Europa e Hispanoamérica, entre ellas:

Museo de la Organización de Estados Americanos (OEA), Washington, DC (1985)

Sala de arte David Alfaro Siqueiros, México (1992)

"Ibero América Pinta" (1997), organizada por UNESCO, en España y Latinoamérica

Museo de Arte Moderno, La Paz, Bolivia (1999)

Retrospectiva "40 años de labor artística", Museo Calderón Guardia, San José, C.R. (2008)

"Musas", Museo Calderón Guardia (2015)

Homenaje a Fernando Carballo, 50 años de labor artística, retrospectiva. Galería Nacional, Museo de los Niños, San José (2016)

Premios y Distinciones:

Premio Nacional Aquileo J. Echeverría en la rama de Dibujo, 1978

Premio Nacional Aquileo J. Echeverría en la rama de Pintura, 1982

Único pintor costarricense seleccionado, exposición itinerante por España y Latinoamérica "Ibero América Pinta", UNESCO (1997-99)

Ha sido homenajeado por la municipalidad de Cartago, la feria de arte EMBRUJARTE, Escazú, así como por instituciones de educación y cultura de Costa Rica.

The Artist: Fernando Carballo Jiménez

The cover art is by Fernando Carballo Jiménez (Costa Rica, 1941). Titled *Woman Poet*, it is mixed media on wood, 122 x 122 cm, and housed in a private collection.

Fernando Carballo is considered one of the most important creators in the history of plastic arts in Costa Rica. Part of his life has been dedicated to art, but he has also put his talent at the service of education in the College of Fine Arts, University of Costa Rica.

He has experimented with several techniques in his work and has been recognized in multiple expositions at venues in Costa Rica as well as in the United States, Europe, and Latin America, including:

Museum of the Organization of American States (OAS), Washington, DC (1985)

David Alfaro Siqueiros Art Gallery, Mexico (1992)

"Ibero-America Paints" (1997), organized by UNESCO, tour of Spain and Latin America

Museum of Modern Art, La Paz, Bolivia (1999)

Retrospective "40 Years of Artistic Work," Calderón Guardia Museum, San José, C.R. (2008)

"Muses," Calderón Guardia Museum (2015)

Tribute to Fernando Carballo, 50 years of artistic work, retrospective. National Gallery, Children's Museum, San José (2016)

Awards and Distinctions:

Aquileo J. Echeverría National Award; Drawing, 1978

Aquileo J. Echeverría National Award; Painting, 1982

Only Costa Rican painter selected for the traveling exposition in Spain and Latin America, "Ibero-America Paints," UNESCO (1997–99)

He has been honored by the municipality of Cartago, the art fair EMBRUJARTE, Escazú, as well as by educational and cultural institutions in Costa Rica.

Índice de poetas / Index to Poets

Anabelle AGUILAR BREALEY	112
Teresita AGUILAR MIRAMBELL	64
Lucía ALFARO	240
Jeanette AMIT	344
Diana ÁVILA SOLERA	184
Macarena BARAHONA RIERA	232
Mariana BEJARANO PÉREZ	392
María BONILLA	216
Ani BRENES	192
Shirley CAMPBELL BARR	288
Laura CASASA NÚÑEZ	368
Narcisa CASTRO	400
Silvia CASTRO MÉNDEZ	248
Milena CHAVES MATAMOROS	424
Julieta DOBLES YZAGUIRRE	88
Laura FUENTES BELGRAVE	384
Mía GALLEGOS DOMÍNGUEZ	200
Leda GARCÍA PÉREZ	152
Olga GOLDENBERG GUEVARA	80
Nidia Marina GONZÁLEZ VÁSQUEZ	280
Virginia GRÜTTER	56
Ana ISTARÚ	264
Floria JIMÉNEZ DÍAZ	128
Goldy LEVY	432

Queen Nzinga MAXWELL	336
Dlia MCDONALD WOOLERY	296
María MONTERO	328
Rosibel MORERA	136
Luissiana NARANJO	304
María PÉREZ YGLESIAS	144
Lil PICADO	160
Carla PRAVISANI	376
Marlene RETANA GUIDO	224
Marjorie ROSS	96
Marta ROYO	72
Marianella SÁENZ MORA	312
Addy SALAS	48
Seidy SALAS VÍQUEZ	352
Arabella SALAVERRY	120
Monthia SANCHO	320
Alejandra SOLÓRZANO	408
Mariamalia SOTELA BORRASÉ	104
Karla STERLOFF	360
Guadalupe URBINA	256
Paola VALVERDE ALIER	416
Cristy VAN DER LAAT	208
Valeria VARAS	168
Vilma VARGAS ROBLES	272
Joaquina VELAS	42
Magda ZAVALA	176

Índice a los traductores / Index to Translators

JP ALLEN	377, 440, 441
Gail AMENT	73, 440, 441
Indran AMIRTHANAYAGAM	233, 440, 441
Jonathan F. ARRIES	145, 201, 369, 440, 441
Linda CRAFT	49, 442, 443
Kathleen CUNNIFFE-PEÑA	105, 217, 265, 329, 393, 442, 443
Jerome DENDY	97, 417, 442, 443
Taylor DOHERTY	169, 257, 444, 445
Khédija GADHOUM	241, 444, 445
Janet N. GOLD	65, 89, 161, 177, 185, 409, 444, 445
Joan F. MARX	113, 225, 446, 447
Marie PFAFF	153, 281, 305, 321, 385, 425, 433, 446, 447
Christopher J. POTTS	273, 446, 447
María ROOF	43, 57, 81, 121, 129, 137, 249, 297, 345, 448, 449
Stephanie SAUNDERS	193, 448, 449
Kai STUCKEY	313, 450, 451
Mirna TRAUGER	353, 361, 450, 451
María Esperanza VARGAS	209, 401, 452, 453
Mesi WALTON	289, 452, 453

Printed in United States
Casasola LLC
First Edition / Primera edición
MMXXI ©

ixmmimmxxi

www.ingramcontent.com/pod-product-compliance
Lightning Source LLC
Chambersburg PA
CBHW021757220426
43662CB00006B/94